史上最大投資機會

迎戰通膨！
我們如何從最大的
財富移轉潮中翻身獲利？

Die größte Chance aller Zeiten:

Was wir jetzt aus der Krise lernen müssen und
wie Sie vom größten Vermögenstransfer der Menschheit profitieren

Marc Friedrich

馬克・弗利德里希———著

方秀芬———譯

獻給索菲亞（1980至2020年）

| 目 錄 |

「世界上有三種人：先知先覺者，後知後覺者，不知不覺者。」

李奧納多‧達文西（Leonardo da Vinci）

善用危機！危機就是轉機！

「困難越大，榮耀也越大。」

西塞羅（Cicero）

2020年將因成為永續歷史轉折點的開端而被載入史冊。新冠病毒的大流行使全世界痛苦地意識到，全球高度複雜且先進的經濟與金融體系，事實上是多麼地脆弱。在短短數天內，及時生產與供應鏈徹底崩潰，甚至完全停滯，而觸發因素竟是一種看不見的病毒。這場危機以一種艱難而痛苦的方式向人類展示我們的系統有多麼僵化，並揭露出其弱點、巨大的群聚風險，以及身處在這個全球化世界中人類危險的依賴關係。許多人開始清楚地了解到，沒有什麼是永恆不變的。各國巨額的經濟振興方案、中央銀行價值數十億美元的支援計畫、束手無策且無腦的激進政治家，還有空蕩蕩的貨架、閒置的作業線、急遽增加的短期工人及失業人口，這些再再地說明了新冠病毒創下的歷史性影響規模。

即使許多人不願意承認，我們正處於歷史性**典範移轉**之中。儘管對許多人來說可能很痛苦，但我們已不能在熟悉的舊世界中醒來，重回原來的生活。**一切都將永遠改變：**

- 我們的工作方式。

- 我們未來的發展方向。
- 我們的購買方式以及內容。
- 我們持家、旅行、思考、生活、付款、投資的方式。
- 我們的生產方式與製造的產品。

　　人類絕不會因為舒適和恐懼而自願發起持久性變革，但歷史上總有一些時刻為變革提供基礎與機會。歷史教導我們，真正重大的變革總是由外部環境所推動的。危機揭示過時的東西、舊的東西被丟棄，新的東西被創造出來。無論其規模是大還是小。不僅我們的個人生活受到影響，整個行業、社會、政治制度及國家均無一倖免。氣候開始變遷後，我們被迫在能源生產中尋找替代品。同樣的邏輯適用於疫苗、藥品及技術發展。當人類無能為力、一籌莫展時，才會準備啟動真正的改革與進化。危機帶來極端風險，卻也隱藏著驚人的機會。

　　我希望藉由這本書指出這些週期是如何運作、我們所處的位置、如何為自己定位，以及如何在財務與心理上為即將到來的未來做好準備。

危機形塑人類的進化

　　危機是促進人類進步的根基。人類從失敗中學習，也就是嘗試錯誤（trial and error）。然而危機是人類發展的跳板，唯有先淨空一切，人類才能做好啟動變革的準備。每個人都必須清楚地認識到，深層的變革永遠伴隨著損失與成長的痛苦。即使這聽起來很矛盾：危機很重要，它們是人類的巨大機會。**我們應該歡迎並擁抱危機**。每一次危機過後，人類都在知識與繁榮方面有所發展和收穫。這次也不例外。經濟學家約瑟夫・熊彼得（Joseph Schumpeter）將之稱為創造性破壞。然而這種創造新事物的破壞是必要的，因為**危機越大，帶來的機會就越大**。目前，我們正面臨著生命中最大的轉型

過程。如今，各種週期正逐步結束，一個新的、偉大的循環正在展開。近年來這早已有跡可循：在新冠疫情之前，我們已經處於長期的危機模式；一場危機之後緊跟著一個新的、甚至更大的危機：金融危機、歐元危機、難民危機、氣候危機、人口危機、汽車危機、經濟衰退及債務危機。而現在，新冠疫情危機在某種程度上以助燃劑的姿態加入。我們看到全球許多領域在很短的時間內迅速發展，特別是德國也經歷了許多極端的轉變，所以我們應該把危機看作是一個更新的過程。

新的時代

井然有序的日常生活，24小時不打烊的超市，不絕於耳的iPhone、TikTok、Netflix擴音帶來的永久性干擾，視為理所當然的自由，這一切讓我們感到安全。

這個被認為安全的世界卻因封城而動搖了根基。從那時起，我們便處於一種特殊的情境，感受到前所未有的分裂感。有些人害怕新冠病毒，擔心自己的健康；有些人害怕失業和破產，煩惱自己的經濟生活；還有人對自由與民主感到恐懼。所有這些恐懼都是合理的，也都可以被理解。恐懼必須受到尊重並認真對待，而非被嘲笑。為了使社會健康發展，我們必須彼此敞開心胸、相互傾聽、容忍並尊重其他意見。遺憾的是，此刻我觀察到的情況恰恰相反：人類正在分裂，害怕彼此，因為每個人都可能會被傳染。

重要的是，我們必須客觀地看待此一事實，並提出建設性的解決方案。政治家們必須開始告訴我們全部真相，而非玩弄「臘腸策略」（Salamitaktik）。到目前為止，我們仍不清楚經濟損失的程度，也不知道社會、政治及心理方面的損害。這場疫情以及為遏制它而採取的措施可能會產生重大影響，特別是對我們社會中最年輕的成員而言。

2020年是一個重要的轉折點，我們未來所處的世界將迥然不同。一個全新的時代即將開始，無論新冠肺炎還要折磨我們多久。

重新洗牌

德國的經濟以機械工程、汽車工業及其他製造公司為主。眾所周知，我們的重點產業根本錯過、甚至忽略了這些趨勢。直到現在，我們的經濟才隨著危機的累積，被迫重塑自我，否則將走進死胡同。福斯汽車（Volkswagen）已經踏上全力發展電動汽車的新道路上，其他汽車品牌則嘗試開發氫氣燃料與投入汽車共享領域。哪種策略是正確的？誰又能倖存下來？這還有待日後觀察。**事實是：坐以待斃不是解決之道！停滯不前終將死亡！要生存就要改變！**唯有那些擁抱並積極尋求變革的公司與行業，才得以存活。這個道理適用於我們所有人！大篩選已經開始。如果我們現在沒有勇氣開闢新天地及重塑自我，就必須與繁榮告別。

我們該採取何種因應措施？

公司、個人還有社會如何才能從危機中變得更加強大，並對此做好準備？一個現行原則對危機也許有所幫助：**預防勝於治療。不過多樣化、創新以及去中心化系統，對於減少依賴是有意義的。**

與此同時，人們不應過分依賴政治，應自己積極行動。真正的變革永遠來自下層，來自我們這些人。傳統政治中經常缺乏的變革動力，我們現在以突破性技術的形式逐漸擁有。第一次，我們身邊出現了數位化與人工智慧的偉大幫手；而所有這些發展提供一個巨大的機會，使我們得以掌握危機並從中變得更強大，是人類至今從未有過的機會。給你一個小提示：我想像中的完美、獨立及公平的人工智慧尚未出現。

所有人都必須清楚地認知到：如果我們像現今的許多政治家和決策者般，絕望地嘗試抱守並大肆宣傳舊觀念，這樣對所有人在經濟上、貨幣上、社會上和政治上所造成的間接損害，將會與日俱增。發展具有無法停止的週期性，是一種自然規律。我們若不能準備好接受這些進步和持續的變化，就只能等著被它們吞噬。

　　我們雖然無法避開危機，但可以利用危機並從中學習。人類的發展是一部令人難以置信的成功故事，但它總是離不開危機。它一直是人類歷史的一部分。

　　危機越大，帶來的飛躍就越大。即將到來的危機有可能觸發徹底的重新啟動，並將我們推向一個全新的意識層次。因為這一次，它不僅僅是一個地方性的危機，也不是一個行業或一個國家的危機。這一次，它是一場全球危機，我們人類被要求共同克服它。這是一個令人筋疲力盡的新問題，但對人類的發展至關重要。如果我們現在做出正確的決定，把人類團結起來，結束這場陣地戰，打破心理的界限，將科技為我們所有人所用，而非為了使個別國家、公司或其他行為者的利益最大化，如果我們現在提起勇氣做出正確但令人不安的決定、邁向未知的新道路、摒棄舊習慣，將為自己開啟一個黃金時代。

　　我希望這本書能提供讀者一個有助益的概覽。

　　在此我想引用導論中引述的達文西格言。**我希望你能成為一個先知先覺者！然後才能積極採取行動。**

　　因此，讓我們正視這個問題，並牢記約翰‧沃夫岡‧馮‧歌德（Johann Wolfgang von Goethe）這句名言：

　　　　不管你能做什麼，不管你的夢想是什麼，開始做就對了！膽識本身就具有天才、力量及魔法。現在就開始行動。

　　讓我們共同前進吧！

您誠摯的
弗利德里希
雷姆斯塔爾的洛爾希（Lorch im Remstal），2021 年 3 月 3 日

1.

現狀：時代已經開始改變

危機的助燃劑：新冠病毒

　　新冠病毒不是當前危機的原因，而是觸發因子。真正的原因隱身於更深處。我們正處於一個週期性的變化之中。我想藉由本書解釋：哪個週期正要結束？哪個週期即將開始？等待我們的是什麼？以及你能做什麼！

　　新冠病毒揭露許多事實，它不僅破壞了經濟，還摧毀了歐盟（EU）、政治及人民的信任。我們看到國家與歐盟正在衰落，我們看到政客們犯下歷史性的錯誤決定，他們的行動混亂且毫無頭緒，而這一切往往伴隨著完全的無能和腐敗，以及各級權力鬥爭，絕望地試圖阻止這個歷史的進程。

　　我在文章、採訪及 YouTube 頻道上不厭其煩地預言，2020年將是瘋狂的一年，轉折的起點。全球疫情的爆發是一個外部衝擊，許多人將它稱之為黑天鵝。黑天鵝指的是一個人類無法防備的全然意外且發生機率極低的事件。然而，如Covid-19般的全球性疫情出現其實並不令人意外。實際上，它是一隻白天鵝，是一場預期內、計畫之中的危機。首先，我們生活在一個全球化的世界中，任何病毒，無論多麼危險，無論它起源於何處，都會透過陸地、空氣或水四處傳播，這是無庸置疑的。數十年來，我們也從經驗中學習到，每年都有新一波的流感病毒肆虐，有時猛烈，有時輕微。我們一次又一次地讀到罕見的有毒蜘蛛被裝在香蕉箱子裡運往世界各地，然後在大賣場裡襲擊

毫無戒心的市民。當然，沒人能夠預測流行病或全球疫情何時會來襲。但可靠的預測顯示，全球疫情的浪潮實際上已經過去了。其次，幾年前，專家們甚至曾在廣大的資料庫基礎上曾針對冠狀病毒家族中的某一病毒可能造成大流行的情境進行模擬。此外，在過去也已有各種機構進行全球疫情的情境與模擬演習，這些演習現在看起來簡直令人毛骨悚然，因為目前的情況幾乎完全按照模擬中的情境如實進行。

遊戲開始：全球大流行病模擬遊戲

2010年，洛克菲勒基金會（Rockefeller Foundation）為未來科技發展提出四種可能的情景。[1]「鎖步」（Lock Step）情景描述流感病毒引發的全球疫情，威權主義的中國在其中扮演一個示範角色。配戴口罩在全世界成為強制性要求，公民自由受到嚴重限制，甚至有公民因此病毒而寧願放棄自己的權利。這種情況以社會動盪與革命而結束。人們最終反抗壓迫和監視並推翻政府。人類永遠為自由而奮鬥。在這個最理想，但不幸的也是最不切實際的「**一起聰明**」（Clever Together）場景中，國際社會有效地共同解決所有問題。「**智能爭奪**」（Smart Scramble）正好描述相反的願景。這個世界並沒有並肩作戰，而是每個人都各自為政。國際社會日益解體，當地本身的問題得到暫時解決。「**駭客攻擊**」（Hack Attack）情景是反烏托邦的：國家被駭客入侵，數位犯罪猖獗，造成社會不穩定且政府搖搖欲墜。然而，「鎖步」情景也導致微軟（Microsoft）、埃森哲（Accenture）與疫苗接種聯盟〔全球疫苗免疫聯盟（GAVI）〕做出共同決定，2030年為世界上的每位公民提供一個跨國生物識別與數位身分（ID2020），[2]以及與位於達沃斯（Davos）的世界經濟論壇（WEF）、荷蘭及加拿大政府、埃森哲等合作夥伴一起展開無紙化旅行的「**已知旅行者數位身分**」（Known Traveller Digital Identity）專案。[3]無獨有偶，洛克菲勒基金會的一位高階成員也就2017年全球疫情向德國政府提供建議。**這也可能是聯邦眾議院將實施個人納稅識別號碼轉換為統一公**

民號碼的原因。此項舉措允許行政機關能夠存取與連接所有相關資料，儘管我們在2008年信誓旦旦地承諾，個人納稅識別號碼將僅能用於稅收目的。但未來總計將有51個行政機關能夠相互存取各自的資料，而非像現在只有稅務局擁有這項權力。若取得同意，行政機關將來可以查閱個人資料。戶籍登記冊、武器登記冊、健康保險公司和年金保險將可以存取統一公民號碼。現在每位公民已毫無隱私可言，史塔西（Stasi）的夢魘已然成真。真是個美麗的新世界！

但這並非是全部。這些努力的另一個成果是數位化疫苗接種卡。現在它會在整個歐盟全面推行。[4]雖然此一疫苗接種卡與《歐盟個人資料保護規則》（EU-Daten-schutzgrundverordnung）背道而馳，但它最終不得不屈服在更遠大的目標下。今後儘管未強制接種疫苗，但若未接種疫苗，將不得搭飛機、旅行或進入餐館內用。

當我們在談論聯邦政府積極展開革新的話題時，2012年，德國聯邦政府在羅伯特・科赫研究所（Robert Koch-Instituts）的主持下撰寫一份題為〈Modi-SARS病毒引發的全球疫情〉（Pandemie durch Virus Modi-SARS）的風險分析報告。[5]該報告描繪一個「異常流行病事件」的場景。聯邦政府在這份報告中展現驚人的命中率：一名在中國就讀一個學期後返回德國的病患傳播了一種SARS冠狀病毒（CoV）類型的病原體。正如2019年12月在中國武漢市發生的一樣，該病毒也是來自中國的一個動物市場。

最近有人懷疑，病毒來自武漢實驗室

對病毒的起源大家都有普遍共識，但至於它的確切起源地點，則是眾說紛紜。漢堡大學（Universität Hamburg）的一位德國教授對這個實驗室論點蒐集了相關證據。[6]即便是中國研究人員，也在早些時候提出相同的懷疑。[7]但到目前為止，還沒有人能夠100%證明這一點。病毒

究竟來自野生動物市場還是武漢實驗室，而在卡車事故中意外釋放？這是中央情報局為了削弱中國與鞏固美國霸權地位而一手策劃的陰謀，或反之亦然？抑或這是一個為了遏制我們的自由並強迫所有人接種比爾・蓋茲（Bill Gates）的疫苗而建構出來的疫情？或者它是「深層政府」（Deep State）一手策劃，旨在引發全球經濟危機以破壞唐納・川普（Donald Trump）當選的計畫？抑或這只是一場被媒體和政客刻意推動的正常流感疫情，以製造巨大的恐慌，從而最終實施在正常情況下永遠不可能實現的事情〔關鍵詞：「大重置」（The Great Reset）〕？基本上，這些猜測都不是重點。事實是，這種病毒已經存在數十年。是的，你沒看錯，所有這些說法實際上都是對此一病毒提出的流行理論。如果面對此次疫情，就像對1968年的香港流感般，我們採取不作為的方式，全球經濟可能會持續繁榮。我總是提出「什麼人得利？」的問題，即它為誰服務？目前，中國被視為大贏家，但**西方政客也在這場疫情中，對不必在乎法律與秩序的統治方式產生一種危險的好感，就像德國，政府決策經常繞過議會**。對這些圈子而言，危機顯然也是一個巨大的轉機。事實是，情況就擺在眼前，我們必須善加處理這個問題。只有在歷史的後視鏡中，我們才能看到新冠病毒危機背後的真實故事。今天聽起來很荒謬的事情，明日可能就是現實。

　　早在2020年4月，我即在《明鏡》（Der Spiegel）週刊的一場與前經濟學家彼得・博芬格（Peter Bofinger）辯論中對當前的發展提出警告，並支持群體免疫。這意味著風險群體與老年人將採取自願性隔離狀態，其他人民則負責維持經濟運轉。無論如何，以下這個發現對我來說已經足夠，即德國與歐洲的經濟狀況在新冠疫情危機之前就已經不樂觀，經濟衰退終究會發生。它只是被病毒大規模強化了。請記住：世界在2019年已經處於剎車模式。義大利深陷衰退，德國的成長率為0%，經濟停滯迫在眉睫。法國、美國、中國及世界其他地區的情況也是如此。人類是

健忘的。中央銀行在2019年時正好因應這個發展採取行動，**就在冠狀病毒爆發之前！**馬里奧・德拉吉（Mario Draghi）贈送歐洲中央銀行（EZB）新任總裁克莉絲蒂娜・拉加德（Christine Lagarde）一份歡迎之禮。在她上任之初，這位律師及政治家獲得了每月200億歐元可觀的收購計畫。而距離上次所採取的一連串拯救貨幣行動和歐元計畫，僅隔十個月。這項計畫自2015年開始實施後，已經吞噬了2.4兆歐元，導致最後不得不重新檢討。看來，歐元區的事情也不是都那麼順利。

最後但並非最不重要的，比爾暨梅琳達・蓋茲基金會〔Bill & Melinda Gates Stiftung；世界衛生組織（WHO）與疫苗聯盟GAVI的慷慨捐助者〕、世界經濟論壇及約翰霍普金斯大學（Johns-Hopkins-Universität）的「Event 201」進行了一場演練。[8]在這裡，它們也對全球冠狀病毒疫情進行模擬演練。

在看過所有這些場景與模擬遊戲之後，腦中不自主浮現一個問題：若那些負責人已經在國內和國際上多次演練過這些場景，甚至猜到正確的病毒株，為什麼沒有採取預防措施？**為什麼他們顯得如此措手不及？為什麼在這個廣闊的戰線上全軍覆沒？**如果沒有從中得出任何結論，為什麼還須進行分析？

火山學家根據觀察資料可以預測火山將在不久的未來爆發，但無法準確預測何時爆發。板塊結構引起的大地震也是如此。因此，真正的問題均如出一轍：一個社會，甚至是整個人類，對這種外部衝擊的後果能做多完善的準備？每次得到的答案卻都驚人地相似：**不太好。**

我希望透過這本書讓你對此做好準備。**因為問題不在於是否會發生，而是何時會發生嚴重的衝擊！**

自從現代科學以其嚴格的實證方法運作以來，我們不再將自然災害視為不可預測的命運。然而，我們雖然具備能力，將某種程度的精確預測建構在

思維中，或者至少將其作為我們計畫、甚至日常行為的一部分（更好的是：為某些可能發生的情況未雨綢繆），但這個能力並未跟得上我們的預測能力。

其實主要原因是大腦。人類只能線性思考，因為我們的大腦並非以指數方式思考所構成。但這類危機事件往往是突發性且呈指數式發展的。

指數式成長

對人類來說，這種發展類型是無法理解的。我們都知道著名的印度象棋／米粒例子。從第一個棋格開始放置一粒米開始，此後每個棋格放置的米粒數是前一個棋格的兩倍。最後，棋盤上總計會有1,840京顆米粒，也就是338兆公斤，是全世界每年稻米收成量的433倍。

再舉一個例子：請你拿出一張普通的A4紙，盡可能把它對折。每折一次，紙張的厚度就會增加一倍。你可以隨自己喜好對折，但這一張紙最多只能對折七次，然後就此停止。若折疊42次，這張紙的厚度就等於從地球到月球的距離。現在你會想：「弗利德里希先生完全瘋了！」事實並非如此。這就是指數型成長。在自然界中，癌細胞以指數型成長，病毒的繁殖也是如此。磁鐵的吸引力也是指數級的。即使我們知道這種吸引力即將到來，但大腦無法預測正確的時間，兩塊磁鐵用難以置信的力量和速度相互吸引。惡性通貨膨脹也是指數級的，無人能夠想像，也鮮少人為此做好準備。

我們的技術文明、經濟與社會網絡、全球貿易路線和價值鏈的蜘蛛網布局、貨幣與信用系統，在過去的七十年間，所有這些面向形成歷史上獨一無二的複雜性。但大多數人仍然相信，這個世界依舊可以用常識來解釋。從這個值得尊敬且在日常生活中得到印證的角度來看，這個世界往往顯得十分

瘋狂。例如在我的演講中，聽眾依舊對他們帳戶裡的錢並不屬於自己，而是屬於股票帳戶銀行的說法感到驚訝。想像小豬撲滿會比銀行貨幣系統更容易，銀行透過貸款憑空創造貨幣。眾所周知，德國成為出口世界冠軍的比例遠遠高於世界盃足球冠軍。但只有內部人士才看得出我們對外貿易關係的網絡是多麼敏感、多麼脆弱。事實上，看看聯邦統計局（Statistischen Bundesamt）的表格就能知道！[9] 從書面資料來看，世界上幾乎沒有一個地方不與德國進行交易。我不知道我們在 2019 年從聖誕島（Weihnachtsinsel）以 1,000 歐元進口了什麼？或是以 10,000 歐元出口何種商品到太平洋島國吐瓦魯（Tuvalu）。但的確有人因為這些貿易活動而從事搭船或飛行的行為。一場全球大流行引發的封鎖才讓我們所有人發現，德國汽車製造商最重要的一些供應商都位在倫巴底（Lombardei）。

近三分之一的德國人居住在人口數超過 10 萬的大城市，因此他們深知這種現代住宅形式與生活方式的侷限。但許多人從未去過紐約，更別說像東京／橫濱（3,800 萬居民）、德里（2,600 萬）、上海（2,400 萬）、開羅／吉薩（1,600 到 2,500 萬）或拉哥斯（1,400 萬）這類巨無霸般的城市。超過 16 億人，占世界人口的五分之一，生活在世界 5 億個城市中，其中就有 5 億人居住在人口超過 1,000 萬的巨型都市。這些人，特別是那裡的主政者，最清楚基礎設施與醫療保健系統如何迅速地（往往是悲慘的）瓦解。

我們的生活方式有點類似拿坡里人。別誤會，我說的不是黑手黨！拿坡里人非常清楚自己居住在一座活火山上，卻表現得好像在他們與子孫後代的有生之年，維蘇威火山（Vesuv）無論如何都不會爆發。這當然也是極有可能。加州海岸的居民也知道，他們將美國最具活力的經濟區之一置於兩個地球板塊的邊緣。但是，距離上一次發出災難性轟隆聲的毀滅性地震已經超過百餘年。世界經濟的動盪，甚至是金融體系的劇變，發生的時間間隔比火山運動或板塊構造的瞬息位移要短得多。然而，我們卻表現得好像這些金融災難從未發生過一樣。

史上最大的財富移轉！

　　人類正處於一個歷史性的轉折點。為了緩衝因新冠肺炎危機帶來的經濟衰退，世界各國和中央銀行已經向該體系挹注數十億美元。全球各國在極短時間內均推出具歷史性意義的救援計畫與經濟刺激方案。

　　所有的國家與中央銀行肯定將被寫入金氏世界紀錄中！這些一次性的全球緊急計畫，加上多年來一直處於**永久性危機模式**的國家與中央銀行，創下各項歷史紀錄，不僅在感染與失業數字上，特別是在債務方面。全世界各地的債務已屢屢創下新的里程碑。

　　世界上最重要經濟體美國的國債達到28兆美元歷史新高。突破30兆美元大關只是時間問題。預估最早可能會在2021年達到（參見圖1）。

圖1　美國：國債
以10億歐元計

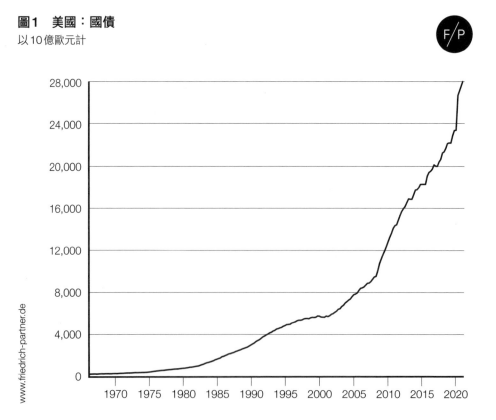

　　德國的債務在經歷短暫的減少之後，再次上升到新的高度。儘管在2010至2019年期間，稅收增加了75%，仍無法改變這個事實。自2020年以來，國家債務增加2,100億歐元（+11%），達到2.109兆歐元的歷史新高（參見圖2）。

　　從美國聯邦準備理事會（Fed，簡稱聯準會）的資產負債表（7.44兆美元，參見圖3）與歐洲中央銀行（EZB，簡稱歐洲央行）的資產負債表（7.2兆歐元，參見圖4）來看，各國中央銀行的表現均毫不遜色。

　　單單歐洲「新冠疫情緊急購債計畫」（Corona-Anleihen-Kaufprogramm，英文簡稱為PEPP）即為歐洲央行創造了7,620億歐元的新債務。然而，此計畫總金額為1.85兆歐元，因此仍有一些籌碼可以繼續這場遊戲。此外，這些資金非常靈活，可以隨時「調整」。

　　截至目前為止，貨幣政策均採取寬鬆貨幣方式解決金融體系內的所有難題，無論是金融危機、經濟衰退還是其他任何問題。直到現在為止，此方法似乎每每見效（除了資產通膨之外，但這是可預期或可容忍的）。不過這一

圖2　德國債務總額
以10億歐元計

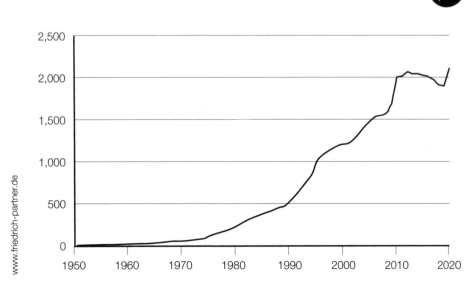

www.friedrich-partner.de

圖3　美國聯準會資產負債表
以10億歐元計

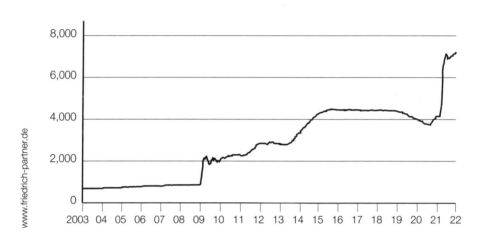

圖4　歐元系統：歐洲央行合併資產負債表
以10億歐元計

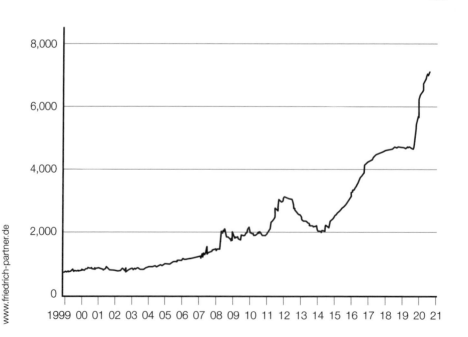

次，情況可能有所不同。因為國民經濟的表現力與生產力正在顯著下降，而資金的泛濫達到荒謬的地步。如果其中一部分資金進入緊縮的市場與供應，情況可能會失控。屆時，通貨膨脹將影響到真正的商品。今日，我們已經看到一個重要功能失調的體系；更多廉價資金並不能解決根本問題。**有一點很清楚：從來沒有任何危機是透過印鈔票來解決的！**

因此，世界各地都創下若干歷史高點，而且在絕對創紀錄的時間內。短短幾個月內，中央銀行印製的大量貨幣與各國政府承擔的債務，已超過所有其他危機的總和。在此期間，以**歐洲央行的資產負債表**為例，**其數額約占歐元區國內生產毛額（BIP）的72%！**這是一個危險且不可持續的發展。然而，還應該指出的是，世界各地的中央銀行在新冠疫情危機之前即已再次踩下油門，啟動了印刷機。因為在2019年，經濟衰退已顯而易見。疫情僅是加速並加劇此一趨勢的發展。與此同時，美國銀行體系（REPO）早已存在著僅能透過美國聯邦準備系統的強力干預才能暫時緩解的巨大問題，整個體系的不平衡已根深蒂固。根基早已動搖，新冠疫情不過只是一個助燃劑。

由於各國與中央銀行採取的封鎖與絕望措施，歐元危機的發燒溫度計也攀上歷史新高。德國聯邦銀行的**泛歐自動即時總額清算系統2（Target2）**債權膨脹超過1兆歐元。

Target2餘額

在歐元區內透過Target2系統進行的跨境支付交易會產生Target2餘額，這包括經常帳戶（貨物、商品、服務）與資本帳戶（金融交易）。透過Target2進行的轉帳僅能以中央銀行貨幣（ZBG）結算。如果透過Target2支付系統流入歐元區經濟體銀行系統的中央銀行貨幣多於流出的貨幣，則會出現Target2正餘額。如果流出的貨幣多於流入的貨幣，則Target2餘額為負。

2020年7月，德國央行對他國央行（特別是義大利與西班牙的中央銀行）的債權較上個月增加590億歐元，已超過了歷史紀錄。然而2020年12月卻又新增757.3億歐元，使得德國債權總額上升到1,136兆歐元！請參見圖5。

此一發展再次顯示歐元區的功能失調。 在德國的債權呈指數級成長的同時，債務人的負債也呈爆炸式成長，特別是在西班牙與義大利等破產國家。還款？少做夢了！

這兩個南部國家面臨著另一個災難的威脅，因為新冠疫情已經造成旅遊業的大崩潰。僅僅在7月，西班牙的遊客數量即災難性地較去年銳減75%！在8月與9月的假期月份，旅行的意願也沒有明顯增加。2020年全年，遊客人數驚人地大幅下跌76.8%。[10] 這是有紀錄以來的最低點，2021年初的數字

圖5　比較：德國、義大利和西班牙的Target2餘額
以10億歐元計

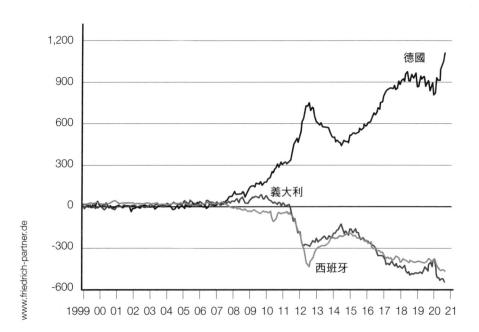

也不樂觀。此外，再次實施的封城進一步影響了這些國家。破產、失業，以及提供進一步的紓困方案是無法避免的，Target2餘額也因此將繼續擴大，凸顯出體系內部的失衡。我對此做個小小的補充：

歐元面臨失敗！

經濟實力不同的經濟體貨幣聯盟在過去從未成功過。它們總是以失敗收場！因此，對已住進加護病房數年的歐元而言，雖然持續施以搶救與人工呼吸，失敗終究只是時間問題。

上述所提及的失衡也反映在原則已被違反，合約已被破壞的事實上：**歐盟現在已經成為一個轉帳與債務聯盟**。那些第一時間遭受污名化的批評家和我，均對這種發展提出警告。遺憾的是，我的預言也成真：歐盟現在可以像主權國家一樣舉債。但我們還是回頭談論Target2餘額。

在歐元貨幣實驗的最初幾年（直到2006年），德國的債權平均每月僅16億歐元。德國對歐元區國家的貨物、商品及服務的淨出口與德國私人資本的淨出口相等，如此可確保帳戶的平衡。如圖6顯示，自金融危機以來，債權則一直處於失控狀態。

我們已經有了無條件基本收入：但僅限於富人！

資產分配同樣失控。無限流動性挹注將資產價格通膨（財產價值）推向新的高度。無論是股票、房地產、古董車還是手錶，所有的資產變得昂貴無比。對於富人來說，央行計畫是一種「無條件基本收入」（bedingungsloses Grundeinkommen）的形態。中央銀行陷入兩難，無法偏離這個致命的路線。否則殭屍公司，甚至殭屍國家均將崩潰。這表示：另一方面，通貨膨脹

圖6　德國聯邦銀行：Target2餘額
以10億歐元計

將持續下去，隨之而來的是金融和房地產市場過度熱絡。然而，仍有一些價值被低估，其發展將優於股票、房地產等資產的表現。

　　單看黃金、白銀、礦業股、原物料、鑽石、比特幣和其他有形資產的價格走勢，即會發現越來越多人對貨幣體系和機構失去信心。不幸的是，他們是正確的。大家只能自求多福。現在轉投資還有時間，但機會之窗每天都在縮小。

　　事實是：我們正面臨史上最大的財富移轉！如果現在抓準方向，正確投資，將會創造世代相傳的財富，否則財富將離你而去。

　　保護自己並採取行動為時並不晚。起身行動吧！

史上最大崩盤

「成長是緩慢的，毀滅卻是快速的。」

羅馬哲學家塞內加（Seneca）

由此看來，新冠疫情的爆發，以及幾乎全世界所採取的因應措施，成為外部衝擊撼動了金融市場，也就不足以為奇了。**這就是我在上一本書中預測的史上最大崩盤嗎？**不，很遺憾並不是。我所說的史上最大崩盤，並不僅指普通的股市崩盤，而是整個體系的崩盤。我們還在經歷著這場崩潰，它將擴及我們的所有領域：政治、社會、貨幣體系、金融，以及我們的生活、旅行與工作方式。

基於這個原因，我們在分析中也必須常常使用語法的最高級。因為持續出現的新措施與現象確實前所未見，而且不斷地打破紀錄：在短時間內，債務的增加幅度史無前例（參見圖7）。系統中的債務也創下歷史新高（**約288兆美元，或約占全球國內生產毛額的360%**）。

中央銀行對金融體系的干預從未像2020年般強勁，向金融體系注入的資金也超過之前所有其他危機的總和（9.2兆美元；到2021年底至少會達到12兆美元）。自第二次世界大戰以來，全球經濟的跌幅從未超過2020年（−3.5%），但股市和房地產價格卻高於任何時候（受中央銀行流動性氾濫的推動）。單單2021年一整年內透過政府債券進行再融資的需求，也創下歷史新高。世界各國從未像現在這樣，不得不深入挖掘自己的口袋來刺激經濟，推出經濟振興方案。全球利率來到歷史新低，政府負殖利率債券也攀上了歷史高點（總量為18兆美元）。但最重要的是，**整個世界從未真正關閉其經濟**，因為我們從未經歷過如此大規模的封鎖行動，而且是世界性封鎖！

所以你看，我絕非誇大其詞。我們正進入一個全新的領域，無論是在經

圖7　全球債務

2020年：歷史新高

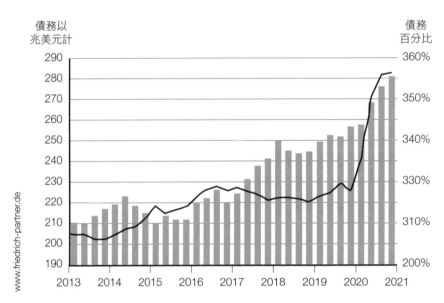

濟上、政治上,還是在社會上。我們正全速駛向深淵;即使我們現在猛踩剎車,也為時已晚。事實越來越清楚:**現有的金融體系中找不到解決方案。**

　　時代、文明及帝國終究難逃終結的命運。這是事物發展的規律,也是一個自然的、不斷重複的循環(見「笨蛋,這就是週期!」一章)。

迅速發展的危機

　　我們不僅將遭受金錢與經濟損失,還會面臨社會損害。相信大家現在已經清楚,即使不是數百萬人,也有成千上萬的人受到創傷,而有些是嚴重創傷。數以百萬計的人在幾週內失去工作。美國勞動力市場近年來的榮景在短短幾週內化整為零。在川普和巴拉克・歐巴馬(Barack Obama)的領導下,2,200萬人找到工作,但在四個星期內有近2,500萬人失業。截至2020年12月為止,近7,000萬美國人申請失業救濟金。

圖8　美國：每週首次申請失業救濟金人數

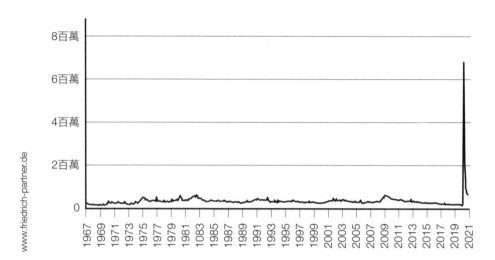

　　這表示我們在非常短的時間內經歷真實的戲劇性發展。這將永遠改變現有的制度，在政治上也是如此。我們會在未來看到完全不同的結構。更多的分裂、聯盟將解體（歐盟）、國家將瓦解、貨幣將失靈（歐元）、新的國家與新的社會形式將出現。我在上一本書中預測了所有這些發展，而且我一再指出，我們正置身於這個典範移轉的現場。這是無法被阻止的，即使是狂印鈔票也無法阻止，這是一種自然的循環。而現在，當前的週期即將結束。我們的世界經濟已歷經十一年的成長。十一年來，超過128個月，美國一直是經濟主要成長體，這是不自然的（歷史平均為58.4個月）。一般來說，成長四到五年後通常會出現衰退，金融體系必須喘口氣。過去的十年是美國歷史上第一個沒有經濟衰退的十年。[11]這是七十年來最漫長，但也是最弱的擴張期，經濟成長平均每年僅2.3%。總體來說，應該注意的是，自1970年代以來，美國的經濟成長一直處於下滑的軌道上。

圖9　美國經濟成長的月數
每十年一次的衰退

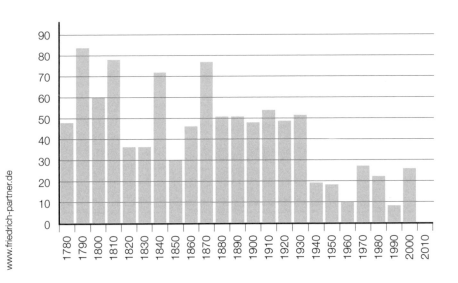

不斷惡化的間接損害

　　大家應該很清楚，我們正在努力超越數學定律。但這不僅不會成功，還將面臨嚴重的挫敗。而且遺憾的是，它將伴隨著難以想像的附帶損害。我的研究、分析、模式均指出，面對這些危機，人類很可惜地找不到出路、無法繞道而行，也提不出解決方案。金融體系將以一聲巨響砰然結束。我們也許可以再為自己爭取一兩年的時間，但這並不能解決這些問題，只是將其往後推遲，在未來成為更大的問題。終有一天，我們會經歷崩潰。正如我所說：我們在這個體系多停留一天，墜落的高度便會不斷增加，撞擊力也就越強。我仍然相信，我們將親眼目睹現行體系的崩盤；現在世界各地已經可以看到瓦解的跡象。但最終是否會如我所預測般走到崩潰的邊緣，還有待觀察。

　　我們已經看到，僅需按一下按鈕，即能輕而易舉地關閉大部分的個別經濟體；我們也看到，重新啟動已經癱瘓數週甚至數月的行業是如何困難。當

然，疫情不是戰爭、地震、火山爆發或海嘯。它不會造成財產損失；它不會攻擊工廠、百貨公司、幼兒園、酒吧。但經濟遠遠超過有形資產。與每個經濟體的「硬體」不同，其「軟體」（例如勞動力、資本和組織結構、融資和供應管道、收入預期或消費傾向）不僅更重要，而且更敏感。破產的經營者不會因政府的命令而在一夜之間重新恢復償付能力。一旦被解僱，就無法透過電話或 WhatsApp 訊息召回員工（或者，最好是透過 Signal 或 Threema 這兩個我強烈推薦的訊息服務發送訊息，因為老大哥在看著你）。供應鏈一旦斷裂，就無法透過電子郵件在短時間內修復。舉例來說，在新冠疫情危機中可能沒有瓷器被砸碎，但卻有數噸的瓷盤堆放在路邊，因為不久前擁有這些瓷器的家庭已經不復存在。

　　我認為病毒不太可能被「打敗」或奇蹟般地消失（就像現在的流感一樣）。病毒不斷地突變，世界各國政府在愚蠢的決策中相互超越，並即將因此失去他們的公民。唯一清楚的是，無論是在疫苗研發和分配、疫苗接種覆蓋率，還是這個可怕的字眼：「群體免疫」上。在情況好轉之前，我們首先需要一件事：耐心。這也許需要幾個月，也許一年，或者更長。但無論如何，它肯定比整個經濟、整個行業，更遑論個別公司、自營者、短期工人或失業者停滯不前，或慢動作經濟所能忍受的時間還要長。政府和中央銀行再次調動的巨額流動資金，不太可能完全治癒這種衝擊。我也不認為這些措施已經緩和這個打擊，以至於很快就會戰勝疫情。情況恰恰相反，等待我們的是**經濟損失最大化**。我們正在經歷的是一個**歷史性的經濟實驗，一個國家授權而延遲的巨大破產**，其結果是開放性的。我找不到任何令人信服的論據來證明結局可能是圓滿的。而是**應該在經濟上與精神上為不愉快的結局做好準備**！我必須不斷重複這一點，以強調其重要性！我的西班牙教授曾經說過：「不斷重複可以闡明問題。」

　　我認為它將與 1990 年代中期以來的所有危機一樣：我們再次用債務購買時間，這是一場時間的遊戲。長期存在的問題與結構性赤字的解決方案，

再次被推遲到未來一個不確定的時間點，最多只能撐到下一次選舉。在我看來，不會只是一個水壺，而是賒帳買來的整車水壺都將落井破裂。不過，最後不是水壺會破裂，而是井水會乾涸。

這場危機早始於新冠肺炎前

此次全球性疫情以迅雷不及掩耳的速度觸發了許多政經措施，但它並不是起因。了解這一點非常重要，因為政客不斷向我們銷售和宣傳的內容完全背離了這個事實。由於邪惡的隱形病毒，我們現在不得不印製數兆的鈔票，共同體化這些債務。**現在顯而易見的深層結構問題的罪魁禍首，不是沒有能力和沒有意願進行改革，也不是近幾年甚至幾十年來政治上的無能，而是（不！）病毒。** 在一個已經走到盡頭的體系中，這場全球疫情對絕望的政客來說，來得正是時候。這幾乎是個天賜良機。如果沒有新冠疫情，它們也會自行發明出這種疾病。政客們終於找到一個代罪羔羊，可以為近年來所有未解決的問題負責。在全球這場大流行的掩護和陰影下，期待已久的計畫現在終於可以執行，而這些計畫在正常時期是不可能實現的。

新冠病毒不是起因，而是觸發因子

如果累積幾十年來的所有債務、資產和金融泡沫即將破滅，顯然還有更深層的原因。我在書籍、影片和文章中一遍又一遍地指出其中的許多問題。中央銀行近二十年來不斷地支持市場流動性，因此在金融市場上製造出巨大的泡沫。是的，如果聯準會、歐洲央行和企業僅負責向市場供應鬱金香球莖，密集住宅區內的住房需求也會上升。然而，如慕尼黑、斯圖加特（Stuttgart）、柏林中城、巴黎、紐約和其他大都市房地產賭徒們造成的價格泡沫，與正常的供應短缺絕對無關。這一點可以從以下事實中看出：在過去十年，所有市場部門開始興建住宅大樓，而這些房產的金融家（或押注價格上漲的買家）根本無意出租這些大樓。聽起來很奇怪，但事實就是如此。當

房地產價格飛漲時，承租者不會再融資進行投資。投資只會產生醜陋的成本，因為它們會慢慢損壞公寓，而且再次擺脫它們比將這個破爛空屋賣給下一個更笨的傻瓜更難。這筆帳單由無力負擔上述城市及其周邊地區合適房子的普通收入者，甚至中等收入者負責支付。市場已經完全脫離軌道。

如果經濟停滯無法在短期內結束；如果我們繼續看到世界上最重要的經濟體，如德國、美國、英國、法國甚至義大利實施夜間宵禁；如果看到很多人都破產了，消費者因極度擔心自己的工作與收入而僅採買生活必需品，那麼這將是**史上最大的崩盤**。這個失衡狀態存在已久，並在金融體系中根深蒂固幾十年，從未得到解決，因為人們永遠缺乏開闢新天地的勇氣。

新冠疫情是一把雙面刃

別再自欺欺人了，目前沒有其他話題比新冠病毒更具爭議性或更具分歧性。它可以與金融、歐元及難民危機議題相媲美。戰線越來越嚴峻，幾乎沒有人願意聽取別人的意見，接受不同的觀點。

一般而言，這是我們這個時代的問題，是我們社會的問題。分裂不斷加劇，人們不是支持，便是反對；不是黑，便是白，兩者之間沒有任何模糊空間。民主辯論已經完全喪失，只要有人表達不同的、也許是有爭議的意見，就會遭受誹謗與污名化。雖然現在不再是團結，而是共存，但遺憾的是，對立與日俱增。新冠病毒的情況亦是如此，有些人害怕病毒，有些人擔心生計，有些人則恐懼政府越來越嚴厲的措施而導致失去自由的權利。我們不應該讓自己陷入分裂，因為這從來沒有任何建樹。不幸的是，許多恐懼是透過媒體與政治傳播。對政客來說，危機一直是個值得歡迎的機會，因為他們終於可以在恐懼的幌子下推動不受歡迎的措施。誠如溫斯頓·邱吉爾（Winston Churchill）的座右銘：

「千萬不要浪費一場好危機。」

無窮盡的封鎖

　　無論你對新冠疫情的大流行有何看法，我認為這些措施與病毒將不幸地伴隨我們很長時間。人們可能需要數年的時間才能達到與流感相當的免疫率，而且無法排除進一步爆發疫情的可能性。我們已經處於第三波的疫情，對持續感染的擔憂可能很快就會蔓延開來。什麼時候會有足夠的疫苗，以及更有趣的是，它們是否有效，甚至能對抗病毒突變，它們是否有副作用，以及它們是否被大眾接受，這些問題的答案目前都是完全開放的。就像哪些對公共生活的限制措施，真正減緩了病毒的傳播，而哪些則否等問題的答案，也一樣是開放的。就目前而言，我們能確定的只有被稱為伊施格爾（Ischgl）的事實：當數百人不知道或無視自己感染了一種危險的新病毒，而聚集在空調不良的酒吧裡一起跳舞、大喊大叫、喝酒及流汗，此時便打造了一個完美的病灶。相同的情形也適用於狂歡節集會或服務範圍較大的社群會議或教堂，只是其中存在著些微差異。若要誇張地說，它適用於所有許多人在封閉空間內舉行的長時間聚會，取消這類聚會可能會讓參與者感到遺憾，但即使經過幾個月，若必要的話數年，肯定都不會導致一個後果，即重大的經濟損失。但會造成社會與心理上的傷害，這有時是難以彌補的。另一方面，在關閉日托中心、學校與大學、商店、酒店和餐館方面，我們已經看到又深又長的煞車痕。阻斷經濟和社會交流是否真能防止衛生系統崩潰，特別嚴格或有限地限制公共生活的國家狀況是否會更好，唯有到達路的盡頭才會知道這些答案。

　　但無論這一切如何發展，都不代表大崩盤已經結束。恰恰相反的是，我們必須再等一年、兩年，最多三年。在此之前，唯一會發生的事情是中央銀行將繼續推遲破產，它們將試圖以最後大規模的抵抗再次支撐起這個體系。

我們的金融體系不是為危機而生

　　無論實體經濟如何穩定，又能持續多久，我們現在透過放大鏡看到的是，我們的金融體系，尤其是中央銀行的貨幣政策，實際上只是為風平浪靜的時期所制定的，整個體系是無力抵抗危機的。永久性危機模式不斷地啃噬著這個體系。我們一次又一次地看到政客如何努力工作，卻無法找到解決方案。如前所述，也沒有解決辦法。而且我根本不想為了獲得你們這些讀者的廉價好感而抨擊政客，這個舉動實在太簡化這些問題。因為這些問題確實非常、非常複雜，而且無法解決。我們誰也無法推倒這堵1公里高的問題牆。這些問題已根深蒂固，它需要一個新的開始。但我所說的並不是世界經濟論壇、國際貨幣基金組織及各種非政府組織建議的「大重置」（Great Reset）。

　　由於現有的制度束手無策，我們多年來一直將堆積如山的債務問題不斷地推遲到未來，導致更大的間接損害。這種經歷不斷失敗的最好例子就是歐盟，它在每次危機中都訴諸於過多的悲情與金錢，最後總是從一場危機滑到另一場危機，結果卻又大敗而歸。

　　老實說：專家與經濟學家從未預見危機的到來，而是在事後才進行分析，顯然他們未從中吸取必要的教訓。我們仍與上次危機遺留下的問題奮戰，更別論完全消化。當天氣像當前的外部衝擊瞬息萬變，我們不能將撐起的雨傘變成臨時急就章的塑料防水布。這個體系能隔離個別危機點，並在一定程度上控制它們。但它禁不起全球危機的考驗。在「正常」的危機中，需求或多或少的迅速崩潰迫使供應陷入困境。根據一般定義，經濟衰退時，經濟產出會連續兩個季度停滯不前或下降。需求與供應這時處於一個相互激化的螺旋式下降之中。但這不會在所有地方發生，不是幾天或幾週內，也不會在所有行業與部門間同時發生。**目前，我們在全球看到的是一次性的情況。與此同時，我們經歷了供應衝擊**，這從所有突然爆滿但在世界海洋中漫無目的航行的油輪，即可清楚地看見。而**我們遭受了需求衝擊**（關閉的商店不賣

東西，失業或短期工作的客戶幾乎不能或不想再買東西）。**我們的生產與供應鏈在全球化的世界中以創紀錄的速度動搖，甚至完全斷裂。**這個情景前所未見，但這絕對是個全新的領域，而且它可以使整個體系崩潰。

　　目前，全球經濟狀況岌岌可危，金融體系的不平衡與脆弱性日益浮現。無邊界的全球化，就其字面上真實意義而言，已將風險說明得非常清楚。這些風險由來已久。由於價格差異到小數點後四位，由於3毫米與4毫米螺絲的供應商不同，由於交貨時間緊迫，由於有時付款條件為兩個季度或更長，自1980年代以來，買家、經銷商、物流商或管控人員基本上每天晚上都向上帝祈禱，希望安全網一如往常堅固。在過去，期貨合約是為了對沖各種風險。然而，四分之一個世紀以來，利用此類合約進行自由資金賭博，本身已成為一種高風險的活動。當然，早在十八世紀股票交易所就存在投機者，但在二十一世紀的證券交易所裡只有投機者，他們什麼都能投機。他們的投機活動是以三十年前在物理學研究實驗室最合適的測量儀器所能計算得出的時間為單位來進行。倦怠（Burn-out）究竟是一種時尚，還是一種疾病，你可以慢慢討論。但無論答案為何，這都是當今渦輪資本主義速度所導致的症狀，它不僅使人類的心臟與大腦過度緊張，也使許多機器的處理器過度疲勞。舉例來說，這種資本主義就像百米短跑運動員，他們為了將世界紀錄提高百分之一秒必須付出的努力，在某種程度上已經炸裂了所有合理的比例。尤塞恩・博爾特（Usain Bolt）的男子世界紀錄是9.58秒。1968年，吉姆・海因斯（Jim Hines）是第一個在奧運會上跑進10秒以內的人，然後保持世界紀錄長達十五年的時間；卡爾・路易斯（Carl Lewis）用了二十年的時間只提高三個百分點。而博爾特保持自己的紀錄已超過十一年。他應該無法再突破紀錄了。

全球化的盡頭？

　　如前所述，我們目前正在經歷的發展將改變許多事情：我們的生產方

式、工作方式、購物方式、旅行方式，以及我們的思維方式。這一切不會僅是小幅度的改變。**它們將徹底改變！**我們會在一個新的世界中醒來。人類必須對此有所認知，而這種無形的病毒已經實現這一點。我們確實正在經歷一個轉折點，一個典範移轉。**這很可能是全球化的終結。**在劃時代的危機過程中，幾乎所有人之前都認為絕對牢不可破的全球經濟與全球政治相互依存關係，已經瓦解。不同於今天的是，全球化的網絡橫跨整個世界，不會遺漏個別的國家或地區。這個網絡的各個連結線段比歷史上任何時候都來得細，已繃緊到斷裂的邊緣。尤其，世界各地的中央銀行更深陷在**無限氾濫的資金**這個自己製造的複雜問題中。

從純理論的角度來看，在古典經濟週期的繁榮階段，工資與物價必會上揚，通貨膨脹率與短期利率也會隨之攀升。在某些時候，「貨幣政策」必須踩剎車：它提高基準利率（這往往會對貨幣市場的長期端產生影響），從而防止經濟過熱。其結果是，由於錢變得越來越貴，投資逐漸減少，消費也隨之降低。在經濟下滑與衰退中，這些關係將被顛覆。工資和物價停滯不前，沒有通貨膨脹的問題，而利率持續下降。因此，中央銀行透過降低利率使貨幣再次變得便宜，從而再度刺激投資和消費。這就是你在社會研究中學到的東西。因為這種情況在經濟史上很少發生，所以我們對所有利率接近零時發生的情況不太了解。到目前為止，似乎只有一件事很清楚，即當利率來到0%時，便會停止下降。如果金錢免費贈送，卻仍然無人想要時，那麼中央銀行也就無能為力。說得更委婉一點：**貨幣政策可以對抗通貨膨脹，但卻無法對抗通貨緊縮。**1990年代的日本銀行在這一點上可謂箇中老手。

經濟學教科書中沒說的是，世界主要經濟體已經繁榮十多年。由於過去曾發生過一場醜陋的金融危機，貸款、信貸投機及銀行都瀕臨集體崩潰的邊緣，世界各地的中央銀行與政府都把救助金像清潔劑般四處狂灑，貨幣也因此變得廉價，之後經濟會再次回升，但是貨幣的價格卻仍然未隨之上揚。這樣一來，普通的儲蓄者，也就是資金的小消費者，在2008年後就只能為大

企業買單，實質資產也能得到更便宜的融資。那些想要擴張的人，可以期待更低的資本成本。但是，沒有一個理智的企業家會僅僅因為這個原因而興建兩個新工廠，理智的商人也不會因為幾乎零成本的外來資金融資而開設兩倍於以往的分支機構。

印鈔票不能解決危機！

但投機者的情況則完全不同。例如這些消息不靈通的人申請貸款，在時髦城市的時尚區購買一間、兩間甚至三間公寓。他們開開心心地搬進一間公寓，並出租另外兩間公寓。低利率加上租金暴漲，更使他們雀躍不已。但是當利率在某個時候再次上升，過熱的房地產市場內爆，那將是一場災難。接下來要面對的是過度負債與強制拍賣的威脅。這種情況也可能發生在你自己的房子！

然而，消息靈通的人會採取不同的做法，而富人的消息似乎總是比較靈通。他們不買房子，而是蓋房子，再以夢幻般的價格賣給缺乏資訊的人。那些可以正確掌握消息的人手法更是高竿。這些人用毒品般的驚人資金進行交易，但僅限手頭握有巨額的外國貨幣時才操作，如貨幣型大麻（政府債券）、狡詐家藥物（公司債券）、古柯鹼（股票）及海洛因（選擇權），或是快克。這些全都是金融證券，而只有偽造假貨的人才知道它們的具體內容。所有這些人都用這些廉價資金進行遊戲。但這些錢，即使利率多低，公司也不願意用來進行投資，但消費者根本拿不出如此龐大數目的錢，而保守的投資者寧願將這些錢放在安全的避風港裡。

現在，這些廉價的錢最初不是作為毒品發放的，而是作為藥物分發的。其目的是「讓金融市場平靜下來」，並防止銀行體系崩潰而使實體經濟受到威脅。事實上，此舉在2008年確實勉強達到這個目的。更準確地說，這些措施是針對那些「大到不能倒」的銀行，也就是為了拯救那些資產負債表總額和高風險未償債務已經巨大膨脹的銀行，因為全球經濟不可能承受銀行一

連串的破產。

　　我在當時曾嚴厲批評大銀行這個病患。特別是銀行旗下以日益荒謬、有時甚至是公開欺詐的金融雜技手段，卻又虛偽地自稱為「投資銀行」的賭博公司。此類病患因本身的過錯而讓自己陷入危險處境。如果仍然沿用醫學術語來比喻，他們早該進入加護病房進行緊急手術。但某些時候，病人不得不在沒有心肺機、沒有輸液及沒有人工營養劑的情況下延續生命。在我們的案例中，指的便是中央銀行應停止施用唯一藥物，亦即降低利率並在市場上撒錢。

　　遺憾的是，這卻正是央行近三十年來一直在做的事情。**在整個人類歷史上，沒有任何危機是透過無休止的印鈔**（或者日益減少使用金銀鑄幣）**來解決。硬幣貶值與印刷機無法創造繁榮，這充其量不過是一種短期的繁榮假象。**且迄今為止，其結果總是以崩潰告終。即便是金幣和銀幣也曾經需要人民的信任，對於紙幣來說更是如此，無論它的擔保基礎為何。然而，最遲自從布雷頓森林體系（Bretton Woods System）結束後，**我們的貨幣僅由0與1所組成。**這個體系曾經堅持美元由黃金作為擔保，任何其他貨幣則須由可兌換的固定美元匯率來擔保。

　　在每日可用的貨幣供應量M1中（歐元區約為10兆歐元），其中只有1.3兆以紙幣形式流通，而約有1,300億美元以硬幣形式流通。再加上你錢包裡50元鈔票最遲明天即會支付給某人，因此，所有支付的總額都有完全不同的貨幣組合，是合乎邏輯的。2018年，在整個歐元區約有440億筆交易，其中透過零售支付系統結算的簽帳金融卡和信用卡支付、轉帳與直接扣款進行處理的總金額為34兆歐元。僅僅三大的大額支付系統（主要是Target2）便處理總價值達489兆歐元的支付。**[12]**這個部門的資金流動超過700兆歐元。簡而言之，**超過90%的流通「現金」僅以數字形式存在。**實際上，「數位歐元」存在已久。

　　這就是我所說的0與1。**只有信任才能支撐貨幣，**而且是持續的信任。

這種信任，僅僅在歐元區就有1.5億個家庭的3.42億位公民、1.46億名員工、超過2,000萬家公司及4,600家銀行和儲蓄銀行。**但這種信任多年來卻一直被踐踏與可恥地對待，現在尤其如此。**歐洲央行持續推出的新購買計畫導致資產負債表總額不斷增加，與此同時，利率卻被留在地下室。如果這種信任流失、甚至嚴重受損，那麼明天歐元的價值將與塞斯特提烏斯（Sesterzen）、塔勒（Taler）或荷蘭盾（Gulden）一樣高。好吧！至少有些歐元硬幣在收藏家中仍能獲得極高的價格。

人類史上最大的延遲破產

政客與央行現在又開始瘋狂印製鈔票，期待藉此減緩新冠疫情流行造成的外部衝擊。基本上我能理解這種特殊情況，但如果之前的貨幣政策更加嚴格，那麼銀行和金融投機者在2008年之後便會受到管制，而非僅僅被口頭警告而已；如果這顆史無前例的大泡沫空氣被釋放出來，那麼我對當前的政策不會有任何意見。但近三十年來，貨幣政策加壓的空氣不斷地膨脹市場。這就是為什麼目前的（在我看來是最後的）措施不再有任何效果。**更多的債務無法解決問題，它只是再度延長人類史上最大的破產延遲。**

我們現在面臨了一個完全非自然的商業週期。在正常的經濟週期中，每五到七年就會出現一個整頓階段，金融體系可以在這個階段有一個喘息的機會。這就像自然界的四季。在秋天和冬天，樹木脫落綠葉來恢復力量，到了春天就可以再次發芽。低迷與衰退便是經濟的秋冬季（另請參閱本書的圖10）。

但自2008年以來，根本不允許經濟出現衰退。為什麼？因為全球所有中央銀行都知道，如果再次出現像2008年那樣的海嘯，整個金融體系將面臨崩潰。而政客出於一種對經濟的不健康依賴，也加入了這個致命的遊戲中。在這個過程裡，殭屍公司的數量大幅爆增，市場上充斥著大量的廉價資金，以至於人們再也無法不著痕跡地籌集；而銀行則有太多不可告人的祕

密。最重要的是，即使是零利率，也幾乎沒有任何資金流入實體經濟。基於這個原因，我們幾乎沒有任何可以抱怨的通貨膨脹（請參閱通貨膨脹一節）。十多年來的繁榮，在很大程度上是一種虛假的繁榮；而現在，土壤終於被耗盡了。

　　美國中央銀行已經拿出火箭筒，並且相當嚴肅地表示：**我們現在要買下所有東西，而且沒有上限**。這是第一個代宣誓保證（Offenbarungseid）；歐洲央行、英格蘭銀行及其他機構將緊跟其後。他們遲早會直接購買政府債券，他們會購買股票與公司債券，他們會購買指數型基金，就像日本和瑞士的情況一樣。英格蘭銀行最近朝著政府直接融資邁出了第一步，我們也無法迴避歐元區會歷經同樣的情況。到了某個時候，中央銀行將買下一切，為一切提供融資，最後再推出**中央銀行的計畫經濟**。但只要翻開歷史即會發現，計畫經濟從來沒有成功過。

數位獨裁：貨幣數位化

　　為了延長遊戲時間，絕望的央行接下來將推動貨幣體系的數位化，藉此達到一石數鳥的效果：

1. 它們取得完整的及時概況，以控制貨幣和財政政策。
2. 它們進行防止洗錢與犯罪活動。
3. 它們輕鬆地將利率降至負值，而公民卻不能從銀行領錢，以避開負利率的影響。因此，銀行擠兌在未來是不可能發生的。
4. 每一位客戶，每一筆交易都將是完全透明且可追蹤的。數位貨幣可提供無數公民支付流程與用戶行為的資料。這簡直是情報機構的春夢，是喬治·歐威爾（George Orwell）警告我們的夢魘。
5. 央行可快速有效地執行並從每個帳戶收取懲罰性利息或罰款稅（財富稅）。

6. 歐洲央行可擴大其權力和權威。多年來，中央銀行不斷表示歐洲「銀行過剩」，即存在過多的銀行。隨著數位歐元的出現，有些銀行將會退場，未來即可順理成章地直接向公民提供歐洲央行帳戶，從而掌握完整的權力和瀏覽所有的交易資料。

實際上，我們的貨幣體系現在幾乎已完全數位化，因為它大部分都是透過如網路銀行、手機支付、信用卡支付及轉帳支付等數位化支付過程運作。當然，相關人員在各方面正努力提升我們對這個美好支付新世界的接受度，它方便、衛生、非接觸式支付、效率更高、更便宜、更快捷。

歸根究底，數位歐元不過是將無擔保法定貨幣系統進行100%數位化。此舉僅不利於公民，因為我們很容易因此受到監控與被剝奪財產。政府設定了負利率，我們卻無法保護自己免受其害。因為在此過程中，唯一的逃跑路線，就是提領現金，但是這條路已經遭到全然地封鎖。我們無法從銀行系統領取現金，從而合法地擺脫國家的監視與擅自動用。每個人都應該知曉這一點。這種發展肯定會在全球各地遍地開花，中央銀行正努力朝著這個方向全力衝刺。**中央銀行數位貨幣**（CBDC）是一個強迫垂死貨幣體系超時工作的措施。

中國作為先鋒與榜樣：終極監控國家

中國在這個領域當然領先我們一步。在監控方面，中國永遠位居世界第一。每個專制制度，無論是社會共產主義或是法西斯主義，都需要一個縝密的監控機構來鞏固政權，但自由和正義才是人類的心之所向；這兩個極端主義都不可取。為了控制和監視中國的13億公民，實現一個日益複雜的監控國家越來越迫切。對於貨幣方面的態度也是如此，因為數位人民幣將有力地強化中國的監控機關。數位人民幣推行成功，將使貨幣的權力重新回到國家手中，遠離微信支付和支付寶等著名的商業數位支付系統。這將為鞏固共產

黨帶來許多益處。

　　世界上沒有任何一個國家的手機使用率可媲美中國。9億個用戶，即超過80%的用戶使用智慧型手機進行支付。中國消費者和商家幾乎占全球數位錢包用戶的一半。中國該領域的領導者阿里巴巴與騰訊掌控94%的市場，交易額達到50兆美元。由此產生的資料流，為國家的貨幣和經濟狀況提供前所未有的及時金融觀察，供應原始數據進行有價值的分析，以得出個別消費者行為的結論。這些資料流堪稱純金數據，而共產黨想要掌握的正是這些數據。

　　共產黨控制的數位貨幣與社會信用系統（Social Credit Programme）相結合，形成一種完美的、背信棄義的解決方案，可以讓自己的公民隨時受到檢查、控制，如果他們不遵守共產主義規則就會受到懲罰。若出現違規行為，除了扣除社會信用積分外，還將受到提款限額的罰款。這些罰款會被立即扣除，帳戶甚至也可能遭到凍結。

　　數位人民幣已經在中國南方的深圳經濟特區試行，一旦測試階段完成，將準備推廣至全國。中國還希望從SWIFT系統中獲得更多的獨立性，並希望透過人民幣數位化打破美元的全球壟斷。

SWIFT

　　SWIFT是一種技術格式，使銀行之間可透過SWIFT電信網路交換訊息。該縮寫代表「環球銀行金融電信協會」（Society for Worldwide Interbank Financial Telecommunication），該協會由國際金融機構於1973年成立，旨在統一國際轉帳的標準。公司營運總部位於比利時的拉於爾普（La Hulpe）。

世界各地的中央銀行都在全力開發數位貨幣，因為數位貨幣的優勢顯而易見，而且貨幣旋轉木馬可以繼續以這種方式轉動一段時間。當然，這不是公開的，人們會說：「讓我們拭目以待。」但暗地裡每個人都知道，這是爭取多一點時間的唯一途徑。

機會

那些已經能夠為這種情況做好心理準備的人，不僅比大眾領先一步，現在仍有機會將錢從貨幣與銀行循環中抽出，自行保管。沒有人知道我們還有多少時間可以採取這項行動，但機會之窗肯定不會越來越大。現在請積極行動，以免日後面臨無法改變的事實而束手無策。

現金禁令

現金就是自由！但這種自由多年來一直受到各方的炮火攻擊。除了國家、中央銀行及銀行外，諸如「**優於現金聯盟**」（Better Than Cash Alliance）等組織（這是一個由政府、公司及國際組織組成的全球協會），也試圖加速將現金支付方式轉變為數位支付方式。不出所料！其成員包括信用卡巨頭 Visa 與萬事達卡（Mastercard）、花旗銀行（Citibank），還有比爾暨梅琳達・蓋茲基金會。我在研究中發現以下令人興奮的結果：**德國聯邦政府將納稅人的錢挹注在這個反現金聯盟上**。2016 到 2018 年為 50 萬歐元；從 2019 年開始，每年提供 20 萬歐元。[13] 我很想知道，超過 100 萬歐元的「捐款」背後動機是什麼。

多年來，政府每次都藉由危機來說服人們放棄現金，它們指稱，使用現金讓人魅力全失，形象受損。現金支付會使你看起來很可疑，因為據說只有

犯罪分子才會使用現金。這就是我們反覆被灌輸的想法；流行語是紅燈區、毒品、黑錢、逃稅，或者最近的對抗病毒。銀行很樂意接受這些論點，然後它們會立即說：「把錢存在我們這裡，即能進行無現金支付！只要拿出你的電子現金、卡片或智慧型手機，輕輕鬆鬆便搞定了！」這就是目前對現金的戰鬥，或者說是戰爭（有些人稱之為非常激烈的戰爭）。這場戰爭正如火如荼地進行，現金終將走到盡頭，關於這一點我們已經提過。中央銀行正全力以赴，研究其數位解決方案，如數位歐元、美元或任何貨幣，但前提是時間足夠，崩盤沒有提早到來。目前，現金是在國家和銀行的監控下，合法從銀行運作循環中提取儲蓄的唯一方式，沒有人知道提領人用它做什麼、投資於何處，或藏於何處。這當然是許多人的眼中釘，特別是如果我們隨後往某一政治方向傾斜，這個逃生之窗當然會很快被關閉。

上一次歐債危機時希臘便已被政客們積極利用，人們現金支付不得超過500歐元；在同樣飽受危機之苦的義大利，現金支付限額為 1,000 歐元；在德國，你仍然可以隨心所欲地用現金支付，但歐盟希望制止這種情況。根據一項指導方針，歐盟的現金支付上限將統一為 1 萬歐元。[14]如果這個揣測成真，距離完全廢除現金的那一步也就不遠了。

2.

「笨蛋，這就是週期！」：
如何預測未來

「世間萬物皆循環往復。」

雅典神廟上的銘文

　　我經常被問到是否有千里眼，是否有水晶球，或者為什麼我的許多預測都會成真。我總是開玩笑地回答，任何人都可以做到這一點，而我的水晶球是在 eBay 上買的。但認真地說：任何人都可以做出這樣的預測。這完全是機率問題。舉例來說，我會參考經濟歷史、最新的資料，最重要的還有週期。如果了解週期的人其實就可以預測未來。這不是巫術。這是自然法則！

　　天地萬物、宇宙、地球、我們的生命與自然，都是一種週期。有生物的、天文的、數學的、經濟的，甚至病毒學的週期。週期決定生命，我們的整個生命都是一個個週期：從出生開始，經過童年、青春期、成年，一直到老年和死亡的生命週期結束。沒有呼吸與心臟循環，就沒有生命。有年輕人有老年人，有白天有黑夜，最重要的是這個超級週期：四季。它們也是反覆循環的週期。春天來了，大自然在冬眠後甦醒，生命真正爆發；然後是作為頂點的夏天，秋天的枯萎，最後是冬天的休息；自然再次集結力量進入一個新的週期，新的週期又從春天自然界的爆發開始，年復一年。

　　同樣地，經濟也是一種週期。在經濟週期中，我們經歷上升的繁榮階段，隨著經濟衰退，來到下降的階段。一切都是週期性的，是一個不斷上升

53

圖10　經濟週期

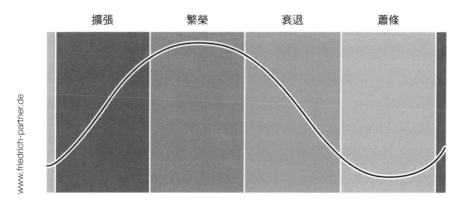

和下降，一個來一個去的過程。

　　了解週期是至關重要的，它已經和人類共存數千年。伊特魯里亞人
（Etrusker）將週期視為生活中不可或缺的一部分。對他們來說，生命由開
始、中間及結束組成；他們稱其為薩庫魯（Saeculum）。一個薩庫魯持續約
九十年。它可以劃分為四個「季節」，即四代人，每個世代約二十二年；
這些季節代表青年（春季）、初成年（夏季）、中年（秋季）與老年（冬
季）。伊特魯里亞人統治義大利約九百年。他們假設每隔九十年左右就會出
現一隻巨大的黑天鵝，從根本上改變這個系統，並迎來一個新的超級週期。

金錢週期：麵包和馬戲團

　　　「給他們麵包和遊戲，他們就不會造反。」

羅馬詩人和諷刺作家尤韋納爾（Juvenal）

　　我們在貨幣上也可以觀察到週期性。無論是回顧希臘人、羅馬人、奧斯曼人，還是其他民族的歷史，這種情況一直持續到現代。人類一次又一次地以一個穩定且以價值為基礎的貨幣體系（如黃金本位）開始，最後以一種越來越失去信任和價值的貨幣結束。**一個穩定且有擔保的貨幣體系，是社會正常運轉與公眾充分信任該體系的基礎**。一旦這種信任崩潰，整個系統也會隨之崩潰。貨幣貶值總是伴隨著帝國、王國及國家的衰落。

　　因為隨著時間的推移，穩定且有擔保的貨幣會逐漸被侵蝕和瓦解。其成因千篇一律，不外乎**管理不善、腐敗、戰爭與社會計畫增加支出、大流行病、作物歉收及經濟衰退**。為了控制通貨膨脹，這個貨幣本位制度會日益弱化。在早期，它通常是貨幣成色降低的結果。例如，在羅馬帝國，硬幣被挫平或削刮；又例如，新硬幣由銅含量較高的合金鑄造而成，而金銀的比例則逐步降低。即便在那些時代，通貨膨脹也往往導致富人和大眾之間的不平等擴大。這就是我們目前再次看到的現象，財富集中在越來越少人的手中，這種發展正以指數級的速度向上攀升；少數人越來越富有，廣大民眾越來越貧窮。如此一來，社會動盪將無可避免。每位統治者和政治家自然希望避免社會動盪、革命及動亂，以便長期鞏固其特權地位。於是，有權勢的人必須擴大社會計畫，提供「麵包與馬戲團」，以轉移普羅大眾對問題核心的注意力。

　　為了讓「烏合之眾」保持冷靜，當權者加大推動社會福利的力度，這當然要花很多錢，也就是稅收上升的原因。羅馬帝國是這樣，在我們這個時代也是如此。多年來，稅收持續爬升到新的高度，政府也不斷地開徵新的稅目，以創造收入來源；現在德國正式成為世上稅收負擔最高的國家。

　　當人們填飽肚子後，便需要娛樂；這是大眾的第二種鎮靜劑。在羅馬時代，著名的娛樂就是角鬥士格鬥，現場還提供免費的食物與酒。羅馬帝國超過20%的人口依賴國家救濟。羅馬政務官長，即最高官員，透過娛樂人民預防造反。然而，經由這些操作，他們也在選舉中獲得民眾的認可。事實上，這只不過是老套的買票行為。

在當時,最容易、最快速的致富方式便是在國家機器中謀得一職。因為人們可以利用該職位,透過人情與裙帶關係迅速賺取可觀的額外收入。所有這些現象都造成羅馬帝國的侵蝕和腐敗,最終導致帝國滅亡。

當你讀到這裡,是否注意到什麼?所有這些場景都可以套用到現今的時代。這種循環在整個歷史上也一次又一次地重演,隨處都可以看到與今日的情景相似之處。

在今天,食物變成奧樂齊超市(Aldi)、利多超市(Lidl)及麥當勞(McDonald's),娛樂則是亞馬遜(Amazon)、Netflix 和迪士尼(Disney)。甚至連決鬥場也捲土重來,現在轉變為 RTL2 電視台播出的真人秀節目「全球鬥士」(*Global Gladiators*),或者是電影形式的「飢餓遊戲」(*Die Tribute von Panem*)。

如同在古代,福利國家繼續膨脹。那些透過直接就業或是間接依賴國家社會計畫與補貼的民眾數量來到歷史新高。因此,社會支出在此期間也上升到創紀錄的高點。2021 年,聯邦預算中的勞動與社會事務專款為 1,640 億歐

圖11

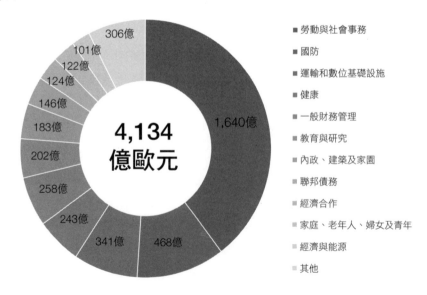

元，幾乎占總預算的40%。**15**

　　與此同時，德國的政府支出比率大幅增加：2020年為52.2%，到了2021年已達到54%。在法國與比利時，該比率甚至超過60%。

政府支出比率

　　政府支出比率是政府支出與國內生產毛額的比率。政府支出比例越高，政府財政對國民經濟的影響就越大，反之亦然。

美國經濟學家米爾頓・傅利曼（Milton Friedman）曾說過：

> 當一個善意的政府試圖重組經濟、道德融入立法或促進特殊利益時，其代價是低效率、缺乏動力及失去自由。政府應該是一個仲裁者，而非一個積極的參與者。

　　對此我必須舉雙手贊成，這正是當今現況的寫照。國家支出比率不斷上升到新的高度。國家提出振興方案、在緊急情況伸出援手、承擔越來越多的任務，甚至收購或拯救企業〔如許珀不動產控股公司（Hypo Real Estate）、漢莎航空（Lufthansa）、途易集團（TUI）、嘉仕達百貨（Karstadt）〕、規定租金上限、決定業主必須安裝哪種暖氣系統、民眾應該駕駛哪種汽車，最後甚至決定我們何時能夠外出與旅行，以及我們必須如何生活。**國家干預之手伸得越來越長。**

　　在我看來，**高國家支出比率是極其危險的。**當國家對刺激經濟負有主要責任時，代表這個體系已經失控。其中微微散發出社會主義與計畫經濟的可疑味道，而這兩種制度早已宣告失敗。

國債謊言：7兆歐元而非2.3兆歐元

問題是，隨著新的封城時間越來越長以及隨之而來的經濟衰退，國家支出比率在未來勢必會繼續增加，才能保持經濟巨輪持續轉動。官僚機構也將隨之不斷擴張。政府已經是全國最大的雇主，擁有500萬位雇員。其中170萬是公務員。[16]因此，真正的國債也高於官方公布的2.3兆歐元。[17]隱含的隱性國債（影子債務）還包括養老金承諾，若再加上這些金額，國債甚至超過7兆歐元！

公民對社會計畫和職位的依賴，是確保此一體系能得到選民支持，如同過去的羅馬帝國。這是一個不健康的體系，唯有打破重建才能改變。因為沒有人會鋸開自己坐的樹枝，樹枝必須先腐爛、腐朽、脆裂，最後自己斷掉。這就是我們的現況，很多東西都在腐爛。基於這個原因，相信體系本身會提供解決方案的想法是幼稚的。這種情況從未發生過，這次也不會發生。許多作者與經濟學家仍然希望這個體制可以從內部改革，而且討論這個問題的書籍不計其數。但這些努力都是徒勞無功、天真的行為！

如果你認為目前的現狀有如磐石般一成不變，並永遠維持不變，那就錯了。世界不斷地改變，任何忽視這一點的人都會經歷痛苦的覺醒。德國可能會失去其地位與繁榮。而且**人口統計學僅是一種表象，並不能確保榮景能持續到2040年**。依目前的政黨制度及其在以職業為導向的職業政治家領導下，我們將繼續維持現狀，停滯不前。我在已出版的四本書中不斷嘗試提出建設性的解決方案，希望有助於解決問題。這些方案很少真正被實施，即使有，也是越改越糟。比如對於小資族群來說，金融交易稅不過是一種單純的股票稅。然而，這些問題日益惡化，近年來已經超過「無可挽回」的界線。這個體系無法改革，體系內已無法提出任何解決方案。

這有點像將身體裡的癌細胞移植到另一個地方、把它掩蓋起來，或者僅局部切除。這些做法都是徒勞無功的，因為癌細胞依舊存在。你必須解決病灶，徹底消滅癌細胞。

　　因此，請節省自己的時間和精力，不要為了維持一個失敗和垂死的體系而搞得焦頭爛額，要向前看，現在就為你在下一個體系中的生活做好規劃。為了達到最佳狀態，你不僅要在心理上做好準備，也要在經濟上做好準備。這就是我想幫助你做的事！這個轉變過程會很艱難，會很痛苦，也會伴隨著巨大的震盪及各層面的附加損害！

金錢統治世界：政治腐敗

　　遺憾的是，過去幾年職業政治家並非總是從事利他且無私的行為，時有所聞。強大的遊說團體與產業利益集團決定政策的走向；商界與政界之間出現一扇金色的旋轉門。那些聽話與「有功的」政客被授予利潤豐厚的監事會職位，或者為其量身打造其他的職位。**俄羅斯天然氣工業股份公司（Gazprom）的格哈特・施若德（Gerhard Schröder）、德意志銀行（Deutsche Bank）的西格瑪・加布里爾（Sigmar Gabriel），世界經濟論壇（Weltwirtschaftsforum）的菲利普・羅斯勒（Philipp Rösler）、德國鐵路（Deutsche Bahn）的羅納德・波法拉（Ronald Pofalla）、皕德營造股份有限公司（UBS/Bilfinger Berger）的羅蘭・科赫（Roland Koch）、默克集團（Merck）的斯特凡・馬普斯（Stefan Mappus），從卡薩布蘭卡（Casablanca）到伊斯坦堡（Istanbul），負面清單不勝枚舉。**前衛生部長丹尼爾・巴爾（Daniel Bahr）的案例尤其具爆炸性。他在任期結束後轉換跑道，投入「私人醫療保險」部門的安聯（Allianz）公司。同樣毫無品味可言且令人不齒的還有，「里斯特年金」（Riester Rente）的發起人和命名人沃爾特・里斯特（Walter Riester）在其政治生涯結束後的跑道轉換。他在聯合投資（Union Investment）監事會擔任高薪職位，並為卡斯坦・馬施邁爾（Carsten Maschmeyer）所屬聲名狼藉的控股公司AWD提供講座。國際透明組織（Transparency International）將里斯特描述為政治腐敗的一個特殊例子。**18**

擔保貨幣系統被無擔保貨幣系統取代

我們的貨幣體系中，也存在這樣的週期。中央銀行陷入一個下滑週期。每次危機來襲，它們都採取印鈔與降息的相同方式因應，因此創造一個新的、甚至更大的危機。因為每一次都須向體系注入更多資金，並降低利率。就像每一個夏天變得越來越熱時，接下來每一個冬天就變得更冷一樣。到了某個時候，生命終將無法延續。

我們的貨幣與金融體系也正面臨著這種危機不斷升級的情況。在某一時刻，我們將達到可以忍受的極限。這種可稱之為螺旋式下降的循環，將引來毀滅。此一發展是指數級的；我們都知道，指數式成長的最終結果就是失敗。新的經濟泡沫不斷出現，這種體系的一部分便是財富重分配，從底層、中間及高層到非常非常高層；這意味著貧富差距正在擴大。結果，努力的人越來越窮，而富人卻越來越富有。這也是我第一本書的副標題《史上最大搶案：金融體系如何掏空你的口袋（為什麼努力的人越來越窮，富人越來越富有）》。根據最新的統計資料，20位超級富豪擁有的財富相當於全球一半人口（38億人）的財產。這就是所謂的肯狄隆效應（Cantillon-Effekt）。

肯狄隆效應

理查‧肯狄隆（Richard Cantillon）是一位研究貨幣循環和貨幣創造的愛爾蘭經濟學家。早在1755年他即發表名為《商業性質概論》（*Abhandlung über die Natur des Handels im Allgemeinen*）的著作。在書中，他首次描述一個重要的循環：透過（移轉性）貨幣所增加的貨幣供應量，並沒有在所有領域平等且公平地分配，而是靠近來源的人首先從中受益，而且過度受益（政府、金融部門、公司等）。輸家永遠是那些較晚收到或根本沒有收到錢的人，他們會因通貨膨脹上升（購買力喪

失）而處於不利地位。目前，我們可以在房地產與股票市場以及其他資產價格泡沫中看到這些蹤跡。此類階層也無法取得低價貸款，因為不同於富人，他們沒有抵押品，因此無法廉價地利用資產來參與投機熱潮。另一方面，富豪與那些靠近豬飼料槽的人可以藉助信用槓桿來獲取和創造越來越多的價值。這就是為什麼自2008年金融危機以來，富人在近年來每次的紓困方案會變得更加富有。最近的新冠危機中，億萬富翁的財富在相對較短的時間內以近乎駭人聽聞的方式飆升。肯狄隆的原文翻譯如下：

> 如果現金的增加來自某一州的金礦或銀礦，這些礦場的所有者、企業家、冶煉廠、精煉廠以及在該處工作的所有人員，將會依其利潤增加開支。他們會比以前吃更多的肉、喝更多的葡萄酒或啤酒，更習慣於穿更昂貴的衣服及更高檔的貼身衣物，坐擁富麗堂皇的房子，以及其他更精緻的舒適生活享受。因此，他們會僱用一些以前沒有那麼多工作的工匠，而後者也會出於相同的理由增加開支；所有這些在肉類、葡萄酒、羊毛等方面的支出增加，必然會排擠國家其他目前尚未分享到礦區財富居民的占比。市場上開始議價，或者對肉類、葡萄酒、羊毛等的需求超過平時，這些都會推動價格上揚。高昂的價格導致佃農在來年使用更多的土地以生產這些東西；地主也同樣會從價格上漲中受益，並像其他人一樣會增加家庭開支。受物價上漲和消費增加影響的人，首當其衝的是租賃期內的地主，然後是他們的僕人以及所有依靠其生活的工人或領取固定工資的雇員。所有這些人都不得不根據新的消費變動減少支出，迫使許多人離開該國到其他地方尋求財富。地主會解僱許多人，留下的人會要求增加工資，以便能夠維持以前的生活。這大致就是礦場創造大量資金推動消費量，導致居民人數減少，而留下的人支出增加的方式。

這種重分配、價格泡沫和印鈔狂歡顯然是反覆出現的循環，結局如出一轍。整整一百年前，世界經歷第一次世界大戰後的黃金二〇年代。毫無節制的央行政策讓少數人變得無比富有，人類歷史上最大的貧富差距衍然而生。在大眾變得貧窮的同時，洛克菲勒家族（Rockefellers）、范德比爾家族（Vanderbilts）、卡內基家族（Carnegies）及摩根大通（J.P. Morgan）卻日益富有。這個現象引發社會不滿，越來越極端的民粹主義政黨當選。法西斯主義者在德國、西班牙和義大利崛起，而我們都知道這一發展的結局是多麼可怕。

我們現在會看到人類史上最大的財富移轉。紙幣會貶值，有限的價值物會大幅增加。

穩健貨幣：健全和穩定的擔保貨幣

我們從這一切中學到什麼？健全和穩定的擔保貨幣（穩健貨幣）會帶來穩定的關係、結構和信任！信任是社會和人際關係中最重要的貨幣。當這種信任受到侵蝕，整個體系的基礎就會動搖。我們在人類歷史上一次又一次地看到這種情況。出於這個原因，擁有人們信任的貨幣是至關重要的。

迄今為止，貨幣體系中的價值之錨和信任給予者主要是黃金和白銀。這個策略一直奏效，大家都同意這兩種稀有貴金屬隱含著信任。然而，這種信任一直被人類破壞。穩定的貨幣體系因無能或貪婪而瓦解，從而損害信任。羅馬帝國就是一個同時擁有良幣和劣幣的國家如何發展的一個絕佳範例。羅馬帝國從西元前27年開始有了金幣奧里斯（「aurum」是拉丁語的「黃金」）。在第三世紀，奧里斯由於添加銅和其他合金金屬而失去大部分的成色。結果，隨之下跌的不是奧里斯的價值，最後也是最重要的一點：對其價值的信任！（目前我們的紙幣體系、美元、歐元等方面也正在經歷相同的情況。中央銀行透過印刷來擺脫每一次的危機，印製比以往更多的貨幣。）為了恢復信心，君士坦丁大帝（Konstantin den Großen）於西元309年推出

索利都斯金幣（Solidus 意為堅固，這足以說明該金幣的保值價值）。順帶一提，它是「德國製造」的產品，這枚硬幣在君士坦丁大帝曾居住的特里爾（Trier）鑄造。由此可見，德國在當時顯然已享有值得信賴的聲譽。

西元395年，狄奧多西大帝（Theodosius dem Großen）去世後，羅馬帝國分裂為東西兩半。當羅馬西半部再次打破擔保貨幣制度，硬幣貶值並造成通貨膨脹的同時，東羅馬帝國從過去的錯誤吸取教訓，嚴格遵守金本位制。羅馬的衰落很快就到來了，西羅馬帝國於西元476年解體。

從西元476到1453年，索利都斯金幣仍然是拜占庭的金本位，總共持續了1,000年。在古典時代晚期，它具有眾所周知的高購買力。拜占庭帝國直到西元1453年奧斯曼人征服君士坦丁堡時才結束。至此，這個循環宣告結束：因為君士坦丁堡的征服也與新的數位黃金比特幣有關。我將在下一本書《史上最偉大的革命》（Die größte Revolution aller Zeiten）中對此議題深入探討。

劣幣驅逐良幣：格萊欣定律

「至善者，善之敵。」

伏爾泰（Voltaire）

當人們對貨幣失去信心時，即會尋找替代品；歷史也向我們證明這一點。英國商人托馬斯·格萊欣（Thomas Gresham）早在十六世紀提出的格萊欣定律（Gresham'sches Gesetz），也證實了這一點：

如果政府法律上相對於另一種貨幣，而低估某一種貨幣的價值時，那麼被低估的貨幣會離開這個市場或透過囤積從流通中消失；反之，被高估的貨幣會主導貨幣流通。

　　這表示，人類偏好低價值、而非較高價值的支付工具，並相互兌換。從經濟史上來看，這種做法由來已久。人類史上已出現足夠多的例子。

　　從1932到1964年，美國25美分硬幣（Quarters）的銀含量為90%，但在1965年的硬幣改革中將其降低至40%，到了1970年完全被銅鎳合金所取代。這導致最初的、價值較高的銀幣從貨幣流通中消失，因為人們傾向保留它們，花掉價值較低的銅鎳幣。1970年前，特別是1965年之前生產的「25美分硬幣」成為市民大量囤積的流行收藏品，直到今天！由於它們的銀含量高，不僅保存了自己的購買力，甚至還向上增值。今天，這些古錢幣的價格是其鑄造名義價值的數倍。它的材質價值大幅度上漲，目前多數與白銀價格並駕齊驅。起價從5歐元起，若是罕見的硬幣，價格可以要價數百、甚至數千歐元。

　　格萊欣定律的反義詞被稱為**堤耶斯定律**（Thiers'sches Gesetz）。它是經濟學家彼得・伯恩霍爾茨（Peter Bernholz）以法國政治家和歷史學家阿道夫・堤耶斯（Adolphe Thiers）的名字命名。該定律指出：當國家金融體系失敗時，人們會求助於替代貨幣；這從歷史的發展上可見一斑。因此，在許多國家，無論是過去和現在，當地貨幣從來不是普遍接受的兌換工具，而是作為世界主要貨幣的美元。1990年代的南斯拉夫，主要貨幣是德國馬克或香菸；2001年阿根廷國家破產期間，除了美元之外還有實體黃金。我們目前在委內瑞拉與土耳其看到，除了黃金和美元之外，許多人也使用比特幣，但不是作為一種貨幣，而是用來儲存他們的資產或將其帶到國外的工具。

　　格萊欣定律也適用在新聞上：壞消息總是比好消息受歡迎。我願意虛心接受此類毫無根據的批評，例如我只會寫一些經濟崩盤等銷量較佳的書籍。雖然這個批評是真的，我確實寫過崩盤的書，但並非為了銷路。這些書的批評基調與我的信念一致，就是史上最大崩盤即將到來，單單數學原理無法制勝，簡單地印鈔也不能解決所有危機。我從來沒有想過要賣更多的書。市場決定人們購買哪些書籍；而確實是如此，標題比較正面的書籍，如這本書的

銷路可能較差。但是，由於我堅信目前正面臨著有史以來最大的機會，因此本書對我來說如先前已出版的著作相同，都是我的肺腑之言。我們非常願意藉助經驗主義來決定壞消息是否最終比好消息更暢銷。我會讓你了解最新動態，或者你也可以在暢銷書排行榜上親眼見證哪類題材才是「推動」市場的那隻手。

關於這點，我的腦海中浮現一個比較例子：若你可以在一輛保時捷（Porsche）和一輛飛雅特（Fiat）之間進行選擇，而且這兩輛車價格相同的前提下，你當然會選擇較好的車。也就是說，那輛施瓦本（schwäbische）製的跑車就會出線。或者換一種說法：**從長遠來看，品質永遠勝出！**

基於這個原因，人類不斷逃往有形資產，以便擁有一個價值錨，防止自己的財產因徵收與通貨膨脹而貶值。這就是黃金、白銀及其他有形資產至今仍被持有的原因，也是現在比特幣大量湧入的因素。比特幣已經確立自己作為價值儲存工具的地位，而不是作為一種貨幣；也就是說，比特幣幾乎不用於支付，而是被囤積起來。「**持有**」（Hodl），正是比特幣信徒時常掛在嘴邊的話；持有就對了。這就是為什麼大部分（大於60%）的比特幣一直躺在比特幣堅定支持者的「電子錢包」裡多年不動。在此之間，紙幣已經一次又一次地貶值與膨脹。

我在本章開頭已經引用伏爾泰的話，對此他應該會又說：

　　　　紙幣遲早會回到它的內在價值，也就是零！

伏爾泰看來是一位偉大的經濟學家。因為他很早就洞悉貨幣制度的優劣。但為什麼大眾無法從過去吸取教訓？我們為什麼沒有從中學到任何經驗？為什麼我們一直在犯相同的錯誤，看不到持續重複的週期？接下來我將討論這個問題。

為什麼人類無法記取教訓？

「歷史不會重演，但會押韻。」

馬克・吐溫（Mark Twain）

任何關注週期的人都明白，為什麼人類無法從過去汲取教訓。因為1990年之後，再也沒有人藉助自身的經歷第一手描述這種轉變，保護後代不重複犯下相同的錯誤。即便有人對此出書撰述，但有價值的知識就這樣被遺忘了。人們每次都認為：「**這次不一樣**」（This time is different），**但事實並非如此！這次也不例外！**

目前有各種理論支持週期理論，其中最著名的包括：

債務週期

「征服和奴役一個社會有兩種方法：不是劍，就是債務。」

約翰・亞當斯（John Adams）

短期債務週期平均持續五到八年，而長期超級債務週期則長達五十到七十五年。在長週期中，債務的成長速度在很長一段時間內會快於收入。利息與日俱增，還款時間越來越長，導致支出減少。由於一個人的支出是另一個人的收入，所以收入開始減少；個人信用下降，導致借款減少。這個惡性循環火力全開，金融危機爆發，週期即將結束。當長週期結束時，總是伴隨著重大的動盪、債務的重組以及新的貨幣制度。

世界上最大避險基金之一橋水基金（Bridgewater Associates）的億萬富翁創始人瑞・達利歐（Ray Dalio）貼切地討論債務週期。他在《大債危機：橋

水基金應對債務危機的原則》（*Principles for Navigating Big Debt Crises*）一書中，生動地描述債務週期（參見圖12）。根據他的研究，這些週期通常持續五十到七十五年，這一觀點早在《舊約》（Alte Testament）中已得到證明。

債務豁免

幾千年來，一個債務週期以債務豁免作為結束。在《舊約》中，這是第七個安息年（禧年／大赦年）之後的一年。因此，每隔五十年，債務就會被取消。債務豁免在現代也很普遍。1953年2月，德國免除297億德國馬克的一半債務。2005年，八大工業國組織（G8）國家豁免了一些非洲國家的債務；而在歐洲，2012年和2016年（以債務重組的形式）取消希臘無力償還的債務。（注：希臘的債務目前又回到創紀錄的高點，因此債務豁免已經告吹。作為歐元區一員的希臘再也無力復原！）我預計未來將會有大量的債務豁免。而且是對所有人！

圖12　經濟的三大主力軍

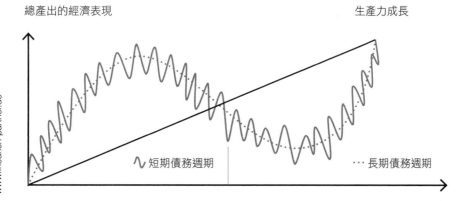

　　債務週期總是以大崩盤結束。通膨上升和原物料價格上漲通常警示著大崩盤的到來。上一個債務週期隨著二戰的爆發宣告結束。此後,當前的週期從1945年開始。現在已經是第七十六個年頭,是歷史上最長的週期之一。

　　接著我們繼續討論下一個權力週期。

權力週期

> 「權力使人腐化,絕對的權力,使人絕對的腐化。」
>
> 　　　　英國歷史學家和政治評論家艾克頓公爵(Lord Acton)

　　如果查詢維基百科(Wikipedia)上的帝國數量,必須向下滾動相當長的時間才能看完整份列表。帝國崛起、沒落;有些帝國持續數百年,有些則相當短。著名的羅馬帝國和拜占庭帝國均延續了一千多年。平均而言,一個帝國的生命週期從興盛到衰落大約需要一百年。所有帝國一開始的共同點就是有擔保的貨幣制度,以及他們的貨幣對其他貨幣的支配地位。可以這麼說,每個帝國都擁有領先世界的貨幣,無論是羅馬人的第納爾(Denar)、奧里斯與索利都斯貨幣、拜占庭人的索利都斯貨幣、西班牙人的里爾(Real),還是英國人的英鎊;目前則是美國人使用的美元。但我們已經看到轉向下一個超級大國的過渡漸漸成形,它可能是中國。所有權力中心都以貨幣本位制度開始,失去有擔保的貨幣制度即宣告權力結束。當人民失去對金錢的信任時,人們對菁英階層的信任也將隨之喪失,即預告這個體系的終結。

　　達利歐將此稱為「**大週期**」(Big Cycle)。一旦建立起新的經濟力量,繁榮與和平的時期即會隨之而來;經濟大國占主導地位,提供世界儲備貨幣。他們的社會已經習慣穩步成長的繁榮,因此負債累累,這會導致信貸消費、債務泡沫和銀行擴張以及資產通膨。此時利息負擔加重,成長趨緩,不

公正現象與日俱增，貧富差距不斷拉大，導致社會緊張。接著移轉性支出增加，社會成本激增，中央銀行增加貨幣供應量，真實通貨膨脹上升，中央銀行透過印製更多的鈔票來因應。而進一步的過度和投機泡沫出現後，最終導致泡沫破裂。結果可能是社會動盪，甚至引發戰爭。

　　達利歐在圖13中巧妙地解析權力週期。與此同時，崛起的新國家作為競爭者對掌控權虎視眈眈。他們除了要挑戰現有的第一大國外，還想要篡奪儲備貨幣的強大特權。

表1　權力更迭

年份	現有統治	崛起的力量	衝突
16世紀初	法國	哈布斯堡王朝	戰爭
16/17世紀	哈布斯堡王朝	鄂圖曼帝國	戰爭
17世紀	哈布斯堡王朝	瑞典	戰爭
17世紀	荷蘭	英格蘭	戰爭
17/18世紀	法國	英國	戰爭
17/18世紀	英國	法國	戰爭
19世紀中葉	英國與法國	俄羅斯	戰爭
1870－1871年	法國	德國	戰爭
1894－1905年	俄羅斯與中國	日本	戰爭
20世紀初	英國	美國	沒有戰爭
1914－1918年	俄羅斯、英國、法國	德國	戰爭
1939－1945年	蘇聯、英國、法國	德國	戰爭
1940－1945年	美國	日本	戰爭
1970－1980年	蘇聯	日本	沒有戰爭
1940－1980年	美國	蘇聯	沒有戰爭
1990－現在	英國與法國	德國	沒有戰爭
現在－？	美國	中國	？

圖13　週期過程：大國的興衰

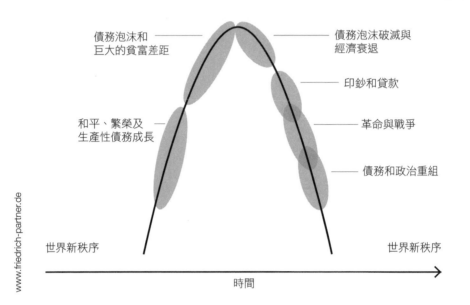

在圖14中，我們可以看到過去五百年經濟強國的興衰。首先中國被荷蘭取代，然後荷蘭被英國取代，最後英國被美國取代。權力的更迭通常伴隨著一場或多場戰爭；這種危險今日依然存在。有些理論以此為基礎，並將過去作為預測未來的藍圖。事實上，重大的典範移轉由戰爭預示，或是伴隨著戰爭出現。在這些理論中，其中一個是由威廉·史特勞斯（William Strauss）和尼爾·豪威（Neil Howe）在其著作《第四次轉折》（*The Fourth Turning*）中所提出。本章稍後將針對此點繼續討論。

投資週期與投資紅綠燈

在投資方面，週期也決定了未來。在收費諮商中，我著眼於各個資產類別在週期中的位置。為此，多年來我發展了投資紅綠燈（參見圖15），以便可以立即識別出這些資產當前所在的位置。綠色（此處為深灰色）代表便

圖14　經濟實力的權力變化

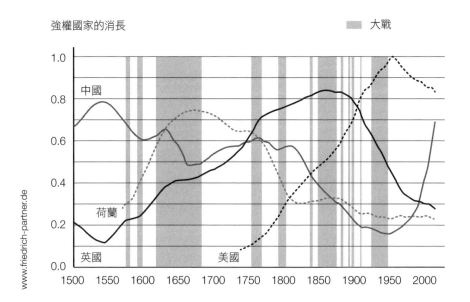

宜，即可買入；橙色（中灰色）代表在下降週期中應保持持有或減少持有；
紅色（淺灰色）代表價格過高，因此應賣出。

金融泡沫階段

　　圖16揭示金融泡沫的典型階段，這對於資產定位很有幫助。遊戲規則
都相同。你可以自行分類，並根據你的觀點認為我們在週期中處於哪個位
置，以及如何讓自己處於最佳位置。這張圖適用於任何資產，無論是股票、
房地產、比特幣或是黃金。

所有資產皆泡沫

　　究竟是什麼因素觸發房地產泡沫，導致2008年的大崩盤？答案是，中
央銀行的背信棄義政策：廉價貨幣與低利率，導致這場致命的遊戲。當所謂

圖15　投資紅綠燈

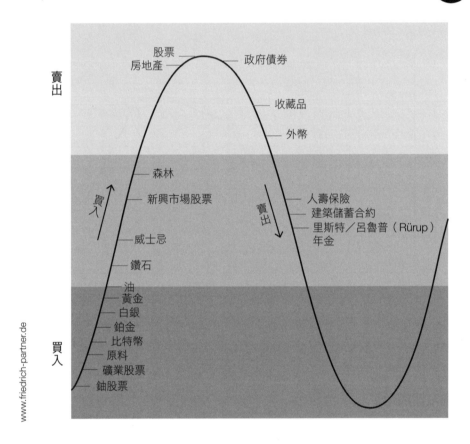

www.friedrich-partner.de

　的專家或經濟學家建議繼續舉債，持續印鈔，以解決目前所處的這場危機
時，我認為這是一種失職。這種政策在過去從未奏效。

　　經濟學家，還有央行總裁，完全未能預見危機，而僅是在後視鏡中觀察
並解釋危機的發展。他們依循中央銀行的線性模型思考，但這類的外生衝
擊總是來得突然，並非知識象牙塔模型所能預見。人們不得不坦然承認，複
雜的模型在這個非常脆弱的系統中完全起不了作用，因為它們只適用於完美
運轉的經濟。但我們的經濟體系遠非完美，它非常脆弱。在新冠疫情期間，

圖16　金融泡沫階段

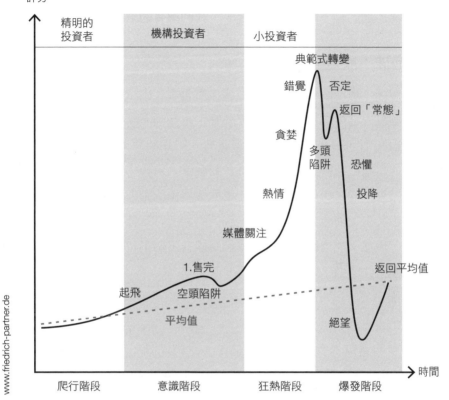

我們在及時生產的供應鏈中尤其清楚地看到這一點。危機來襲時，中央銀行只做一件事：印鈔並降低利率。這種因應政策第一次發生在1990年代的艾倫・格林斯潘（Alan Greenspan）當家時期。許多人突然間能夠低利借款，進入股市賭博。此時新市場上出現第一個大泡沫，即那斯達克泡沫（Nasdaq-Bubble）；然後這個泡沫破滅了。**每一個泡沫都會破滅**。中央銀行隨後降低利率並大開貨幣閘門，以解決舊危機，緩衝後座力，結果立即引發下一場危機：2008年的金融海嘯。這次也是相同的問題：低利貸款、低利率。只不

過這次賭場上的標的不是科技股，而是房地產。在這個泡沫也破裂後，中央銀行甚至將利率降到歷史新低點（零利率甚至負利率），以繼續創造更多的貨幣。新的金融市場泡沫油然而生。現在我們有一個房地產泡沫，我們有一個股市泡沫，我們有一個政府債券泡沫，**我們擁有的全是泡沫。**

最後的泡沫：崩盤的前兆？

　　股票泡沫、房地產泡沫、債券泡沫，還有現在出現的原料泡沫。它們都有一個共同點，就是目前都處於歷史高峰；這些高峰歷史上首次並存。在過去，總是股票泡沫和房地產泡沫齊頭並進，如1989年的日本與2008年的美國和歐洲。每次泡沫破滅後，會有更多資金注入系統，以延遲破產，避免體系崩潰。結果，一次次危機使得下一場危機累積的動力與衝擊力越發強烈。我們現在處於史上前所未有的情況：我們看到所有三種資產類別均瀕臨泡沫爆炸邊緣，現在又加上原料泡沫。我們應該為這個劃時代的發展：**有史以來最大的崩盤**做好準備。

崩盤指標

　　從所有的參數來看，股市被高估了。我們以著名投資者華倫‧巴菲特（Warren Buffett）命名的巴菲特指標（Buffett-Indikator）為例（參見圖17）進行說明。他指出，股市總市值除以國內生產毛額，即可判斷出一個股市是被高估或者是低估。以美國為例，指的是威爾希爾5000指數（Wilshire-5000-Index）與國內生產總值的比值。

　　透過這個方法，可以比較股票市場的估值與經濟成長。巴菲特指標的平均值約為75%；低於50%的股票被認為非常便宜，價值被低估。當該指標升至100%以上時，代表股票市場被高估。

　　在2000年網際網路泡沫期間，該指數達到136.9%的高點，而2008年房地產泡沫之前來到105.2%。迄今為止的歷史最高點是大蕭條前的1929年，

為101%。**目前，該指數創下驚人的185%！**儘管發生了新冠疫情，全球股市的市值仍上升至105兆美元。全世界的國內生產毛額約為85兆美元，指數為123.5%！

　　所有這些現象都顯示，股市修正迫在眉睫。然而，該指標超過100%已維持一段時間，並不斷攀升到新的高度。終究是因為中央銀行透過其購買計畫對金融市場進行大規模干預；低利率和國內生產毛額下降顯然也發揮作用。所有這些措施都扭曲了這個指標（以及其他指標），因此新的平均值不應再為75%，而是100%。此外，該指標在2020年急遽上揚。新冠危機和封城措施雖減緩2020年美國的經濟成長，但在流動性充裕與投資危機的推動下，股市仍繼續攀升至新高。儘管如此，巴菲特還是堅持使用該指標，並依此為準則。他目前持有史上最高的現金額度（超過1,500億美元），並且預估股市會進行大幅修正，以便屆時能夠以更便宜的價格投入。

圖17　巴菲特指標創下新紀錄

大風吹

> 「當名為流動性資金的音樂戛然而止，事態就變得複雜起來。但只
> 要音樂還在繼續演奏，你就必須起身跳舞。我們現在還在跳舞。」
>
> 花旗集團（Citigroup）前執行長查克・普林斯（Chuck Prince）於2007年
> 發表的言論，這是政府斥資數十億美元拯救該銀行的前一年

　　當然，每個人都知道這個刺激的兒童遊戲。當音樂響起，大家便要起身繞著椅子跑，當音樂停止時，每個人要立即找張空椅子坐下。找不到空椅子的人就是輸家。當椅子越來越少，孩子們跑的速度也會越來越快，競爭變得越來越激烈。我們也可以如法炮製地評估目前股票市場所發生的事。股價漲得越高，市場也就越熱絡。這些恐慌性的購買行為被冠上「融漲」（Melt-Up）這個時髦的術語，而價格上漲的速度也越來越快。這個場景宛如「大風吹」：只要音樂繼續播放，所有的運行將一如往常，但當音樂停止時，你真的還能找到買家嗎？

　　另一個我喜歡用來判斷股市價值的指標，即所謂的「融資餘額」（Margin Debts）數量，也反映出這一點：市場參與者可使用現有的股權及其他有價證券部位作為進一步貸款的抵押品，然後利用這些部位進行槓桿交易，無需大量使用股權投機。

　　當股票上漲，投資者有信心時，他們便會借錢。隨著價格上漲，投資者信心跟著提高，他們就會借更多錢購買更多的股票。由於股票價值已經增加，這使得他們能夠以股票作為抵押品獲得更高的貸款。額外借來的錢使得股票越來越活絡，從而產生更多的購買壓力，使價格繼續上漲。但當股價下跌，銀行向客戶發出「追加保證金」通知時，就會要求出售股票以盡快償還貸款，這種槓桿作用也可能成為下跌的加速器。

　　「融資餘額」的存在是投機泡沫的可靠指標。它總是在股市泡沫最終破滅的前幾個月達到頂峰。1973年，股市持續上漲兩個月後出現近50%的修正。2000年，這種情形出現在股市崩盤前六個月，而2008年則是四個月前。

失去控制

　　今天，我們站上新的紀錄高點，信貸投資股票的投機活動熱絡氣氛前所未有。目前規模達到7,780億美元，是2008年金融危機期間的兩倍。值得注意的是，**自2020年3月疫情大流行開始以來，美國的「融資餘額」增加3,000億美元，即62%。**在過去僅發生過四次類似的情形，並且總是以崩潰告終。在我看來，圖18十分貼切地指出市場偏離現實的程度。

　　當市場開始傾斜並轉向相反方向時，市場參與者必須結算自己的部位以滿足「追加保證金」要求，因此接著可能會很快出現拋售潮，進一步拉低市場。如同一個上升螺旋，也可能存在一個向下的拉力。儘管有人提出類似股票市場交易量增加，以及低利率等觀點來反駁，但「融資餘額」趨勢圖顯示，市場目前已經失控，修正只是時間問題。

　　說到交易量，這是金融市場與現實完全脫節的另一個警訊：金融市場的交易量現在高達美國國內生產毛額的六倍。

　　利率也顯示，我們現在正處於當前超級週期的尾聲。1930年代，美國的利率為0.63%。到了1970年代後期，它們已經上升到20%以上，現在則處於0%的歷史最低點。

「這次不一樣」，但事實並非如此！

　　這是一個多麼荒謬的階段：當世界處於封鎖狀態，商店與整個經濟體都關門時，失業數字上升，全球經濟下滑3.5%，股市價格卻只是短暫下跌，然後又迅速爬升到歷史新高。上市公司的市值增加25%，即20兆美元。它首次超過110兆美元的神奇關口；而政府債券也出現相同的發展。

圖18　貸款購買股票
融資餘額，以10億美元計

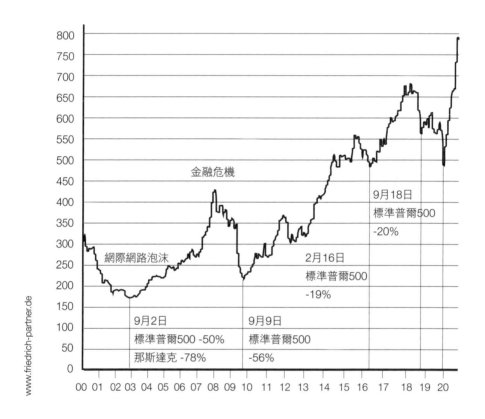

www.friedrich-partner.de

　　央行的無限流動性挹注，將進一步吹大資產價格泡沫，我們無法避免所謂的融漲。儘管經歷了自1929年以來最嚴重的經濟崩潰，但股市仍繼續上漲。它們似乎完全拋棄現實，只要中央銀行保持貨幣閘門開啟，這種情況將繼續存在。這聽起來令人難以置信，但事實就是如此。然而，股票市場不斷成長的想法是一種幻想。我預計科技（FAANG）泡沫將被修正，整個市場也將隨之下降。科技股被完全高估，它現在的估值比2000年網際網路泡沫時期還高。圖20清楚地顯示這一點。

圖19　美國金融業占國內生產毛額的百分比
華爾街（Wall Street）vs. 主要大街（Main Street）

www.friedrich-partner.de

特斯拉（Tesla）的估值是一個非理性誇大的結果。這家電動汽車製造商的市值已接近7,000億美元，高於全球所有汽車製造商的股票市值總和。特斯拉的銷售額為280億美元，而其他汽車製造商的銷售額為1.3兆美元。然而，特斯拉銷售汽車量僅為其競爭對手汽車銷量的四十六分之一。我們可以幻想，但還是需要根據事實來適度修正。

是否應該豪賭一把？那些勇敢和資金足夠的人可以這麼做。否則，建議你設下停損點，獲利了結走人，再重新分配自己的資金。總體來說，我預計趨勢會逆轉，從投機性成長股轉向價值型股票，這類股票近年來低於大盤表現，以下幾點可能會引發預期性的修正。

目前美國是決定性因素：它有幾個變數可能會成為壓垮駱駝的最後一根稻草。這個世界最大經濟體的分裂從未像現在如此嚴重。

這場大流行病還導致進一步崩盤的可能性：如果疫苗接種速度太慢，疫苗無效或出現大規模的副作用，股市上的任何利多因素均可能頓時消失。或

圖20　2000年4月上旬新舊經濟的本益比

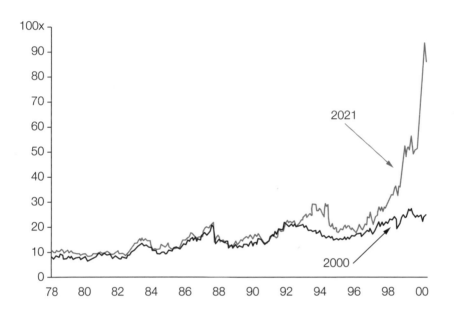

者病毒變異為COVID-21，封鎖期可能因此延長，這將導致更嚴重的經濟衰退，股市也將崩盤。

　　另一個急待整頓的領域是所有金融市場泡沫之母：歷經四十年的政府債券牛市已接近生命尾聲，最早可能在2021年崩盤。2021年，創紀錄數量的政府債券到期。問題是各國希望如何為其債務再融資？誰將購買這些國家新發行的低息甚至負息的債券？這些債券數量高於任何時候，數額高達18兆美元，幾乎占全球國內生產毛額的25%。

　　當國債泡沫破滅時，將伴隨資本市場的重大動盪。我預計，在通貨緊縮後，會看到顯著的通貨膨脹，並迎來實質資產的時代。我預測美元會持續走弱。

托賓Q理論

　　別擔心，這與詹姆士·龐德（James Bond）或「匿名者Q」（QAnon）運動無關，它指的是諾貝爾獎得主的美國經濟學家詹姆士·托賓（James Tobin）。他提出若市場價值與帳面價值比例小於1，代表價值受到低估，若大於1則為高估。托賓Q的公式是：市場價值除以帳面價值。

　　計算時，個別的數值中須納入所有資料。只有在所有資產都納入帳面價值中，得出的商才有意義，計算才正確。

圖21　1900年後的Q比率

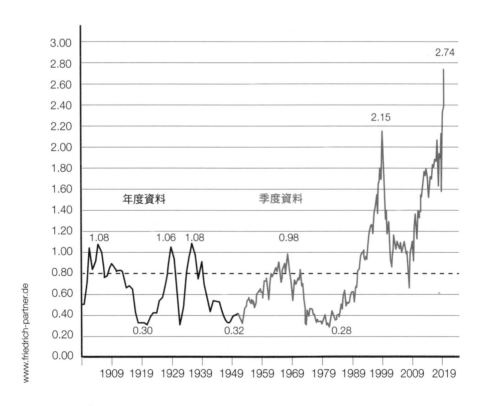

　　從結果商可以很容易看出一家公司的價值是被低估還是被高估。如果商小於1，則帳面價值大於市場價值。該公司的資產高於其市場反映價值。反之，該數值高於1，代表該公司被高估。也就是說，其各部分的總和低於公司整體的價值。我們目前處於歷史最高點。

　　另一個值得一提的諾貝爾獎得主及其指標為勞勃‧席勒（Robert Shiller）與其**席勒本益比**（Shiller-KGV）。它主要衡量公司在幾個經濟週期中的週期調整本益比（zyklusbereinigte Kurs-Gewinn-Verhältnis）。該指標目前處於第二高位（最高點落在2008年），也代表股市明顯受到高估。

特殊目的收購公司席捲重來

　　我想介紹的倒數第二個指標是美國所謂的特殊目的收購公司（SPAC）新股發行市場。它們發出的訊號是，錢很便宜，風險偏好很高。這兩者通常預示著一波投機浪潮的結束。SPAC是專門透過首次公開發行（Börsengang）募集資金，以使其他公司上市而成立的特殊目的工具。至於投資者將投資哪些公司，事先通常不確定，也無從得知。也就是投資一個黑匣子。SPAC本身並不經營業務，而是一家提供空殼公司流動資產，然後尋找那些希望在這空殼的幫助下上市的公司。這個市場目前像2008年金融海嘯之前一樣蓬勃發展。透過SPAC空殼，公司可以繞過冗長而昂貴的首次公開發行程序。我們應以謹慎態度來看待SPAC。在大多數情況下，倉促的首次公開發行背後通常隱含著巨大的資本需求，但缺乏可持續性的商業概念，也不能妥善利用短期的發展趨勢。一個透過SPAC首次公開發行的著名且已經失敗的例子，就是尼可拉汽車公司（Nikola Motor）。2014年，十二家SPAC在證券交易所上市，交易額達18億美元。自那時起，SPAC的首次公開發行業務持續穩步上升。2020年是SPAC創紀錄的一年，SPAC上市公司數量高於遵循正常首次公開發行程序的公司，而且創下歷史新高：共有二百四十八家SPAC，資本額為833億美元。2021年1月，這類市場的成長與2014至2017年的總和

一樣強勁，有七十家新成立的SPAC。在德國也出現第一批SPAC。

作為壓軸，我想提一下急遽增加的殭屍公司，並向你介紹明斯基先生。

明斯基時刻：穩定造成不穩定

海曼‧明斯基（Hyman P. Minsky）是一位相對不為人知的經濟學家，他最重要的論文直到他去世十年後才引起人們的震驚，因為他在分析中正確地描述2008年金融海嘯的過程。

明斯基也是自然科學的擁護者，他知道過度發展會被週期與重力帶回現實，經濟會努力達到平衡狀態。

在他看來，金融體系在蓬勃發展的過程中會自動變得不穩定，因為草率地通過貸款的情形與日俱增，這往往會產生投機性的泡沫，最終猛烈破裂，引發危機。

喪屍市場

現在我要回到經濟中的喪屍，即在一開始提到的殭屍企業。我最喜歡的一部殭屍電影叫做《新空房禁地》（*Braindead*），它也許可以描述當前的情況。全球中央銀行的中央銀行，即位於巴塞爾（Basel）的國際結算銀行（BIS）預估，全世界有15%的公司為殭屍公司，而且這種趨勢還在持續上升。[19]自新冠疫情以來甚至急遽增加。[20]在美國，甚至高達20%的公司被歸類為這類殭屍企業。它們的債務時鐘顯示為2.6兆美元。[21]根據信用改革（Creditreform）機構的統計，目前德國有55萬家這類殭屍企業，但由於新冠疫情而急速增加至80萬個。[22]殭屍企業是指負債累累的公司，其核心業務無力支付貸款利息，更不用說償還了。在正常情況下，這些公司已經賺不到錢，目前只是因為錢幾乎是免費的，所以還尚存一息。根據明斯基的說法，這是一個週期結束的另一個跡象。

簡而言之，他的論點是：**銀行在資本主義中具有內在的破壞性，並在漫**

長的成長週期中，它們的放款越來越草率，這將首先導致投機性泡沫，然後最終引發泡沫破裂，進而造成金融危機。

白話地說：經濟成長的時間越長，整個系統就越不穩定。銀行、公司及消費者失去風險意識，在貪婪的驅使下，開始越來越肆無忌憚地借款。較為嚴謹的論述則為：「經濟成長已持續很久，技術與進步會使我們不斷成長。不會再有經濟衰退，這次一切情況不同了，不會再有經濟週期。」明斯基將債務人劃分為三種類型，我在此簡述如下：第一類是那些有能力償還貸款的人；第二類是那些能夠支付利息但無力償還貸款並因此依賴不斷延長貸款的人；而最後並非最不重要的第三類，他們會出現在經濟繁榮期，而這些人窮到既無力還款也付不起利息。這三類債務人的主要特徵依序分別為：

(1) **持續、穩健融資**：借款人有能力輕鬆支付本金與利息。
　　→相對獨立於市場事件與央行政策。
(2) **投機性融資**：債權人有能力支付利息，但無法償還分期貸款。債權人依賴流動性金融市場來確保持續的再融資。這類融資只適用在貨幣便宜，且銀行幾乎無風險地向所有人提供貸款的情況。這類債務人包括所謂的殭屍公司，在正常的市場條件下將不再獲得貸款，並將破產。
　　→高度依賴市場事件與央行政策。
(3) **龐氏融資或滾雪球**：

龐氏融資

以波士頓騙子查爾斯‧龐氏（Charles Ponzi）命名，他在1920年代利用欺詐性的龐氏騙局騙取了大量資金。龐氏騙局是一種吸引投資者的詐欺形式，利用新投資者的資金向早期投資者支付利潤。該騙局使受

害者相信利潤來自合法的商業活動，而不知道其他投資者才是金錢的來源。沒有新的投資者加入，這個體系即會崩潰。這個方法有其數學上的界限。（另請參見第24頁的「指數式成長」專欄。）

最著名的案例之一是金融詐欺犯伯納德・麥道夫（Bernard Madoff）。他運用自創的金字塔計畫，詐騙了4,800人高達650億美元。在德國則有FlowTex（33億歐元）、Prokon（5億歐元）和S&K（2.4億歐元）。

借款人既無力償還貸款，也無法支付利息，導致資本僵化和錯誤配置。有人猜測信貸融資資產的價格（在次貸危機中是房地產價格）將上漲，以償還債務。經驗顯示，在上升趨勢時，龐氏融資的數量會隨著利潤預期的上升而增加。與此同時，承擔風險的意願不斷增強，風險被低估甚至忽視，收益不斷被高估。整體債務達到新的高度，越來越多的市場參與者轉向投機性融資。

→完全依賴市場事件與央行政策。

儘管市場蓬勃發展，但金融體系中總會突如其來地出現一個轉折點（中央銀行政策改變、外部衝擊等），引發一場重大的金融危機。剎那間，利潤低於預期；資產價格下跌，借款人無力再償還貸款。這就是**明斯基時刻**（Minsky Moment）或明斯基崩盤。

第四次轉折：四代理論（史豪世代理論）

「歷史是有季節性的，冬天要來了。」

威廉・史特勞斯

幾年前，我在推薦下購買史特勞斯和豪威於1997年出版的《第四次轉折》，但一直沒有機會讀完。直到我的策略主管佛洛里安・科斯勒（Florian Kössler）再次提及這本書時，我才專心把它讀完。在這部令人印象深刻的作品中，兩位作者藉助四個反覆出現的世代週期變化來描述世界歷史，以及它們對經濟、政治、文化及社會的影響。

他們的四個世代週期理論來自其第一本合著《世代》（Generations）。作者歸結出一個大約八十到九十年人類會反覆經歷的偉大超級循環，類似於伊特拉斯坎人（Etrusker）的「世紀」（Saeculum）。他們將這個偉大的超級週期分為四個較小的週期；這四個生命週期以四個季節為基礎。根據史特勞斯和豪威的理論，歷史事件與反覆出現的世代個性（原型）有關。每一世代的性格都會引發一個持續約二十到二十五年的新時代〔稱為轉折（turning）〕，並發展出新的社會、政治及經濟氣候（氛圍）。

每個超級週期總是以「第四個轉折」（Fourth Turning），即冬天宣告結束，它是一個轉變，並顛覆一切存在。正如著名的HBO系列影集《冰與火之歌》（Game of Thrones），史特勞斯和豪威也說「**冬天要來了**」。這對該系列來說不是一個好兆頭，對兩位作家來說也不是個好預兆。冬天是一個寒冷、荒涼的季節，但最重要的是殭屍到來，隨之而來的是一場不可避免的生死之戰。對這兩位作者而言，這是每一世代都會經歷的獨特危機，不幸的是，這種危機通常伴隨著戰爭。他們預測下一個冬天是2005到2025年。所以我預估2023年之前會發生大爆炸一點都沒錯。

就美國而言，過去的轉折點（冬天）是：

- 美國獨立戰爭（1767至1791年）。
- 美國南北戰爭（1843至1864年）。
- 大蕭條與第二次世界大戰（1925至1945年）。

　　雖然這本書主要關注美國的過去和未來，但它的適用範圍很廣。西方國家在文化和經濟上關係如此緊密，以至於任何一個經濟體都無法獨立發展。在持續約二十年的每一世代週期中都會誕生新的一個世代，這一代會對各自的時代形成影響。兩位作者也對這些時代予以命名。以下是它們的分類：

- 春天；重生（High）；預言家（The Prophet）。
- 夏天；覺醒（Awakening）；游牧民族（The Nomad）。
- 秋天；解體（Unraveling）；英雄（The Hero）。
- 冬天；危機（Crisis）；藝術家（The Artist）。

圖22　第四次轉折
　　　世代週期

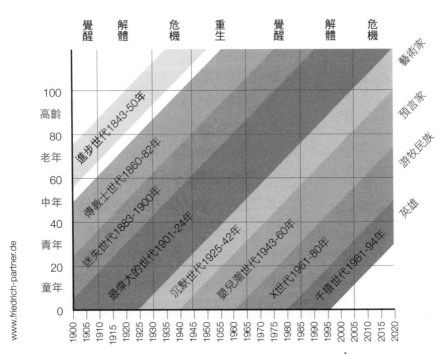

我在下文中想藉助該理論指出與描述最後一個週期，以說明這個概念。

1945至1965年的春天（重生）

在最後一個冬天（第二次世界大戰）之後，新的春天（重生）宣告來臨。每次危機過後，總會有新的重生。人們厭倦這種危機，從中吸取教訓。社群、團結、對和平的渴望、在繁榮中平靜而滿足的生活再度成為焦點，催生一個充滿希望和樂觀的新公民秩序（世界秩序）。由於高度渴望穩定與繁榮，社會凝聚力增強；所有人均因一個目標（和平與繁榮）而團結一致，逐步建設國家與結構。第二次世界大戰後成立的聯合國（Vereinten Nationen）、歐盟、世界衛生組織及北約（NATO），均是這方面的例子。家庭成為焦點，孩子陸續來到世界。這時出現的世代是嬰兒潮世代，他們被認為是先知，並以其願景塑造春天；兒童的教育被忽視，建設才是重點；在這個階段不太可能發生戰爭，和平被認為是最高利益，因為人們對剛剛結束的那場戰爭的慘況，記憶猶新。

1965至1985年的夏天（覺醒）

下一階段是覺醒，其特色是游牧民族，他們將新體系帶入世界。這一世代僅從父母和祖父母講述的故事中了解危機，他們將繁榮與和平視為理所當然，並質疑現狀還有自己的父母。這些後代有著道德上的優越感，並責備他們的父母（「你們怎麼能這麼做？」）。社群失去重要性，個人重要性與日俱增。社會、意義和精神的問題增加。老一輩人最初不重視，甚至低估了這個轉折。

這便是1965到1985年的寫照。叛逆的音樂、長髮、狂野的衣服，所有這一切都被上一代人認為是暫時的瘋狂時刻（「他們只要開始工作，就沒有時間去做如此愚蠢的事」）。甚至1960年代末的學生抗議也被淡化了。只有當暴力事件越演越烈，恐怖襲擊頻傳時，社會才開始驚慌失措。世代之間的

鴻溝已經無法解釋，轉折正在如火如荼地進行。

1985 至 2005 年的秋天（解體）

隨著舊制度解體與新制度的首次突破，秋天來臨了。這種由上一世代預示的發展，勢不可擋。這是一條不歸路。這個時期的特點是千禧世代，即英雄們。他們抓住最好的機會之窗，並在自由和保護之下成長。個人、尋求自我越來越受到關注；「我們」、社群，失去了重要性，「我」才是關鍵。社會開始衰落與敗壞；人們彼此相鄰而居，而不是彼此相伴；社會充斥著價值觀和道德的大辯論。人們的生活超出自己的能力範圍，不僅是自己的經濟狀況，還有在與環境的關係方面。消費變得越來越重要，因為必須填補內心的空虛；政治沒有遠見；人們生活富裕，自得其樂。這個轉折點構成即將到來危機的基礎，也是世紀的下一個和最後一個轉折點。

2005 至 2025 年的冬天（危機）

冬天，以及隨之而來的危機，取代了秋天，同時也是藝術家們誕生的時刻。這表示創造力將塑造未來，這也是系統崩潰後新的願景與重建所需要的。教育的特點是過度保護孩子（直升機父母）。這場危機始於一個憾動人心的事件，動搖了體系的根基，威脅到整個社會。此階段通過的法律是以前難以想像的。國家的措施越來越嚴厲（聽起來是否很熟悉？）。

對制度、政治和機構的信心越來越動搖。對簡單解決方案和美好、簡單生活的渴望再次增加。隨著每一次新的危機，尋求共同解決方案的意願增加；社群又變得更加重要。回想起來，2008 年的金融大海嘯、難民危機，尤其是新冠疫情，都可以被確定為危機點。

冬季，「第四次轉折」，可分為五個階段：

- 火花（The Spark）。

- 破壞（The Disruption）。
- 崩潰（The Collapse）。
- 高潮迭起（The Climax）。
- 嶄新的開始（A New Beginning）。

我提出以下幾個階段，並附上豪威／史特勞斯書中的原始摘錄（楷體字）。我再重申一次，這本書是1997年出版的。你很快就會明白我為什麼要再次強調這一點。

（1）火花

作者對第四次轉折的觸發情況描述如下：

> 一個火花會創造一種新的氛圍。美國疾病管制與預防中心（Centers for Disease Control and Prevention, CDC）宣布一種新的傳染性病毒的傳播；國會頒布檢疫措施；市長們抵制；城市裡的幫派互相爭鬥；總統呼籲宣布戒嚴。

（2）破壞

第二階段是削弱對舊制度的信任。冠狀病毒，社會動盪，所有這些都只是觸發因素。每一個「第四次轉折」都伴隨著對信任的破壞。經濟學家熊彼得和他的創造性破壞（schöpferischen Zerstörung）理論指出，為了建立新制度，這種信任的破壞是必要的。只有舊事物消失，新事物才會出現。作者在書中指出：

> 新的情緒及其帶來的大量問題將是資產階級對該制度信心下降的一個自然終點。即使在危機爆發前的幾年裡，對社會契約（制度）弱點的

擔憂也是潛意識的，並依時間推移而增加。隨著危機的發展，這些擔憂將暴露出來，並迅速浮出水面。已經不信任某些東西的人，會覺得為了生存，有必要對越來越多的東西採取不信任的態度。這種行為可能會導致突如其來地螺旋式下降，導致社會信任的崩潰。

（3）崩潰

第三階段清楚地說明為何現在管理好自己的財務狀況是如此重要的原因。

　　　　總有一日，美國的短期危機心理將被長期的解體現象所取代。這可能導致急遽貶值、價格大幅下滑，多數金融和有形資產貶值。隨著資產的貶值，信任進一步瓦解，導致資產持續貶值，周而復始。屆時，許多美國人將不再知道他們的儲蓄去了哪裡，他們的雇主是誰，他們的養老金是多少，或者他們的政府是如何運作的。這個時代剝削金融界，使其陷入困境；債務人不知道他們的債主是誰，屋主不知道誰擁有抵押貸款，股東不知道誰經營他們持有股份的公司，反之亦然。不用太久的時間，美國的舊資產階級秩序即會遭到不可挽回地破壞。人們會覺得自己好像一塊被社會磁碟機吸引的磁鐵，消除了社會契約，消除了舊的交易，消除了人們曾經做出而卻無法兌現承諾的帳目。

（4）高潮迭起

　　　　新的社會契約與新的公民秩序條件將從這個低點和這些危險中應運而生。這場鬥爭可以是和平的，也可能是暴力的，也可能涉及國家和私人軍隊。關鍵事件將會發生，這些事件是如此強大和獨特，以至於它們超出當今最瘋狂的想像。所以美國人將重演偉大的古老神話「世界大火」（Ekpyrosis）。這就是我們與命運下一次約會的方式。武裝對抗通

常發生在危機的高峰期。一旦發生對抗，很可能會導致戰爭。這可以是任何形式的戰爭：階級戰爭、內戰、打擊恐怖分子的戰爭或超級大國之間的戰爭。

（5）嶄新的開始

經濟將隨著時間的推移而慢慢復甦。與今日相比，它對全球的依賴程度將降低，貿易商和資本流動也將減少。在這種危機的高峰期，將出現一個偉大的轉折點，這是人類歷史的奇蹟，信任將在其中重生。在最危險的時刻，這顆種子將被播種，新的社會契約將生根發芽。短期內，美國的蒼穹將以足以動搖當今思想的方式進行重塑。危機的高潮將留在公眾腦海中，這是一個令人感動的時刻，人類會悸動地記住這個時刻，對於在危機後出生的人來說，這是一個轉折點，它將成為後人傳說中的神話。

按照史特勞斯和豪威的說法，這五個階段要到2025年才會結束，屆時我們將進入下一個第一個轉折，並開始一個新的世界秩序。這兩位作者出版這本書時的時機不佳，當時正值網際網路泡沫的高峰期。在這種繁榮階段，多數人都拒絕工作，因為他們相信，股市與實體經濟會一直順利運轉下去。

我和這兩位作者一樣，建議不要背負債務，保持資金的流動性，進行穩定的投資（有形資產）。新的貨幣將是信任、夥伴關係、無私和人性。個人關係將變得重要，社會將重新獲得價值。我們將進入人類的黃金時代。貨幣的信任是必須的，這就是為什麼比特幣如此重要的原因，因為它是一個不依賴中央銀行或人的貨幣制度（請參閱關於比特幣的章節）。

革命中蘊藏著進化！

我們從中學到什麼？週期總是反覆出現，但你仍然可以為此做好準備。

如果政治和社會沒有為即將到來的危機深謀遠慮，那麼個人就應該未雨綢繆。每個人都應該嚴陣以待迎接危機和新的開始，這就是我寫這本書的目的，提早防範於未然！現在為時不晚，危機也蘊藏著巨大的轉機。若你在精神與經濟上為這一發展做好準備，就不會失敗。你將能以輕鬆的心情看新聞，幾乎可以預料混亂的事件。不幸的是，事情在好轉之前可能會先變得更糟。豪威與史特勞斯預測，在2025年之後，這個週期將以新的高點重新開始。

這是我們一生中獨一無二的事件，因此現在設定方向是有意義的。

人類歷史上的演變，無論是技術革命還是實際革命，大多是由革命引發。我們可以開始人類的黃金時代，最大的財富移轉隨之而來，你可以自行決定以何種種子資本開始下一個轉折。而現在，是要為後代保護、創造資產，或是將它丟棄，操之在你。

奧托・馮・俾斯麥（Otto von Bismarck）也認同這個四代模式，他用這句話貼切地形容這個現象：

> 第一代創造財富，第二代經營財富，第三代學習藝術史，第四代墮落。

超級週期：經濟的長浪

最後，還有一個我認為很重要的週期，那便是康德拉季耶夫週期（Kondratjew-Zyklen）。經濟學家熊彼得以其創造人尼古拉・康德拉季耶夫（Nikolai Kondratjew）的名字命名，而熊彼得又以其「創造性破壞」理論而聞名。

什麼是康德拉季耶夫週期

　　蘇聯經濟學家康德拉季耶夫提出由典範式轉變引發的長波理論。這些長波指的是持續四十到六十年的經濟週期（超級週期）。它們由突破性創新、基礎創新引發，並引導經濟長期上升。一開始，大量資金投入新的基礎創新中，由此發展出一個上升趨勢，帶動日益繁榮。一旦創新建立起來，投資即會顯著減少，經濟開始衰退。但與此同時，下一個創新已經蓄勢待發。

第六週期：下一個超級週期——循環資本主義

　　許多人認為，下一個偉大的基礎創新，就是第六個康德拉季耶夫週期的驅動力，是人工智慧。其他人則認為是奈米技術或生物技術。但有些人相信是物聯網與健康？所有這些新科技肯定會繼續發展，而且變得重要。但在

圖23　康德拉季耶夫週期

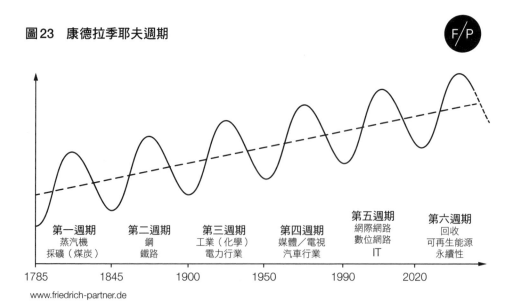

www.friedrich-partner.de

我看來，下一個超級週期的驅動力是一個迥然不同、更平凡的東西：**原料！**因為沒有原料，所有其他創新、工業與發展都是不可能的。原料是一切的基礎，它們對我們的發展至關重要！**沒有原物料，就沒有成長、沒有創新、沒有動力、沒有進步**。我們需要石油、礦石、天然氣及煤炭來生產能源，開採更多原料並利用它們取得更大的進步。在接下來的幾十年裡，我們將面臨部分原料的自然極限，它們是潤滑經濟引擎的必要條件。但人類將在這裡找到新資源，優化現有資源，最重要的是，將其回收利用。然而，有種原料更重要，它是每個人每天都必須消耗的，因為沒有它，就不可能有生命：**飲用水！**我們可以幾天，甚至幾週不吃東西，但只能幾天沒有這個藍金。水是生命，水是稀有的。地球上只有2.5%的水是淡水，其中大部分儲存在永恆的冰層中，或作為地下水儲存在地球深處。目前，僅有0.3%的水可供我們近80億人使用。水作為寶貴資源的消耗和淡水污染，在全球都呈現上升的趨勢。水的提取和循環利用，將成為未來的一個龐大市場。

　　與此同時，除非我們發現星際科技，否則我們不得不去尋找其他能源，它們主要來自永續和可再生資源，即水、風、太陽能，但也包括核能。技術進步也將為我們在這個領域開啟新的大門與機會。

　　事實是：在過去的一百年裡，人類消耗的原料遠遠超出過去三十萬年。人類花了很長時間才找到所有的元素與原料，但耗盡它們的速度卻極快。舉例來說，中國三年內使用的混凝土量，比美國過去一百二十年內的使用量還要多！[23]沙子因此成為稀缺商品也就不足為奇了。[24]沙子是僅次於水的第二重要原料，因為沒有沙子就沒有混凝土。經過數十年無休止地消耗有限原料，該是重新思考的時候了。在我看來，下一個週期的特點是有效地使用稀有原料，但最重要的是回收這些原料，使它們能夠再次被利用。在本世紀，有多種原料最終將被用完並耗盡，這也迫使我們踏上新的創新道路。我們若不是能找到足夠的替代品（替代商品），就是要更有效率地使用它們，回收再利用，或者乾脆停止使用。由於人類創造力豐富，可以忘記停止使用這個

選項，因此答案將是結合選擇一與選擇二的混合選項。儘管就目前的知識水準來看，有些原料是無可取代的，例如磷、鉻、鉑金或銦，但誰知道未來會為我們帶來什麼。當一扇門關閉時，總有另一扇門會開啟。

我們常聽到蘊藏或資源。這兩者有什麼區別？

蘊藏是可以使用現有技術進行經濟開採的礦床。

另一方面，**資源**是存在但目前無法進行經濟開採的礦床。當然，這在未來可能會改變。

至於哪些原料何時會用盡，相關資料的預測差異極大。硬煤儲量預計還能使用一百五十年，褐煤甚至三百年內都很充裕。雖然過往一再宣告石油時代終結（石油頂峰），但我們仍然用汽油行駛在世界歷史中；一些沙漠國家，塵土飛揚的道路上撒滿了毫無價值的油膩物質，以避免弄髒沙漠居民的龐大豪華轎車。恐懼也總是週期性地影響著人類。1980年代發生森林死亡症候群，當時即有人預測，由於酸雨，到2000年德國樹木將瀕臨滅絕，但現在德國的森林面積高出以往任何時候。另外，感謝上帝，艾爾‧高爾（Al Gores）在電影《不願面對的真相》（*Die unbequeme Wahrheit*）中的預言也沒有成真。根據他的預測，南北兩極的冰層到現在應該已經全面融化，海平面應升高6公尺。不僅永恆的冰層會消失，紐約、紐奧良、荷蘭，以及其他沿海地區將會被淹沒。高爾似乎並不真正相信自己的預言，否則，他絕對不會在2010年以890萬美元的價格買下加州高級住宅區蒙特斯托（Montecito）的一棟豪華海景別墅。**25**

看來，有時候免不了還是要透過製造新話題來搏聲量。

即使我現在冒著離題的風險，還是想告訴你們在很多領域，恐懼情緒總

是一而再，再而三地被挑起，最後證明這是毫無根據的。大多數時候，恐懼背後都有個既得利益者。多年來，我們一直被灌輸雞蛋含有膽固醇，因此有害健康，但現在發現它們實際上有益健康，甚至建議每天吃一至兩顆雞蛋。接著，又在某個時候傳言脂肪對健康有害，市面上因此充斥著低脂產品。奶油被妖魔化，人們被建議「肆無忌憚地吞食」（Du darfst）令人作嘔的人造奶油。如今，脂肪得以平反。請秉持著批判精神，質疑一切，特別是現在這個時代！傾聽你的直覺，遵循你的常識。記得也要本著批評的態度閱讀本書！

現在讓我們再回到主題。

在未來，技術創新將使人們能夠找到新的原料來源，而且還能進行經濟性地開採。成本下降和價格上漲為此發展創造經濟性的前提，也許有一天宇宙將成為目標。目前已經出現首批有興趣的公司進行太空採礦。儘管如此，稀缺性將成為一個越來越重要的問題，再利用將變得至關重要。

石油和天然氣儲量壽命的計算方法是將這些儲量除以世界目前的消費量。結果得出原油的儲量壽命為一百四十年，天然氣的儲量壽命為二百六十年。無論礦石、水還是塑料，都變得越來越稀有，部分資源被完全耗盡。人類的另一個巨大問題是垃圾。我們將在垃圾堆裡窒息而死。整片土地都變成垃圾掩埋場，整條河流沖走的垃圾比魚還多，有些垃圾山在 Google 地圖上看起來宛如一座座山脈。數以百萬計的人靠垃圾為生。但是，太多有價值與有限的材料及原料仍不斷地消失。這必須改變！即將到來的危機將為人類帶來深刻反思。我們將意識到自然是多麼重要，多麼強大，人類是多麼渺小與微不足道。我們將再次對生命與大自然母親表現出更多的團結和謙遜。因此，在未來，廢物將變成黃金，一種有價值的原料。人類的目標是要建立一個封閉的循環，讓原料永續不絕。而鋁堪稱是這方面的一個好例子，今天在歐洲有75%的鋁被回收利用，德國甚至正朝著100%邁進。這將是未來的普遍做法。

　　儘管聽起來很簡單又陳腔濫調，但不受重視的原物料、回收及能源，是下一個超級週期！

　　有一天，如果沒有石油，也就不會有塑料。不過，屆時將有一個來源提供幾乎無窮無盡的塑料：世界的海洋。悲傷但真實的是，到了 2050 年，海洋中的塑料將比魚還多。想像著有朝一日在烤架上烤著奧樂齊的購物袋，肯定營養又美味。

3.

展望：未來的發展

通貨膨脹（是小偷！）

> 「人類必須明白，不能容許一點點的通膨，因為小幅度通膨總是會導致更高的通膨，而更多的通膨必然會產生更高的通膨。」
>
> 奧地利經濟學家弗里德里希‧奧古斯特‧馮‧海耶克
>
> （Friedrich August von Hayek）

「這實在太過分了」（Das ist aber inflationär）、「不要濫用這個術語」（Verwenden Sie den Begriff nicht so inflationär）、「通貨膨脹即將來臨！」（Die Inflation kommt!），你可能都以這種或類似的方式在德語裡聽到「通貨膨脹」（Inflation）一詞。對我們德國人來說，聽到這個詞會不由自主地聯想到威瑪共和國（Weimarer Republik）可怕的**惡性通貨膨脹**。那時，我們看到滿滿一車的錢就在我們眼前。

> 「想吃就吃，想喝就喝，反正我們已經賠了兩次錢。」
>
> 德國諺語

但是，究竟何謂通貨膨脹呢？這個術語來自拉丁語（inflatio），意思是膨脹。早在古代，人們就有過通貨膨脹的經歷。通貨膨脹是指物價持續普遍上漲，從而使貨幣的購買力下降。換句話說，這是一種貶值，一種徵收（Enteignung），通常也被歸類為一種隱性稅。

歐洲央行對通貨膨脹的說明如下：「在市場經濟中，商品和服務的價格隨時可能發生變化，有些價格會上漲，有些價格則會下跌。如果商品價格普遍上漲，而非僅是個別產品，就叫做『通貨膨脹』。如果是這種情況，1歐元可以買到的商品會變得更少，或者換一種說法：此時1歐元的價值就比以前低。」[26]

歐洲央行一再強調，保持**物價穩定**是其首要任務，也是最重要的任務。為此，它的目標是實現每年2%的通貨膨脹率。對我而言，這一直是一個悖論，因為這表示我們實際上每年都會失去2%的購買力。但由於工資並未以相同幅度成長，這對所有人來說都是一筆賠錢的交易。「穩定物價」這個名稱本身就具有誤導性，這裡根本沒有什麼是穩定的。實際上，這純粹是一場騙局，是一種詐欺式包裝，我們都必須為此付出代價。因為對我們消費者與公民來說，0%，甚或是輕微的通貨緊縮（價格下跌）是最好的。但遺憾的是，我們無法干預歐洲央行的貨幣政策。

親愛的讀者，請問你：以每年2%的通貨膨脹率來計算，資產減半需要多長時間？大多數人會說：「很明顯，二十五年。25年乘以2%等於50%。剛好一半。」

這個算法大錯特錯！

在表2中我們可以看到，中央銀行為實現理想「物價穩定」而設定的每年2%通貨膨脹率目標，對購買力造成什麼影響。

假設每年僅增加一個百分點，也就是每年增加3%的通貨膨脹率，則可以清楚看到雖僅微幅提高通貨膨脹，其所造成的影響有多劇烈。你同樣也可以在表2中發現這個現象。

表2　升高通貨膨脹所喪失的購買力比較

時間	正常通貨膨脹所喪失的購買力 每年2%	升高通貨膨脹所喪失的購買力 每年3%
5年後	− 9.43%	− 13.74%
10年後	− 17.97%	− 25.59%
20年後	− 32.70%	− 44.63%
25年後	− 39.05%	− 52.04%
30年後	− 44.79%	− 58.8%
35年後	− 50%	− 64.46%

www.friedrich-partner.de

在2%的通貨膨脹率下，現有資產的購買力在三十五年後便會減半，若為3%，則僅需二十四年後你的資產就僅剩下一半！

由於我假設未來通膨會顯著升高，你現在即可預估這對你的購買力代表什麼意義。

注意

價格上漲和購買力下降是兩件不同的事情。**通貨膨脹率**反映了平均一籃子商品的價格上漲：如果每年2%的通貨膨脹率，一整籃商品的價格從當年的1,000歐元上漲到下一年的1,020歐元。另一方面，**購買力損失**是指這段時間貨幣價值的損失，與通貨膨脹率不完全相同。目前的1,000歐元與明年的1,020歐元的比例為1000：1020 = 0.98039。假設通貨膨脹率為2%，這1,000歐元在下一年僅值980.39歐元，相當於購買力損失了1.96%。

各國央行首次提高通膨目標

　　經常有人問我，為什麼中央銀行的通膨目標是2%。這肯定是一種武斷的決定，沒有合理的依據。它也可以是1%或3%；也許是擲骰子或玩猜拳遊戲獲勝者說出這個數字。誰知道呢？2020年發生了一件令人矚目的事，但公眾並沒有真正注意到。在中央銀行多年來一直狂印鈔票，其資產負債表已經膨脹到令人眼花撩亂的高度之後，那些負責人顯然突然開始在內部思考這整個印鈔政策將何去何從。也許他們借鏡過去的經驗，而得到明智的建議。首先，聯準會放棄2%的通膨目標，其他央行也隨後跟進。聯準會將措辭從「最高2%」改為「平均2%」。你現在會說，這並沒有太大的區別，但我們看到的是它們正打破歷史禁忌，它們正對此創造出一個新故事。在未來，預期會看到通膨率顯著上升，世界各國央行都在為此做準備。我們的央行總裁延斯‧魏德曼（Jens Weidmann）預計通膨率將超過3%。[27]

　　現在應該是調整你的資產與投資組合，以避免因通貨膨脹而造成荷包大失血的時候。**因為通貨膨脹根本就是種偷竊行為。**

真實的通貨膨脹

　　根據官方數據，我們目前根本沒有通貨膨脹，即使有也非常低。2020年的最後幾個月，情況恰恰相反：人們談論著通貨緊縮，也就是物價開始下跌。為進一步了解這個發展，聯邦統計局採用一籃子商品來衡量，所謂的加權機制決定個別商品與服務的比重。

一籃子商品

　　聯邦統計局每月採用一籃子商品計算出消費者物價指數來推斷通貨膨脹率，其中包括約650種商品和服務。2020年，一籃子商品的組成

如下：[28]

房屋、水、煤氣、燃料	32.5%
運輸	12.9%
休閒、文化、娛樂	11.3%
食品、非酒精飲料	9.7%
其他商品和服務	7.4%
家具	5.0%
飯店、餐廳	4.8%
健康、護理	4.6%
服裝、鞋類	4.5%
煙草製品、酒精飲料	3.8%
通信	2.6%
教育	0.9%

根據官方數據，從2020年8月到2020年12月已出現通貨緊縮的趨勢：

8月	− 0.1%
9月	− 0.4%
10月	− 0.5%
11月	− 0.7%
12月	− 0.5%

　　如果我告訴你德國沒有通貨緊縮，而是嚴重的通貨膨脹，你現在會怎麼說？而且近年來甚至穩定提高？如果看看真實的通貨膨脹，就會發現我們確實有通貨膨脹的現象，這不外乎代表我們的購買力正在貶值。**2020年的通貨膨脹率甚至接近14%**，與官方公布的0.5%消費者物價指數相違背。最近，歐元區官方預期通膨將上升至1.36%。我的天啊！

如何計算實際的、真實的通貨膨脹？

如果貨幣供應量的成長速度與國家的經濟成長相同，那麼一切就會達到平衡，理論上不存在貨幣貶值，因為所有新貨幣都有相應增加的新經濟商品（商品或服務）。但如果流通的貨幣數量增加速度超過新經濟商品的供給量，那麼就有更多的貨幣會分配到現有的商品和服務中，它們的價格遲早會上漲。因此，通貨膨脹直接取決於貨幣供應量的擴張。公式為：

真實通貨膨脹＝貨幣供應成長（M3）－國內生產毛額（BIP）

這個公式可以追溯到蘇格蘭哲學家和經濟學家大衛・休謨（David Hume，1711至1776年）的數量論（Quantitätstheorie）。

為了獲得最佳結果，我們使用貨幣供應量M3。如圖24所示，貨幣供應量M3包括所有類型的貨幣（M1和M2）。

有趣的事實是：自2006年以來，聯準會就沒有提高過M3；這是騙子才會做的壞事。因為此舉可大大減少官方報告的貨幣供應量，從而扭曲真實的通貨膨脹。

若將歐元區的M3貨幣供應量減去其國內生產毛額，即可算出真實的通貨膨脹。當經濟萎縮時，貨幣供應量會惡化負成長。若使用這個公式，才會得出真實的通貨膨脹。在表3中，你可以看到真實的通貨膨脹不同於官方通貨膨脹。[29]

自2001年使用歐元以來，在官方的資料上，我們已經失去28.2%的購買力。若採用非官方統計，這個數字將會高達87.53%！黃金價格的發展也證實此一趨勢。與黃金相比，歐元已經失去91%的購買力。我們必須把越來越多的歐元鈔票放上桌子，才能換得1盎司的黃金。黃金歷來都是抵禦通貨膨脹的一種保護工具（參見圖25）。

圖24

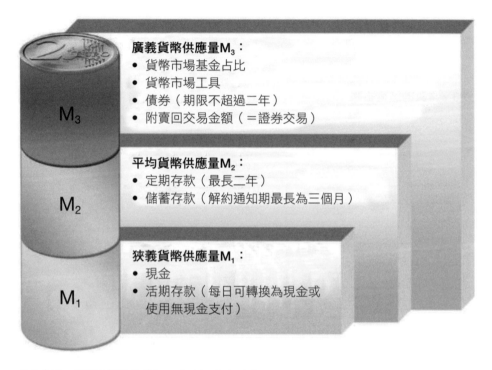

資料來源：德國聯邦銀行（Deutsche Bundesbank）

　　自2001年以來，歐洲央行的貨幣供應量增加一倍之多。由此可以清楚看到經濟正在降溫，而貨幣供應量急遽增加。現在有些人會說：「這當然是由於新冠肺炎危機所造成的！」新冠疫情固然是個因素，但並非是唯一的原因。自2018年以來，經濟成長不斷下降。此外，成長速度也一直低於平均值，2001年以來平均不到1%，而貨幣供應量的成長速度則要快得多。**在我看來，我們正處於現有貨幣制度的最後階段，目前看到的是中央銀行的最後喘息。**

　　我預計，整個體系從這裡開始將進行最後一次掙扎，透過央行的歷史性措施讓自己振作起來。就像一顆垂死的恆星在內爆前的最亮狀態，這種升級

將使通貨膨脹率顯著攀升,達到兩位數。

如表3所示,2020年的真實通貨膨脹率略低於14%。那時,擁有保證利率為0.9%人壽保單的人,幾乎毫無獲益。即使提供3.5%收益比的較舊壽險

表3　真實的通貨膨脹

年度	貨幣供應量成長M3	經濟成長	真實的通貨膨脹	官方的通貨膨脹
2020	8.73%	− 5.00%	13.73%	0.5%
2019	4.90%	0.60%	4.30%	1.4%
2018	4.00%	1.50%	2.50%	1.8%
2017	3.80%	2.50%	1.30%	1.5%
2016	4.90%	1.80%	3.10%	0.5%
2015	4.70%	1.50%	3.20%	0.5%
2014	3.80%	2.20%	0.90%	1.0%
2013	1.00%	0.40%	0.60%	1.4%
2012	3.50%	0.40%	3.10%	2.0%
2011	1.50%	3.90%	− 2.40%	2.1%
2010	1.70%	4.20%	− 2.50%	1.1%
2009	− 0.30%	− 5.70%	5.40%	0.3%
2008	7.60%	1.00%	6.60%	2.6%
2007	11.50%	3.00%	8.50%	2.3%
2006	9.90%	3.80%	6.10%	1.6%
2005	7.30%	0.70%	6.70%	1.5%
2004	6.60%	1.20%	5.40%	1.7%
2003	6.90%	− 0.70%	7.60%	1.1%
2002	6.80%	− 0.20%	7.00%	1.3%
2001	8.10%	1.70%	6.40%	2.0%
總計	106.93%	18.80%	87.53%	28.2%
每年	5.35%	0.94%	4.38%	1.41%

圖25　歐元價值與黃金

保單，也是無利可圖。這些被保險人仍然處於虧損狀態。帳戶或保險箱裡的錢也自動貶值。里斯特合約、呂魯普合約及其他必須花錢卻不產生任何收益的有價證券，也是如此。2020年德國股票指數DAX的績效為3.5%，同樣未擊敗真實的通貨膨脹。如果將此與我建議的發展相比，就會明白資產保護如此重要的原因。這是關於保護和保存自身購買力的問題！我在上一本書中對此曾推薦特殊資產，它們表現得非常出色。在第300頁的表10中可以看到其發展。

為什麼現在通貨膨脹來了！

　　越來越高的債務，越來越高的信貸，越來越高的國債。貨幣供應量的成長速度前所未見，中央銀行長期以來採取緊急行動，還是看不到盡頭：這一

切難道不會導致通貨膨脹嗎？通貨膨脹現在會來嗎？我的答案是肯定的。我不是唯一持有這種看法的人。史丹利‧卓肯米勒（Stanley Druckenmiller）和保羅‧圖多爾‧瓊斯（Paul Tudor Jones），或經濟學家和英格蘭銀行（Bank of England）的長期雇員查爾斯‧古德哈特（Charles Goodhart）等投資者，也都預計未來通膨將會大幅上升。我的朋友，國際結算銀行前首席經濟學家威廉‧懷特（William White）在我的YouTube頻道上所進行的一次非常有見地且有趣的採訪中，也宣布高通膨率時代的來臨。此外，英格蘭銀行的分析師還發現一個有趣的事實：**在過去的八百年裡，通貨膨脹總是在大流行病爆發一年後出現。**[30]

　　過去，貨幣供應量的增加總是會引發通貨膨脹，而現在有些人說得非常對，在2008年的金融危機之後，情況並非如此。為此，我想藉由一張圖，清楚說明為什麼在中央銀行的印鈔狂歡之後沒有出現通貨膨脹。圖26還顯示，相較於當前的危機，2008年的危機在各方面都顯得微不足道。

　　近幾十年來，美國的貨幣供應量穩定增加，但貨幣流通速度卻持續下降。

貨幣的流通速度

　　貨幣流通速度是可用貨幣供應量在一年內平均周轉的頻率。此處的問題是，每張50歐元紙幣被交易的頻率為何。如果它消失在存錢桶中，則M2的流通速度就等於0。舉例來說，如果你提領50歐元並帶著它去購物，把這張紙鈔留給雜貨店老闆，這個老闆用它來支付供應商，而供應商又用它來支付他的材料與生產原料，那麼，這張50歐元紙幣的流通速度為3。

圖26　貨幣供應量與M2流通速度

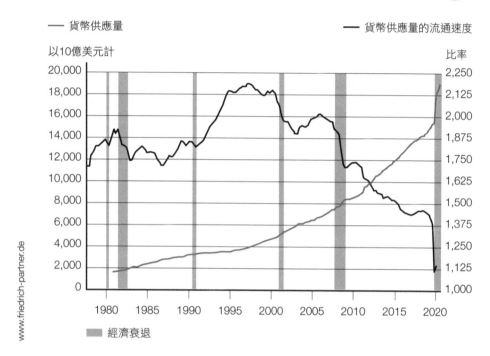

只要貨幣不流通，流通速度就會下降，就能預防通貨膨脹。2008年的情況就是如此。在大金融危機期間，你可以在圖26中看到一個向上的小跳躍，但它看起來更像是一個小凸起。美國的貨幣供應量從2019年才開始如火箭般飆升，流通速度也同步崩潰，兩者均創下歷史紀錄。**而這一切是在沒有任何金融危機情況下發生的！**

大量中央銀行的新錢被投入股票與房地產市場，我們在那裡看到投機泡沫形式的顯著通貨膨脹。資金也都囤積在帳戶中，德國人（2.73兆歐元）與美國人（3兆美元）的歷史性高儲蓄存款，便是一項證明。

過去幾年的經濟繁榮實際上會導致通貨膨脹，因為在一般情況下，通貨膨脹會在失業率下降和工資上漲時上升，所有這些都是近年來的發展趨勢。

然而，還是出現了通貨緊縮而不是通貨膨脹。**這是為什麼呢？**

首先要提到的是全球化。三十年來，也就是自從鐵幕倒下，全球化取得進程，尤其自從世界工廠中國敞開大門並提供一支廉價勞動力奴隸大軍以來，一場前所未有的勞動力競爭已然成形。各國為了爭取最有利的生產條件，在毀滅性的成本壓力下相互競價。首先是中國、東歐及土耳其，然後是越南、印度和摩洛哥，今天的競爭戰場則轉向衣索比亞與柬埔寨，明天可能是西班牙、義大利和德國。誰知道呢？透過對廉價勞動力成本的無情和破壞性競爭，整個行業像強盜大亨一樣從一個國家遷移到另一個國家，以尋找最廉價的工人，勞動力成本因而下降。與此同時，技術進步也減輕價格壓力，所有這些都具有推動通貨緊縮的效應。

轉機

現在，這種通貨緊縮的趨勢即將逆轉，許多跡象都指向將發生通貨膨脹。讓我們從不容忽視的事實開始：**人口統計！**

特別是在西方世界，人口曲線看起來極具毀滅性。即使歐元、銀行及系統未並崩潰，但災難性的人口曲線，尤其是在西方世界和日本，將會對系統造成致命的打擊。無力再負擔對數個世代的承諾、社會制度以及福利國家，勞工人數持續減少，而缺乏可用勞動力代表工資提高，將勢所難免。再加上人口日益老齡化，都將導致通貨膨脹。額外的通膨壓力將會出現，因為人們最終會花掉積蓄，推動價格上漲，因此，債臺高築的國家將繼續沉迷於寬鬆的貨幣政策，進一步推動通貨膨脹。任何關閉貨幣閘門或提高利率的企圖都會受到抵制，否則整間紙牌屋都會倒塌。

我在這裡提出兩個過去曾經發生的例子。

速水優（Masaru Hayami）於2000年擔任日本央行總裁。在1989年股市和房地產泡沫破裂後（注意：這裡也是兩個市場齊頭並進），利率從8%降至0%。速水優希望結束這種情況，但僅將利率上調25個基點至0.25%，並

表示：「貨幣貶值與社會貶值是齊頭並進的。風險皆有代價。沒有『免費食物』這回事。」

「免費的午餐」

美國經濟學家傅利曼讓「天下沒有免費的午餐」這句話廣為人知。若翻成德文則為：世界上沒有「免費的午餐」，一切都有代價。

結果，日本股市暴跌20%，日本政界人士抨擊日本銀行及其總裁速水優。因為壓力如此之大，以至於速水優在七個月後結束此一實驗，將利率降至0%。

2018年，聯準會總裁傑羅姆・鮑威爾（Jerome Powell）也希望結束廉價貨幣政策，繼續上調基準利率。他說，市場處於「自動駕駛模式」。股市隨後下跌，川普抨擊鮑威爾。兩天後，聯準會承諾堅持廉價貨幣路線，股價直接大爆炸。

我們在世界各地都看到相同的遊戲。無論是歐洲央行、英格蘭銀行還是中國銀行，「一切為了股市」似乎都是座右銘。市場，尤其是它們的主角，都是依賴這個永久且有保障的安全網。只要錢不斷湧入，因這個政策而導致越來越大的扭曲與不平衡的事實，都可被刻意地忽略和接受。

因此，我們看到，即使是結束中央銀行瘋狂行為的最微小嘗試，在其萌芽階段就會遭到扼殺。這種事絕對不允許發生！中央銀行已經將自己推入一個無法逃脫的致命僵局。

我們從這件事了解到，**我們不應該讓官僚來決定貨幣政策，而應讓位給市場主導**。但對目前這個貨幣制度來說，這個想法仍然是個烏托邦，唯有即將到來的崩盤才有可能改變。

瘋狂的想法？

　　我有一個瘋狂的想法：為中央銀行設立一種食物紅綠燈標示系統如何？就像「血紅色」＝「惡性通貨膨脹」，「綠色」＝「一切正常」。如此一來，我們就可以一眼辨識出，央行是在保護貨幣和購買力並維持其價值，還是在破壞和貶值貨幣？

　　金融產品和銀行也應該引進這個系統。在金融產品方面，性能、永續性、流動性和成本可能是有用的參數；而銀行也應該同樣適用這些參數，只是要再加上顧客友善度、資產負債表及貸款的品質，以及迄今為止支付的罰款。

　　仔細想想，我們甚至應該為政府和政客制定一套這種系統，這樣就可以用一張圖表來檢視他們的誠實度、透明度和高效度。他們如何使用納稅人的錢？他們遵守或違背了哪些承諾？遊說者的影響力有多大？與企業的聯繫有多密切，政客們還兼任哪些其他職位？

　　所有這些資料都應該儲存在不可操控且透明的**區塊鏈**上，而不是僅僅偶爾出現在媒體上由諂媚主政者主導的歌功頌德言論中。我厭倦《法蘭克福匯報》（*FAZ*）中偽裝的宣傳性客串文章，以及由實習生美化的維基百科條目。只有透過這種防篡改的文件才能重建信任。

　　整體來說，我是**直接民主**的大力倡導者。作為負責任的公民，我們應該更積極參與決策過程。這也將杜絕產生極端政黨的溫床，並使我們作為一個社會團結在一起。我們可以對法律法案、政府計畫、基礎設施專案或區域層級的建築專案進行投票。每個人都可以透過智慧型手機或郵寄投票。反過來，政府有義務說服公民相信它們的立場，而反對派也有相同的任務。為此，我們僅需要一張紙，以每個人都能理解的方式在上面簡要地列出優點和缺點、成本、收益等。食物紅綠燈標示系統可根據永續性、稅收的使用、效率、氣候等參數，顯示各項專案的評級。在目前的系統中，沒有任何政治家或中央銀行會自願實施這一提議。然

而，隨著系統即將崩潰，我們有機會重新引入這類系統，以建立一個更好、更透明和更公平的政治和社會。（另見「對未來的啟發」一節。）

真正的危機

不幸的是，太多人仍然相信這個神話，就是新冠肺炎疫情危機是造成中央銀行將利率留在地窖裡，並用前所未有的巨大貨幣量來對抗這種影響的罪魁禍首。造成這個進退兩難困境的真正原因，早在新冠病毒之前就已經出現，這個病毒只是延續這個金錢實驗的許可證。一方面，經濟衰退已成定局；另一方面，美國曾發生一場金融地震。2019年9月，美國金融體系發生一場相對未被注意的超級災難。不知你是否曾聽過「附賣回危機」（Repo-Krise）？

REPO

「Repo」一詞來自英文，是附賣回操作（**Rep**urchase **O**peration）的簡稱，它是一種附賣回協議。從廣義上講，附賣回協議是雙方以特定價格出售資產，並在未來某一日期買回的協議。它是一種以證券等抵押品為後盾的短期有息貸款。這通常涉及固定收益證券，主要是政府債券，但也包括擔保債券和其他債券。

「Repo」是一種真正的附賣回協議，其中賣方對資產的所有權在期限內移轉給買方。附賣回協議是一種短期融資工具，期限通常為1日（隔夜）。它通常會被一再地延展，因此它的期限總共可長達數個月，但貸款人每天都能拿回自己的錢。

附賣回計畫的優勢顯而易見：任何需要錢的人都可用抵押品迅速得到現金，之後再度贖回，而那些有錢的人除可賺得利息外，還可取得證

券及政府債券形式的擔保品。此外，貸款人能以擔保品作為進一步附賣回貸款的擔保。

下一位貸款人也可以再度使用這些證券作為附賣回交易的擔保品，因此有時會造成在同一證券上出現一連串連動的附賣回交易。這是附賣回市場的缺點與風險，因為若擔保品價格下跌，貸款人可能會要求借款人提供更多的擔保品。在這種情況下，可能發生附賣回貸款的利率急遽上升，或者這個市場陷入停滯。2008年金融危機期間就是這種情況。

2019年9月，附賣回貸款利率突然暴漲。利率上升時，表示銀行之間缺乏信任。對於貨幣市場來說，這是一級警報。因為如果貨幣市場枯竭，整個金融體系就會崩潰。這就是為什麼聯準會介入，採取流動性充斥市場，以防止美國貨幣市場崩盤。是的，你沒看錯，金融體系又差一點崩潰。附賣回利率的爆炸性成長，創下美國投資銀行雷曼兄弟倒閉以來的紀錄。聯準會被迫每晚先向金融體系注入數十億美元，後來甚至數兆美元。聯準會接受銀行的所有擔保品，就像一塊巨大的海綿吸收了所有的水。2020年3月的高峰期，聯準會提供近5兆美元的資金。然而，在2020年3月中旬就提供最高金額高達4,957億美元。[31] 直到第一次利率爆炸後的十個月，即2020年夏天，附賣回市場才再次恢復平靜。

定時炸彈

附賣回市場是一顆定時炸彈。除了監管不完善外，問題在於個別銀行的壟斷地位。舉例來說，美國四大銀行提供30%的附賣回貸款，最重要的銀行當然是摩根大通，它可以透過其行動影響整個市場的利率。

這些銀行為了自身利益操縱附賣回市場。這不是猜測。回想一下倫敦銀行同業拆借利率（LIBOR）的利率醜聞。這個騙局使之前發生的一切都黯然失色。

LIBOR

參考倫敦銀行同業拆借利率（LIBOR）是計算貸款利息的基礎，也是兆級房地產融資的決定性指導方針。LIBOR的總量約為370兆美元。2021年，LIBOR被五個新的參考利率（來自美國、日本、英國、歐盟和瑞士）所取代，以防止未來被人為操縱。

許多知名銀行〔巴克萊銀行（Barclays）、德意志銀行、美國銀行（Bank of America）、摩根大通、花旗集團、瑞銀集團（UBS）、瑞士信貸集團（Credit Suisse）、匯豐銀行（HSBC）等〕多年來明目張膽地操縱這個重要利率，損害借款人的利益高達數十億美元。但是，這些銀行至今仍屹立不搖，它們以數百萬或最多數十億的罰款僥倖脫身。一年前，倫敦一家銀行的內部人士在關於這個話題的研究採訪中告訴我：只要罰款低於這些交易帶來的巨額利潤，就沒有理由停止這些利潤豐厚的交易。

我們再回到附賣回交易：惡意八卦聲稱，附賣回危機是為了擺脫不受銀行歡迎的《巴塞爾協定三》（Basel-III-Vorschriften）規定而故意造成的。聯準會應該被迫出手干預，這樣股市才能上漲，流動性才能繼續流動。這種由銀行引發的危機，也可能迫使國家在監管方面做出讓步。這很像金融機構會做的事。

圖27勝過千言萬語。隨著附賣回危機的開始，美國的貨幣供應量M1成長近40%，並在2020年的新冠肺炎疫情危機再次加速。2020年底，體系中的貨幣比之前增加了70%以上。這在歷史上前所未見。

值得注意的是，歐洲央行在2019年11月重新啟動購買計畫，巧合的是，這距離歐洲央行宣布結束該計畫不過九個月的時間（順帶一提，這一點我已在2019年初預測到）。迄今為止，歐洲央行在這裡已經投資了2.4兆歐

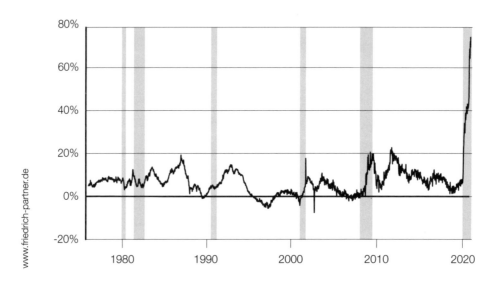

圖 27　美國：M1 貨幣供應量
　　　　與上一年相比的百分比變化

元，並透過PEPP計畫又進一步注入1.85兆歐元。至於它的結局，就讓我們
拭目以待。

停滯性通膨即將來臨？

停滯性通膨

　　停滯性通膨是「停滯」與「通貨膨脹」兩個名詞組成的，是指當經
濟停滯不前時，物價卻在上漲。這種情況首次出現在西方世界1973年
石油危機期間。它是由供應衝擊所引發，石油價格上漲導致減產，失業
人數同時上升，持續的需求推動價格上漲。

2008年我們只有中央銀行的貨幣干預，但現在各國的財政干預也一同加入。有些人擔心我們可能會再次經歷1970年代的停滯性通膨。股市下跌，通膨上升，結果將是通貨緊縮的崩盤。但相較於當時，目前不會再重演「保羅・沃克時刻」（Paul Volcker Moment）。當時的聯準會主席擁有相當大的迴旋餘地，能夠透過大幅提高利率來對抗美國的停滯性通膨。此舉之所以能收到成效，是因為當時的債務不是國內生產毛額的130%，而是只有30%，而且人口結構也優於今日。現在，各個方面都處於不利的情勢，深陷泥淖之中。這即是為什麼我認為如果停滯性通膨來臨時，會出現以下情況：所有人都會呼籲各方投入更多資金。中央銀行與政界人士會非常樂意讓步，因為這是一個簡單的解決方案。但首先這將導致通貨膨脹／再膨脹（Reflation），股票、實物資產等進一步「融漲」，接著停滯性通膨接踵而至，最後導致通貨緊縮的崩潰，金融體系最終從而崩潰。遊戲結束，一切重新開始。

惡性通貨膨脹即將來臨？

德國上一次惡性通貨膨脹幾乎發生在一百年前，也就是1923年的威瑪共和國時期。事實上，今日的社會幾乎重演威瑪當時的條件，因為所有相關的中央銀行都在玩相同的遊戲。印鈔從來沒有解決過任何危機，而是導致通貨膨脹。

如果無法控制通貨膨脹（這是我的假設），惡性通貨膨脹將隨之而來。這是我所期待的嗎？是的！事實上，它已經開始了。因為除了比特幣和黃金外，世界上所有貨幣都處在惡性通貨膨脹之中。特別是自從引入無擔保法定貨幣（Fiatgeld）以來，世界各地接二連三地爆發惡性通貨膨脹。其實在古代也存在這種情形。真實的情況是：國家、專業的政治家及官僚不但無力處理貨幣問題，反而不斷破壞良好與健康的貨幣制度。為此，我們需要一個以區塊鏈為基礎的新貨幣制度和新政治體系。

第一次惡性通貨膨脹

　　人類史上第一次有紀錄的惡性通貨膨脹發生在西元三世紀，導致了羅馬帝國的崩潰。在戴克里先皇帝（Diokletian）的領導下，物價上漲百分之180萬。如同今天，該國嘗試各種絕望的措施來遏制惡性通貨膨脹，當然不可能成功。它的觸發因素，再一次又是從有擔保貨幣制度過渡到無擔保貨幣制度。不過，當時採取的方法是硬幣貶值（另見「笨蛋，這就是週期！」一章）。政府針對商品與服務實施價格控制（最高價格規定），違反者甚至可能面臨死刑。結果，許多商店倒閉，黑市崛起。儘管該法令從未被廢除，但很快就失去意義。這個事實再一次證明，由官僚計畫的經濟注定要失敗。

惡性通貨膨脹與國家破產

> 「當國家破產時，破產當然不是國家，而是其公民。」
>
> 德國銀行家卡爾·福斯坦伯格（Carl Fürstenberg）

　　當你看到這兩個名詞時，首先會想到的是威瑪共和國、辛巴威（Simbabwe），或者非洲或南美洲的任何其他社會主義國家。但是，如果這種命運現在也威脅到我們，或者甚至擴及美國呢？這聽起來像烏托邦嗎？事實並非如此。自從引入無擔保（法定）貨幣以來，惡性通貨膨脹發生的頻率變得更加頻繁。惡性通貨膨脹沒有固定的定義，但當每月通貨膨脹率超過50%時，人們通常會稱之為惡性通貨膨脹。這種發展通常以國家破產告終。

　　避險基金豪斯曼全球基金（Horseman Global）的一項研究中指出，國債超過國內生產毛額130%的國家中有98%都走向衰敗。他們若不是以國家破產告終，就是不得不減債，或者面臨惡性通貨膨脹。或者一起發生！

　　在過去的二百年中，共有五十三個國家達到130%這個神奇門檻，其中五十二個國家已經破產。日本是唯一的例外！日本人全然不顧一切地印鈔，

表4　國家破產

國家	超過130%閾值的年份	破產年份	破產類型	破產原因
阿根廷	1827	1827	國家破產	獨立
西班牙	1869	1877	重組	革命
土耳其	1872	1876	國家破產	乾旱與洪水
英國	1919	1931	國家破產	第一次世界大戰
法國	1920	1929	貶值	第一次世界大戰
德國	1918	1922	惡性通貨膨脹	第一次世界大戰
日本	1943	1943	各種原因	第二次世界大戰
澳洲	1945	1946	高通膨	第二次世界大戰
加拿大	1946	1946	高通膨	第二次世界大戰
加納	1960	1966	重組	低出口
哥斯大黎加	1981	1981	國家破產	低出口
希臘	2010	2010	紓困方案	2008年金融危機

www.friedrich-partner.de

而且已經行之有年。

　　事實是：世界上的人都靠著信貸生活；債務彷彿沒有界限，不斷被推向新的天文高度。當有人批評這個發展時，日本經常被拿來作為反面例證。「它在那裡是有效的。」自從1989年股票和房地產泡沫破滅以來，日本一直在通貨緊縮中徘徊，事實上，它的債務卻屢創新高。目前它的債務占國內生產毛額比例已經高達252%。

通貨緊縮是什麼？

　　當供給高於需求時，價格就會下跌。價格水準下跌是因為流通中的貨幣越來越少；但是通貨緊縮提高了貨幣的價值。「現金為王」適用於

通貨緊縮，國民可以用他們的錢購買更多的商品。對他們來說，推遲消費是值得的，但這可能導致危險的通貨緊縮螺旋：價格下跌，消費越來越少，價格進一步下跌，購買意願更低，如此循環。

　　然而，用日本的例子作為印鈔無害性的論證並不恰當，因為這有如將蘋果與梨子進行比較。日本是一個特殊情況。泡沫破裂的時機，如果可以這麼說的話，是不幸的完美。因為不僅日本的投機泡沫破滅，同時社會主義和共產主義的堡壘（鐵幕）也被推倒。這些發展為世界帶來十五億個新消費者的新興銷售市場。與此同時，電腦技術和網際網路時代也宣告開始。世界經濟蓬勃發展，全球化顯著緩解日本金融泡沫破滅的負面影響，因為需求回升，日本為世界生產CD播放器、照相機及錄影帶。此外，與目前的情況相比，當時日本的人口結構仍屬健全。然而，日本未來仍無法逃脫這種延遲破產的後果；日本這盞燈將會熄滅。**它的問題不在於是否會發生，而只是何時發生。**

　　除了擴大的貨幣供應外，債務負擔是進一步危機的主要驅動力。

　　讓我們回到世界上最重要的經濟強國：**美國。2021年，美國長期處於債務占國內生產毛額超過130%的死亡地帶。美國負債28兆美元，目前處於130.94%的歷史新高**（參見第26頁的圖1）。

　　美國現在會破產嗎？暫時不會，因為它仍享有作為世界儲備貨幣的強大特權。美國可以隨意印製鈔票，大家都樂於接受，全世界負債都以美元為單位。但是，一旦這種特權下降，而且它一定會到來，美國將發現自己陷入困境。如果過去是未來發展的完美指標，那麼就像之前其他五十二個國家一樣，美國與日本終將走向失敗之路。

　　切勿忘記：破產的不是國家，而是它的公民，也就是我們！

圖28　政府債務與美國國內生產毛額

我們的情境

　　我們正處於漫長的信貸和債務週期的尾聲，疫情進一步加速並加劇此一週期（另請閱讀「笨蛋，這就是週期！」一章）。誠如本書中一再重申，封鎖政策迫使各國和中央銀行啟動史上前所未有的經濟振興計畫與購買計畫，以穩定崩潰的經濟。儘管如此，嚴重的經濟衰退還是無可避免，因為我們已經看到更加嚴厲的第二波與第三波重新封鎖措施，最重要的是，持續時間將會更長。我們無法想像如果有第四波封鎖會發生什麼事。所有這些發展，再加上專業政策的無能，不可避免地將各項損害推向最高。我們現在已經很清楚：**新冠病毒以及這種病毒和政治造成的附帶損害，將繼續伴隨我們很長一段時間，形成我們的負擔，並讓我們疲於奔命。**

　　「瘋狂就是一直重複做相同的事，卻期待產生不同的結果。」

　　　　　　　　　　　　　美國作家麗塔・梅・布朗（Rita Mae Brown）

　　國家與中央銀行正面臨一個無法解決的問題：由於自己的過錯，它們把自己逼入一條無法擺脫的死胡同。幾十年來，它們不斷採取相同的、明顯低效的措施來解決經濟衰退和金融危機。它們給病人服用無效的藥物，即使該藥物根本無法有效根除病因，但卻隨著每次的危機而加重劑量。這表示越來越多的資金被投入市場，利率也越來越低，直到致命的過量。不幸的是，政府振興方案與央行購買計畫的火力和效率，隨著每次危機持續下降。2020年，全球經濟歷史性地下滑3.5%。諷刺的是，2020年全球只有一個國家經濟呈現正成長，即新冠肺炎疫情開始的國家：中國。

　　另一場難以遏制的經濟衰退即將成形。根據以往的經驗，利率必須降低5%左右才能緩解經濟衰退。我預測會出現通貨緊縮的衝擊，對此央行將做出恐慌性反應。因此，預計會出現更嚴重的貨幣過剩和進一步降息，因而加速銀行與保險公司搖搖欲墜，急須紓困，貸款將減少，進而阻礙經濟及其成長。通貨緊縮將持續相對較短的時間，然後轉變為顯著的通貨膨脹。我不再是唯一持有這種觀點的人。多位著名經濟專家，還有金融業的傳奇人物，預計通貨膨脹將大幅回升，部分更會衝上兩位數的百分比。

　　由於完美地利用通貨緊縮讓價格下跌的短暫時間窗口已經無望，投資者現在應該押注正確的資產類別，以便及早未雨綢繆。誰知道在通貨緊縮的衝擊下，是否還會有任何供給，或者還會有人願意接受紙幣來換購黃金、白銀或其他資產。基於這個原因，我們現在必須相應地找出定位，即使這會帶來資產在通貨緊縮初期階段急遽貶值的風險。然而，從長遠來看，它們是寶貴且不可或缺的價值儲存手段，可以保護購買力和資產，不會受到預期通貨膨脹將導致的貶值與損失。經過四十年的通貨緊縮發展，被膨脹到數兆美元的貨幣制度現在終於使通貨膨脹進入現實生活中，並將影響到日常用品。由於迄今為止貨幣供應量增加，但貨幣流通速度下降，除了股票與房地產等某些資產的價格外，我們並未出現通貨膨脹（參見第109頁的圖26）。

　　鎖國措施對生產和供應鏈產生巨大影響，供應下降；再加上經濟衰退襲來，幾個爆炸性的成分發生碰撞。一旦經濟衰退蔓延，各國和中央銀行採取極端的措施（暴漲的國債、直升機撒錢、透過購買債券直接為各國融資、負利率），即會釋放大量資金，它們躲在安全有形資產中尋求安全和保護。長期停滯不動的資金也從政府債券和銀行帳戶中提領出來，開始流動。僅僅是德國私人家庭的銀行帳戶就擁有2.73兆歐元的創紀錄金額！這個發展將導致通膨上升。

圖29　德國帳戶的儲蓄

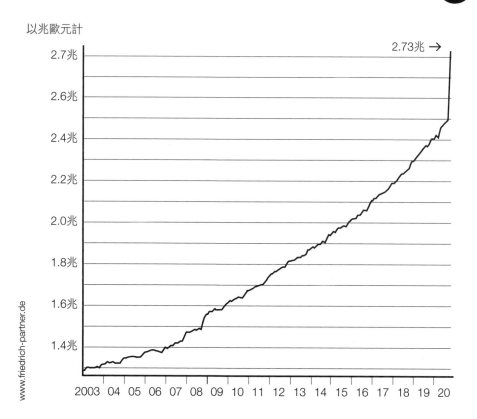

以兆歐元計

2.73兆 →

2.7兆
2.6兆
2.4兆
2.2兆
2.0兆
1.8兆
1.6兆
1.4兆

2003　04　05　06　07　08　09　10　11　12　13　14　15　16　17　18　19　20

www.friedrich-partner.de

　　然而，正如本書一再重申，我們當前以成長為導向的經濟和貨幣制度是主要問題。它高度依賴經濟成長，因此需要穩定的經濟成長，否則國家就會崩潰。在我們目前的債務貨幣制度中，貨幣是透過借貸（債務）創造出來的，這表示只有透過越來越多的新債務才能產生新的貨幣與實現經濟成長。如果經濟不成長，貨幣供應量減少，體系即會陷入困境。

　　然而多年來，我們有越來越多、越來越深的煞車機制，這為整個結構帶來巨大的問題，並導致它搖搖欲墜。我們面臨反覆出現的危機、不斷惡化的人口結構和全球勞工數量的下降。但既然經濟成長與人口成長相輔相成，我們即遭遇到一個問題：**沒有人口成長，就沒有經濟成長**。與此同時，殭屍企業與日俱增，導致了生產力減弱。

　　各國增強其介入力道，希望彌補這個缺陷。正因為如此，政府支出比率出現不健康的攀升。在德國達到54%，在法國甚至高達64%。我們發現國家干預和計畫經濟呈現上升的趨勢。

新冠肺炎展望

- **場景一：一個封鎖的結束是另一個封鎖的開始**

  世界受到日益變異的新病毒所控制，政客們除了實施永久封鎖措施之外，別無他法，這表示我們從一個封鎖到另一個封鎖，中間穿插著放鬆時刻。經濟停滯不前，即便推出一次次的振興方案，仍有許多公司破產。各國不斷採取新的刺激方案，中央銀行也持續處於維持經濟發展的壓力模式。

  在這種情景中，股市將繼續上漲，原物料發展亦呈現樂觀態勢。

  機率：25%

- **場景二：世界末日**

  一種特別具攻擊性的病毒襲擊全世界，沒有對抗的疫苗，開發一種新的疫苗需要數個月時間。基於安全考量，我們採取嚴格的鎖國措施，一切處於停頓狀態，僅允許最低限度的活動。

  通貨緊縮衝擊、經濟衰退、經濟蕭條、數以兆計的紓困計畫、中央印鈔機二十四小時運行。所有資產類別崩潰。

  機率：15%

- **場景三：盡情消費**

  疫苗發揮作用，疫情日益受到控制，危機宣告結束。商店、餐館及國家再度開門營業。人們蜂擁而出，補償長達數月的封鎖。大量資金花在零售、旅遊、文化和美食。

  融漲、再通膨。一切都爆炸了。最終崩盤。

  機率：60%

危機進程

　　在圖30中可以看到我預期的危機進程，並按時間順序進行大致分類。在某些方面我的預估可能太早，有些方面可能太晚。但儘管如此，有些事情已經發生，而且正如火如荼地進行，例如經濟衰退、銀行及公司破產、國家及中央銀行的干預等。其他事情則尚未到來。這些預測並非100%正確，而是大致正確。請記住：如果為這個史無前例的事件做好心理和經濟上的準備，將擁有巨大的領先優勢，並在新系統中占據更好的起步機會。

圖30　危機進程

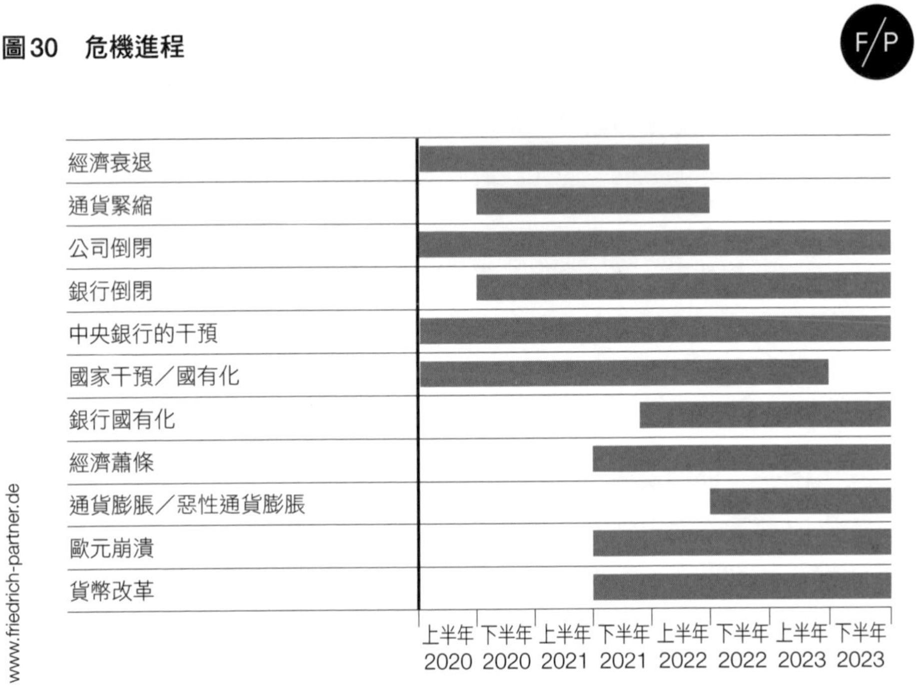

F/P

經濟衰退	
通貨緊縮	
公司倒閉	
銀行倒閉	
中央銀行的干預	
國家干預／國有化	
銀行國有化	
經濟蕭條	
通貨膨脹／惡性通貨膨脹	
歐元崩潰	
貨幣改革	

上半年 下半年 上半年 下半年 上半年 下半年 上半年 下半年
2020　2020　2021　2021　2022　2022　2023　2023

www.friedrich-partner.de

4.

世界將全然改變！

「生命屬於活著的人，活著的人必須為改變做好準備。」

約翰‧沃夫岡‧馮‧歌德

危機後的未來

我堅信，這場危機正位於一個轉折點，使我們能夠啟動一個重大的積極變革。**事實是**：我們需要一個新的、更平等的貨幣制度，一個更好、更公平，最重要的是更民主的經濟體系和一個新的政治體系。目前的這個體制已經老舊，不合時宜。時間帶來了變化，但制度仍然僵化，僅在有限的範圍內與時俱進，停滯不前就會死亡。多年來，我們看到所有可能的領域都處於停滯狀態，期望從現有系統中得到解決方案是天真的，況且舊系統要對大部分問題負責。我們以比喻的方式來說明：沒有人會在破舊（甚至可能位於地震帶）的地基上拆除房屋，然後在這個舊的、不穩定的地基上蓋新建物。崩潰將是不可避免的，現在的情況即是如此。我們需要徹底的改變，必須開闢全新的領域。我知道，人們通常都害怕改變，我們不喜歡離開信任的、熟悉的和舒適的環境。我和其他人一樣，但我們別無選擇。徹底的改變很少是自願的，大多時候，它是由外部環境引發，這就是危機出現的原因。危機往往是

導火線。

危機一直是變革的動力。無論是政黨制度、中央銀行、紙幣制度還是銀行，都注定要滅亡，不會再重生。這些都是很激烈的字眼，但在變革時期就是這樣，片瓦無存。即使盡一切努力想保留「舊」制度，都只是徒勞無功。這就是為什麼我們看到越來越多的絕望行動，從數位歐元到負利率、更高的稅收、對基本權利的限制、租金上限和其他措施。但從它們的崩潰中，會產生新的且更好的東西，未來肯定會更好。因為很多人早就直覺地意識到，這個舊系統不會活得太久，必然被新的體系所取代。基於這個原因，我們看到對新事物的渴望，我們看到對貴金屬、比特幣及實物資產的追逐。英國脫歐、許多國家的獨立努力，以及全球對「舊制度」的反抗，都是這種典範式轉變的體現。**多年來，對現有體系和當前世界秩序的信念，在全世界不斷地崩潰**。在新冠肺炎疫情危機之前，從法國到智利，從黎巴嫩到香港，全球發生的動亂和反貧困、反腐敗、反不公正的示威活動數量，前所未見。

談到信仰：從教會出走是失去信任的另一個跡象。成群結隊的人紛紛離開宗教聖地。這個世界上最卓越的商業計畫逐漸過時。我對教會，而且是所有教會也提出一個建議：**若不趁現在，即這場二戰以來最大的全球危機，教會何時才能證明它的慈善？**讓你們華麗而道貌岸然的週日演講作為行動的後盾，打開豐富充實的金庫。德國福音派教會理事會主席和地區主教海因里希·貝德福德—斯特羅姆（Heinrich Bedford-Strohm）最近表示，在新冠肺炎疫情危機後，富人應該捐款。但我的建議是：在我看來，如果教會先從自己身上開始將這個想法付諸行動，那就更好了。畢竟，眾所周知，教會不僅在這個國家，而且在全世界都是最富有的。教堂，包括天主教和新教，是德國乃至全世界最大的房地產所有者。這個危機時刻最終將是一個機會，打開教會的所有金庫，以博愛和入世的慈善方式分享數十億資金。這將是一個訊號，可以再次強大教會的信譽，並終止人們離開教會的腳步。因為我們都知道，教會本身總是喜歡被施捨，而不是給予。早在歌德的《浮士德》

（*Faust*）中梅菲斯特（Mephisto）就說過：「教會胃口很好，吞噬了整個國家，但從不暴飲暴食；親愛的女士們，只有教會才能消化不義之財。」

　　但也許現在事情正朝著相反的方向發展？二十一世紀，繼新冠肺炎疫情之後，教會終於可以證明它對慈善事業的認真程度。這當然是非常樂觀的說法，但誰知道這場危機會帶來什麼？如果教會不採取任何行動，它遲早會消亡。我離題了，讓我們再回到正題。

　　我們正在經歷歷史。在這個高度複雜和全球化的世界中，我們比以往任何時候都更需要整體思考商業、政治和社會面向，共同考量所有事情，因為這所有一切都是相互影響。我們不能只看經濟，也不能忘記人文、社會、政治，畢竟，各個領域都是這場危機的始作俑者；而另一方面，危機對各方面也產生了嚴重的衝擊，每個領域又互相牽動。因此，僅看一個利基市場是無濟於事的。**整體性的方法至關重要。**整體思維不再被認為是一種深奧的方法，而是有很多擁護者，其中一個是目前所謂整合理論的最著名代表肯恩·威爾伯（Ken Wilber）。整合理論是一種從全面性（學術界偏好「整體性」這個詞語）觀點來解釋世界的模型，它假設在現代社會中被嚴格劃分的經濟、自然、人類、社會和文化領域，實際上是以多樣化方式交織一起。因此，為了實現具未來性和永續性的發展，除了考量科學面向之外，還迫切需要將世界視為一個整體來看待。當我在收費諮詢中為客戶量身打造資產保護策略時，都是遵循這個原則。因為要獲得全貌，不僅必須跳出框架思考，開闊視野，而且還需要擁有全部的拼圖塊，才能看到大局，掌握全貌。

　　整合理論主張新的綜合方法和理論，以及超越舊學科界限和活動領域劃分的研究。根據威爾伯的說法，其中還包括神祕與精神體驗，它們可以傳達比老派自然科學更深入的自然知識。在我們這個快節奏、物質主義和膚淺的時代，一切同理心、敏感和精神的層面消失殆盡，有時甚至會被嘲笑或鄙視。但在現實中，我們多數人都渴望探索內心深層、魔法及真誠，因為這些深植於每個人的靈魂之中。**我們所有人都缺少「人性」、靈魂深處的東西，**

而這正是我們社會的問題所在，也是我們的消費幻覺失敗的原因。據此，我們應該再次反思人性：齊心協力，共同生活，而不只是並存，或者更糟糕的是，甚至互相對立。當我們最終意識到我們是一個物種，只能共同生存，攜手共創輝煌時，即將到來的時代不僅可能是全人類的黃金時代，也可能成為一個和平的時代。

必要性毀滅

新冠肺炎疫情只是觸發裝置，讓人們進行一個早該啟動的變革。在所有負面和消極的事情中，也有一些正面和積極之處，我們可以從這場危機中有所獲得。這是一個巨大的機會，讓我們終於覺醒並意識到許多事情。這個明顯失衡的制度，終於可以從根本上予以修正，甚至完全被一個更能促進人類發展的制度所取代。

這場危機是一種催化劑。我們必須經歷一次毀滅，才能看清什麼是錯的，什麼又是對的。因為我們所處的制度是不人道的、不民主和不公平的。它強化了人與人之間的隔閡，拉大貧富之間和上下的差距。從長遠來看，這絕對是錯誤的。那些到現在還沒有意識到我們被困在永遠無法擺脫的倉鼠輪裡，而且情況只會越變越糟的人，將永遠不會明白。每個人都必須注意到，社會病了，人們身體和精神都在生病，環境和氣候遭受其苦，因為變態的金融資本主義正在剝削整個世界。

這就是為什麼仍然存在著童工，以及那些幾乎無法養活從事者，而是製造貧窮的工作。另一方面，金融資本主義與真正的資本主義不同，它使世界上極小部分的人異常富裕，而廣大民眾卻越來越窮。這個制度建立在剝削的基礎上，越來越少的人才能從中受益，這就是為什麼我們看到越來越多的示威和反抗活動。

這次崩盤是必要的，而新冠病毒只是觸發器，是戳破金融市場泡沫的

針。金融市場崩盤後的癒合將伴隨著痛苦，甚至可以想像，我們現在正面臨著有史以來最大的危機。我們將經歷一場全球大蕭條，因為沒有一個國家能倖免於這場危機。我們不能忽視這場危機，就像在邊境無法忽視病毒一樣，這就是為什麼我們都在同一條船上。歷史上第一次，我們將被迫作為一個整體共同努力，一起行動。因為人類從失敗中學習，所以他們需要危機來繼續前進。即使在過去，危機總是標誌著人類發展中的重要轉折點。

危機是必要的

第二次世界大戰在幾個方面是特別致命性的。德國90%的城市被炸毀；數以百萬計的人在炸彈下失去一切，或者不得不被迫逃離，並幸運地倖存下來；數百萬人失去生命。儘管經歷了所有的苦難和痛苦，日子還是要繼續。人們捲起袖子，災難過後，德意志聯邦共和國歷史上最大的繁榮效應開始，其他國家也是如此。法國大革命也是一場生存危機，因為它標誌著舊世界秩序的崩潰，但它也為民主、博愛和團結鋪平道路。

其中1815年英國的工業革命是個關鍵轉折點。因為它，現有的巨額財富可以更加妥善地分配給窮人，預期壽命顯著增加。因此，模式總有相似之處：即使這些危機和轉折點最初會造成痛苦的初步惡化，但隨後會出現不可逆轉的改善。如果我們有一天回顧新冠肺炎疫情及其後果，便會發現這場危機是**遲來的變革開端，引領人們邁向更美好的未來**。因為我們將在未來幾年邁入一個黃金時代，不僅在財富和社會方面，而且在人類和精神方面。長期以來，我們就像機器一樣運作，我們只不過是奴隸，其中有些人吃得很豐盛，但終究還是奴隸。

看看你的周圍，無論是在蘇黎世（Zürich）還是斯圖加特，就會很清楚地發現：人們不再一起生活，而是並肩生活。他們死於文明病或壓力性疾病，如糖尿病、心臟病、癌症、憂鬱症及倦怠，都是因為根本錯誤的生活方式而經常發生的疾病。這些疾病多是從飲食開始，我們大多數人吃了太多高

度加工食物，或者太多廉價生產的肉類。新冠病毒已經引起人們對肉類問題的關注，這使得像炸豬排銷售皇帝通內斯（Tönnies）爆發的大規模新冠病毒等醜聞，導致該行業發生極大的變化。這個案例絕佳地證明了只有危機才能帶來進步的論點。肉類行業為人垢病的工作條件早在新冠肺炎疫情之前就已為人所知，人們也知道東歐工人被分包商奴役的痛苦，但是沒有人採取任何行動，直到新冠肺炎疫情爆發，該地區面臨再一次封鎖後，局勢才得以改觀。

　　我們不僅吃太多劣質肉品，而且還坐得太久，身體幾乎不動；惰性也使我們在智力上變得遲鈍。健康的心靈只能存在於健康的身體中，我們不應該搭電梯，應該爬樓梯，在智力上也是如此。

　　當然，人們可能想知道在一本金融書籍中提出這些思考的目的是什麼。但我認為這也是其中一環，因為我採取整合性思考。所有面向都與金融產業環環相扣。**我們擁有的最重要資產便是健康**，包括心理上和身體上！這場危機清楚地顯示，我們已經在快車道上生活太久。我們剝削世界，我們破壞環境，只為了讓少數人，即那些著名1%的人，能夠越來越富有。讓某些人可以繼續賺取越來越多的錢，讓他們可以犧牲大眾的利益好讓自己盡情地享受。這種不公平現象現在比以前更加明顯。

　　然而，根本的邪惡是貨幣制度。我們的錢是無中生有的。每家銀行、每家中央銀行，以及每家私人銀行、合作銀行或儲蓄銀行，都可以無中生有地創造貨幣，而且是所謂的法定貨幣。根本問題是：一個人可以永遠用新債務來償還債務嗎？我舉個例子：有個人因為想在慕尼黑購置一個「車庫」，因此背負約20萬歐元的債務。然後，情勢卻突然直轉急下，房子沒了，所有的證券都沒了，由於封鎖與隔離，這個人失去收入。如果他去銀行說：「我要再借20萬歐元。」銀行當然會說：「不行！」但在金融政策上，我們會同意，而且是世界各處如出一轍。我們都知道義大利破產了，但義大利人卻不斷從債權人那裡獲得資金，其中也包括歐盟。

目前，我們正用新債務償還債務。我們的債務創下全世界的新高點，即占國內生產總值的360%。累積的金額令人難以置信：288兆美元。現在全世界每年生產價值約90兆美元的商品和服務，也就是說，債務是經濟產出的三倍以上，而這場債務狂歡仍在繼續。此外，在過去的三十年中，無論是瑞士央行、聯準會還是歐洲央行，在遇到危機時只有一個解決方案，**即打開貨幣閘門，將資金注入過熱的系統並降低利率。**

瑞士多年來一直實行負利率，即負0.75%。但自2016年以來，歐洲央行的利率也一直處於0%。這是一個史無前例的央行實驗。低利率從未持續如此長的時間，也從未有如此多的資金注入系統。聯準會已經表示：「『不惜一切代價2.0版』（Whatever it takes 2.0），我們現在正無限地購買債券。」儘管我們在2008年經歷金融危機，但資產負債表的擴張程度比以往任何時候都來得龐大。貨幣和財政制定者正絕望地試圖施用同一種藥物來治療這些問題，儘管這種藥物已經不再有效；它不再有幫助了。在自由市場上，這種藥物會被撤出市場，甚至禁止使用，因為這種藥物的副作用非常嚴重，並會造成巨大的附加損害。

世界各地有越來越多人落入貧窮，有些國家再也無力償還債務。我們看到金融泡沫、房地產泡沫、股市泡沫、政府債券泡沫，而所有這些泡沫都在不斷膨脹。氣球越來越大，越來越大，中央銀行近年來做的唯一一件事，就是用更大的金融市場危機取代金融市場危機；中央銀行在2008年拯救了銀行。現在的問題是：誰來拯救負債累累的中央銀行和國家？答案永遠如出一轍：公民必須介入。如果國家破產，破產的總是公民，最終還是我們要買單。長期以來，我們一直在買單，因為我們要支付越來越高的關稅和稅金。

2008年，沒有人有勇氣拔掉插頭，甚至現在仍然有人試圖透過人工方式讓病人活著。即使在今天，也沒有一個負責任的人有勇氣最終開闢新天地。基於這個原因，即將到來的崩盤必然成為有史以來最大的崩盤，即使這個系統以無限的流動性為自己爭取時間，並再次操縱股市上漲。

　　即便德國股市能站上二萬到三萬點，也不代表這場危機宣告結束，或者基本問題已獲得解決。**情況正好相反**。在一兩年內，崩潰將更加劇烈，造成的附帶損害也會更大。我預測，一場能夠洗滌這些問題的雷雨最遲將在2023年到來。屆時崩潰將會到來，然後我們將要面臨更重大的問題，因為從那時起，我們只做了經濟損害限制。我們只是把標準越設越高，這就是為什麼崩盤越來越嚴重的原因。如果與我的假設相反，各國央行設法將遊戲推向第三次延期，那麼末日仍將在這十年內到來。

　　我們制定了直升機撒錢政策，但美國的情況甚至更為嚴重。在那裡，每個納稅人確實可獲得1,400美元。如果幸運的話，甚至可能獲得高達3,000美元。這種情形在歐盟也即將出現。

　　首先到來的是崩盤，然後是衰退，無論如何這都是無法避免的，因為經濟已經成長十一年，是西方世界最長的成長時期。通常經濟經過六、七年的成長後，總會出現衰退，好讓經濟有喘息的機會，實際上這可以被理解為一個整頓階段。但各國央行一再將這種健康的衰退擱置一旁。為什麼？因為他們恐懼，他們知道這個系統無法再承受與2008年衝擊相當的第二次嚴重衰退。屆時一切都會崩潰，殭屍公司會破產，銀行會解體，歐元也會隨之崩潰。或者反過來說，銀行和歐元是相互關聯的。出於這種恐懼，貨幣政策制定者一再印製新鈔並降低利率，以便將這個過程像舊的口香糖一樣延長下去。

　　但在2019年第四季，我們看到整個歐洲經濟疲弱，經濟明顯停滯。經濟衰退指日可待。在這種情況下，新冠病毒來得正是時候。因為如此一來，病態的經濟和貨幣制度不再需要負責，因此根據官方的解釋，這場危機的罪魁禍首是新冠病毒。該病毒具有不可預測性，提供了一個可喜的機會，可以大規模限制私人權利，開始限制旅行，廢除現金，甚至可能進一步降低利率，並向系統注入更多資金。新冠病毒在政治上受到歡迎，因為它可以採取大量多餘的行動主義來證明其危機管理。透過這種方式，掌權者認為他們可

以證明自己的能力，並期望公民服從指示，因為他們認為這項政策是適當的。

但所有這一切都朝向恐怖的終點前進，我對此表示歡迎，因為無休止的恐怖會讓我們所有人付出更多代價。我們最終希望病人得以解脫而安然長眠，這是我在接受《明鏡》採訪時所選擇用來解釋目前金融系統的比喻，然而此舉卻引起極大的反彈，無數的評論直指我怎麼敢從根本上質疑這個系統。然而，許多人也直覺地感覺到，我們正朝著當前系統的終點疾馳而去。畢竟，它絕不是一個我們可以居住的宜居系統。但當然，任何有勇氣說出如此不受歡迎內容的人，都會遭受嚴厲批評。

大眾媒體幾乎不允許這種不受歡迎的觀點。因此，許多沒有安全感的人以及那些同樣感到這種沉悶不安的人，都轉向另類媒體。在那裡，遠離主流，他們遇到了不受歡迎的、有時很有趣的、但深奧的理論。從數個面向來看，我認為這種發展是非常危險的，因為一旦有人發表違背主流的不受歡迎意見，這個人很快就會被污名化、被誹謗，甚或名譽掃地。他們被貼標籤，被稱為瘋子，或者是位陰謀論者，或者民粹主義者。若不加以反駁，他們就會遭受人身攻擊，或者至少遭到污名化，就像前東德史塔西採取的有效瓦解策略。它們向人們暗示，這個人搞不清楚狀況，不認真。而且，這往往不需要理由。正如上文提到的《明鏡》採訪的情況。任何讀過這些評論的人，都會對其中令人心動的內容感到驚訝。當然這些評論也引起很多仇恨，因為我竟膽敢動搖這個多數人似乎賴以安身立命的系統基礎。

但生活就是變化。那些沒有意識到這個現實的人，沒有意識到我們正面臨著崩潰與制度改變的人，他們會發現自己的安逸感將是個大問題。因為當變化來臨時，這對那些安逸者來說會特別難以接受。而這種變化的到來，就像在教堂中聽到阿門祈禱聲一樣自然。這將是一場海嘯，我們若不是在變革的浪潮中衝浪，就是被它所淹沒。雖然很累，但這就是生活，沒有什麼會永恆不變。

　　人類已經克服並最終戰勝如此多的危機，如同每個人已經克服生活中的一些危機般。我們都在危機中獲得最大的學習效果。回首過去，我們什麼時候學到的東西最多？在危機中。如果你被女友或商業夥伴背叛即會意識到：現在我處於極限，處於危機之中。但是這樣的經歷會產生絕佳的學習效果，只有這樣的事情才能使我們真正前進，這就是為什麼我們應該感激地接受每一次危機。即便情勢一開始看起來很暗淡，你會覺得一切都在崩潰，生活還是會繼續前進。

　　在我們每個人的生活中，都有過這樣的日子：感覺自己頓時孤立無援；看不到前景，有跳下橋的衝動。但在徹夜熟慮後，第二天起來又是一個全新的世界。相信我，我也有過幾次這樣令人厭煩的日子和糟糕的經歷。我被親密的朋友傷害、欺騙及背叛，被女性伴侶背叛和騙走錢財，被商業夥伴和我自認為了解並可信任的人以最卑鄙的方式背叛、欺騙和撒謊。我看到了深淵，看到人類可以多麼虛偽、卑鄙和邪惡。但你知道嗎？它讓我變得堅強，讓我成長。我仍然不想讓它奪走對人類同胞的信心與愛，我想保持開放的心。事後看來，所有這些經歷，儘管可怕，但都是不可或缺的。沒有它們，我就不會成為現在的我，也不會有現在的我。我就不知道什麼是錯的，什麼是對的，以及我想以何種方式出現在這個世界上。因果報應！這一切都回來了。**做好事，好事就會發生在你身上！**

　　或許我們也應該把這場危機理解為一個警告，一個來自世界對人類的警告。還是有一個更高的力量出現，你可以稱之為上帝？無論如何，新冠病毒及其引發的危機迫切要求我們所有人進行反思。我們最終不得不問自己存在的問題：我們是誰？我們想要什麼？這要從非常私人的問題開始：我是否真的想要現在正在做的工作？它是否能滿足我，是否是我的天職？坐在我客廳裡的這個伴侶是正確的那個人嗎？

　　聽說在嚴格的封鎖之後，中國的離婚申請數量爆增。顯然，許多夫妻終於被迫面對痛苦的事實。然而，這些衝突肯定已經醞釀許久；現在由於危機

的發生，終於公開爆發。無論是過去和現在，大流行病危機都是私人危機的催化劑，可使真相大白。最後是治癒性的毀滅：離婚。恐怖的結局總比看不到盡頭的恐怖更好，也就是一個永無止境的不幸福婚姻。

為了獲得更深層次的洞察力和真理，需要一定的閒情逸致。在古希臘，閒暇的藝術被認為是人生中值得追求的目標。沒有閒暇，就沒有藝術，就沒有偉大的文學。弗里德里希・席勒（Friedrich Schiller）當然不會在午餐和咖啡之間的兩個小時內寫出《鐘之歌》（*Das Lied von der Glocke*）。只有在有充裕時間與閒暇時，才能產生這種偉大的事情。如同現今所謂的流量指的也並非是隨意地按下按鈕。

然而，真正的閒暇卻讓二十一世紀的大多數人感到恐懼。他們已經習慣自己過度活躍，並認為這是可取的。這就是為什麼許多人對新冠病毒封鎖期間發生的事，以及在大崩潰中自己會發生什麼事感到恐慌：害怕巨大的空虛，不僅僅是在家庭辦公室。

當然，他們之中的大多數人在疫情封鎖期間，從Netflix劇集中獲得快感，並透過線上購物來分散注意力。這些分散注意力的反應也會被用於即將到來的崩盤。相反地，我們應該利用這段時間認真思考，問問自己：我們真正想要什麼，我們生活的目標，人類的根本方向為何？也許，如果即將到來的危機導致停電幾天，搞不好這甚至是好事？屆時我們的注意都會被無情地扔回自己身上。沒有Netflix，沒有eBay購物，只有修道院般的寂靜。

這將提醒我們，長期以來，人們對意義和精神有著一種新的、巨大的渴望。即使是科學，現在也正在打破純粹的唯物論機械世界觀。甚至量子物理學也在穿透意識領域，開始發現精神是所有形式與物質的原因。

社會渴望靈性。多年來，各種靈性學派蓬勃發展；當然，也有值得懷疑的神祕主義。但無庸置疑的是，社會存在著想更佳地了解自己並體驗靈性的集體需求。它從個性訓練開始，然後是瑜伽和冥想、合法的療法與在寺院中進行數週的禁言避靜課程，一直到叢林中的薩滿儀式及藥物實驗。當然，這

裡面的內容有諸多可疑之處，但這不是重點。這是關於二十一世紀的人們顯然缺少一些東西的事實，缺少一些真正讓人們感到滿足的東西。人們正在尋找一種平衡，一個答案，以解釋存在的意義。在渦輪資本主義倉鼠輪上的生活，伴隨著消費與體驗的壓力，對人們來說已經不夠了。他們覺得自己需要一些本質上不同的東西。這就是精神自我意識蓬勃發展的原因。

同樣地，大自然長期以來一直清晰地釋放回歸自然的語言，這不是在格蕾塔・童貝里（Greta Thunberg）呼籲年輕世代抗議氣候變遷之後才出現的。由於新冠肺炎疫情的封鎖措施，我們看到廢氣排放量是如何迅速地減少，威尼斯運河裡的水開始變清澈，海豚是如何勇敢地回到海岸，印度新德里的空氣開始變得乾淨，以至於首都的居民第一次可以看到喜馬拉雅山白雪皚皚的山峰。也許我們真的只有在面臨像新冠疫情與即將到來的崩潰這樣的危機時，才會如氣候政策中早該進行的修正般開始著手行動？！

當然，談論危機一方面似乎是憤世嫉俗的，因為即將展開的人類戲劇性事件將是毀滅性的，這點毫無疑問。另一方面，我們在最近幾十年觀察到，人類確實對這個問題有廣泛的認識。最遲自綠黨崛起以來，環境問題和生態問題已經進入公眾的意識，但到目前為止，卻幾乎沒有任何具體進展。

危機究竟是什麼？

如果現在出現經濟蕭條，當然代表失業數字會急遽上升，證券交易所會暴跌，國家會持續推出令人難以置信的經濟刺激方案，中央銀行會印製比以往更多的貨幣，然後整個事件將以通貨膨脹或惡性通貨膨脹結束，這代表我們貨幣的購買力將變得越來越小。價格會上漲，然後在某個時候我們會看到歐元的崩潰和貨幣改革；無擔保的法定貨幣系統將崩潰。可以想像的最大動盪正一步步逼近。一場人類從所未見的破產潮正在逼近，而失業數字也將達到我們無法想像的高度。即將到來的危機將比2008年的銀行危機更糟糕，也比1929年的大崩盤嚴重。

大蕭條會發生嗎？

在商業週期中，蕭條是經濟衰退的低點（谷底）。經濟蕭條通常是長期衰退的結果。在克服蕭條後，會出現一個後續的上升階段。在經濟方面，危機也是新起點的基礎。大家都知道1929年的大蕭條，但其實在1920/1921年發生了一個更大但相對不為人知的經濟蕭條。這場危機的第一年是美國有紀錄以來最大的通貨緊縮，然而，當時中央銀行和國家並未出手干預，而是任市場自行痊癒。因此，它既未推出振興方案，也未採取降息措施。你看，十八個月後，危機即宣告結束，而且被遺忘了。然後，隨著經濟復甦啟動下一個週期（「咆哮的二〇年代」：黃金的二〇年代），直到1929年的經濟崩盤和大蕭條。

我只期待著大崩潰2.0，之後一切都將不復存在。新冠肺炎疫情後，我們會在一個完全不同的世界中甦醒。這就是為什麼我們今天都必須把資產放在自然界或數學所限制的價值儲存工具中保存。我們必須仔細檢查自己的投資組合，結構是否夠穩定？投資組合是否夠多元？如果貨幣貶值30%、50%、70%甚至90%，你是否能承受？或者，若進行貨幣改革，之後你又會採取什麼因應對策？你是否會訂定一個緩衝方案，也就是足夠的資金，讓自己在大崩潰過去後能重新開始？在大崩潰來臨之前，你仍有時間思考所有問題。

在我看來，我們僅剩下幾年的時間。但就目前情況來看，速度比預期的要快一些，因此每個人都應該為危機情況未雨綢繆，並最遲在年底前做好一切準備。

除了對自己最重要的投資（即在健康和教育方面）外，實際上還有一些在自然界或數學上所限的價值物（見「該如何投資理財？」一章）可以投資。

解決方案：社會、工作、日常生活

> 「因為太陽總是一次又一次的升起，又是一天為我們帶來光明。是的，太陽總是一次又一次的升起，因為沒有永遠的黑暗，這樣的東西它不存在，它不存在。」
>
> 奧地利作曲家暨歌手烏多・尤爾根斯（Udo Jürgens）

在下一章，我想提出解決方案。你準備好離開舒適區，跳出框架思考問題了嗎？

未來的工作形態

目前仍有許多人居家工作，因此出現了一個新的德語單字：Homeoffice（家庭辦公室）。當然，這個現象在過去與現在都是一把雙面刃。一方面，許多人對它實際上可良好運作感到驚訝。如果你不是居住在一個有3G網路可用，就覺得很心滿意足的人口稀少地區，那麼視訊會議不僅在技術上運作良好，在組織和內容上的結果通常不會比「真正」會議更差。若真要說視訊會議的缺點，最多是在網路攝影機鏡頭前，那些愛好談論八卦者，更加無所忌憚地談論流言蜚語，使其他參與者進入半昏迷狀態。許多人還表示，居家上班時注意力可以更集中，較少被電話和電子郵件閃爍訊號所干擾。

但我們絕不能忽視硬幣的另一面。居家上班只有對少數人（例如作家）是一種常態。但在日托中心與學校關閉，或者如現在採取輪班的工作形式下，家庭辦公室對許多人來說並非是一個創新的寧靜綠洲。尤其對工業、貿易和商業中的許多職業，對整個酒店和餐飲業，也對許多藝術家、顧問、培訓師與教練，對於那些可以在家好好撰寫新聞稿，但無法報導仍處於失靈所有事態的記者而言更是如此。簡而言之，尚有數百萬人的工作完全停滯，企

業營運仍受到限制。

　　就中長期後果而言，即便是現在，在德國鎖國（相對而言仍然相當溫和）超過一年多，在嚴厲的第二階段封鎖期幾個月後，我們仍處於學習階段。所有措施對許多人的心理和整個世代產生影響的事實，是可以預見的。隨著每一次的封鎖措施，人際關係和社會領域的附加損害便會增加，學生的教育就會受到影響。我們是否正在創造一個失去所有親密感和同理心的社交失能世代？讓我們再回到骯髒的、但同樣重要的金錢這件事：零售業的銷售額仍低於新冠肺炎疫情前的水準。許多餐館老闆無法在2020年春季的關閉潮中倖存下來。許多旅館、餐館、美髮店及咖啡館，在組織上令人欽佩地妥善因應當時實施的各種限制，但在經濟上，它們的入住率充其量被逼回到成本門檻，前提是有人入住的話。11月初的第二階段封鎖措施，然後從2020年12月起的加強行動，對許多人來說代表著痛苦的結局。即使政客們再次延長申請破產義務，只要政策允許，我們就會看到一波巨大的破產浪潮。

　　因為無論人們對所採取的措施、範圍、持續時間、其優劣有何看法，有一點是清楚的：「遠距離」經濟根本行不通。這也難怪許多酒吧、俱樂部和迪斯可舞廳都宣告破產。畢竟，許多人在一個狹小的空間裡聚會，不僅提供咖啡和蘋果汽水，每個人因此很快就會變得更熱絡，距離規則要求0到50公分，都屬於這個商業理念的一部分。基本上，在大群體中慶祝派對、調情說愛等的經歷，誠然僅僅是發展經濟的一小部分，但這個「經濟因素」在許多人的日常生活中具有非常直接的意義，特別是對年輕人而言。

　　此外，即使是規模較小的行業，如主題餐廳，也有很長的供應鏈。食品和飲料不是在批發市場的樹上長出來的，它們是經過工業化生產、包裝和裝瓶。這些行業有供應商，而供應商也有供應商。我們還沒有談到玻璃和餐具、室內家具、牆壁裝飾或衛生產品；或者那些在酒吧工作來資助自己學業的學生。是的，這些例子看似老生常談；是的，德國工業占德國價值創造的四分之一以上，而時尚美食（如果有的話）僅占1%。但如果國內酒吧不再

購買任何東西，即便是機械工程產業，最終也不可能毫髮無損。

　　那麼我們再以零售業為例：它幾乎占德國國內生產總值的16%。如果我們排除食品雜貨和其他日常用品，它仍然占10%左右。二十年前，《體驗式購買》（Erlebniskauf）還是一本管理參考書的書名。直到最近，調查經常顯示，「購物」（古德語：Einkaufsbummel）是德國人最喜歡的愛好之一。在2021年的冬季或春季，什麼東西最能抑制人們的消費情緒，這個問題仍然懸而未決。購物的樂趣因素只受到目前現有的臨床治療條件的影響嗎？那麼對長期經濟衰退的普遍恐懼呢？還有對工作和收入又有哪些非常具體的擔憂呢？又或者，在某種程度上，人們慢慢地意識到，不斷花錢購買越來越多的相同垃圾，從長遠來看並不能使人更快樂？在這一點上，危機也是一個轉機，讓我們所有人反思生命中真正重要的東西是什麼，什麼是重要的，什麼才是永恆的。我們什麼也帶不走。當我們離開這個地球時，一切物質都會留下。

　　在過去六個月中，有兩個優秀的人離開了這個世界，我把這本充滿愛的書獻給他們。四十歲的索菲亞（Sofia）和八十九歲的赫伯特（Herbert）（他們並非死於新冠肺炎）。這本書再次向我展示了真正重要的東西。我們應該每天提醒自己，並與我們所愛的人共度時光，對所有人保持開放、尊重、友善和樂於助人的態度。這就是最終的意義：作為人類相互支持，特別是在這樣的困難時期。

政治將何去何從？

　　我們目前的政治制度和政黨制度已經走到生命週期的盡頭，這個系統將自我削弱並消失。近年來的傲慢、醜聞和腐敗都凸顯了這一點，政治所處的泡沫與現實相距甚遠。結果，全世界人民都在逃離主流政黨，極端政黨的力量日益強大。右翼或左翼極端主義政黨當然不是解決辦法，但我們肯定會發展出一種新的政治制度，並隨之創造一個新的社會制度，我們現在知道的

政黨將不復存在。我猜測，我們將再次看到更多的草根民主，甚至比瑞士更多。我預測人們將不再需要政黨，區塊鏈和人工智慧（KI）將發揮越來越重要的作用。人工智慧能在沒有酬庸政治、遊說利益團體和裙帶關係的決策過程中支持我們，並就經濟和社會上合理的計畫向我們提供建議；也許人工智慧甚至會與人類一起掌權。因為事實是：政治鏈中最薄弱的環節始終是我們人類。人類是情緒化的，他們容易貪污腐敗；有時他們睡眠不足，有時他們的性生活很糟糕或者根本沒有性生活，情況就變得更棘手。這就是為什麼人類經常做出錯誤決定的原因。加拿大社會學家勞倫斯・彼得斯（Laurence Peters）提出所謂彼得原理（Peter-Prinzip）的假設，也稱為無能力原理（Unfähigkeitsprinzip）。它指出，人們在一個複雜的等級制度中會被擢升到無法勝任的職位，然後他們實際上只會拔擢那些比他們更無能的人，如此一來就不用擔心自己的工作。相反地，這表示那些能力適合更高職位的員工將被困在較低的層級，難以出頭。

政治不是解決辦法，它往往是問題的癥結

　　我們也可以在政黨中觀察到這個原則，現有的政黨陷入智力下降螺旋已久。此一原則舉世可見，被賦予權力地位的那些人，通常我們連聘用他們當司機或泊車人員都沒興趣。我甚至不必提及任何名字，就知道你的腦海立即浮現的政治劇團影像。這真是太神奇了！

　　在民主之後，在下坡路結束之後，獨裁統治威脅著我們。我們要麼向左傾，要麼向右傾。目前，政治趨勢顯然是向左傾。這當然很危險，因為社會主義從未奏效過，也不會成功。但這將代表著我們不得不交出更多東西，我們會變得更窮，我們不得不為這個實驗支付更多的稅款，更多的徵稅。

　　當然，政治立場向右傾也不是解決辦法。最理想的是來自中產階級的運動，我希望這會發生。但是目前我們非常憂心地看到，政治正堅持左翼的幻想，而諸如徵收之類的瘋狂事情再次為社會所接受。我們看到，租金上限已

經確定，而金錢只是被盲目地分配，沒有意義或理由。這一切都很危險。

我們必須清楚，當左翼教條主義者掌權時，我們將失去自由權利、財產權和私權。德國的左翼政客不是很聰明。在德國，政治中的逆選擇（Negativ-Auslese）非常大，那些毫不費力平步青雲的人，在其他任何地方都會失敗。但他們窩在政治裡，因為他們知道他們再也找不到更好、薪水更高的工作。正因為如此，他們才會不惜一切代價捍衛自己的特權，爭取連任，並為之奮戰至死。

政客們總是保證美好的承諾，發誓更公平分配資源，為所有人提供更多的社會福利和失業津貼，甚至是無條件的基本收入。這基本上是個好主意，但不是政客所計畫的那樣；政客們還承諾重分配、徵稅、徵收和徵收財產稅。然而，這些工具從未發揮作用過。這些承諾聽起來很性感，自然會受到千禧世代的歡迎，但它們並非解決方案。

對未來的啟發：新系統的任務

「世界並不完美，但它可以變得更好。」

卡爾・扎克邁爾（Carl Zuckmayer）

不幸的是，改革現有的制度已經不可能了，這列火車已經離站。想在一個應該對不斷出現新問題負責的系統中尋求改進，是不實際的。基於這個原因，我們必須採取全新的方式。讓我們一起跳出熟悉的世界，開始思考不受歡迎，但目標明確的想法、未來的藍圖，這樣我們就不會再次陷入相同的困境。此刻聽起來像烏托邦的東西，明天可能會成為現實。以下是我的想法和建議。

國家債務減免和破產條例

世界上的債務正不斷地攀升到新的高點。事實是，債務將永遠不會也永遠不可能被償還。這根本不是我們的意圖。債務從未由任何國家償還。債務只能透過四種方式從系統中消失，而且總是須由我們公民支付，無論這四種方式中的哪一種，最終會導致債務減少或解除。這四種方式是：

1. 成長。
2. 通貨膨脹。
3. 貨幣貶值（免除債務）或貨幣改革。
4. 戰爭。

你現在可以選擇最有可能的解決方案，然後進行相應的準備。我們是否會找到一種新的基礎技術，引發超級週期並導致強勁成長？通貨膨脹是否會被推動，以便各國能夠以其國民失去購買力為代價來擺脫債務？整個無擔保紙幣制度會不會崩潰，是否可以透過消減債務而暫時推遲到未來？或者甚至會有一場戰爭？

在我看來，最有可能的情況是第二種和第三種情況的混合。除此之外，我們無法避免債務減免的可能性。這類免除債務情形一次又一次地發生。自古以來，為了保護人民免於貧困，這些方法一直被反覆採用。在《聖經》中，有人呼籲每七年宣布一次安息年（赦免年或禧年）。四十九年後，債務完全取消，以免留給下一代負擔。2013年，希臘進行減債方案，將債務從國內生產毛額的160%降至120%。然而，如果問題的根源沒有任何改變（就目前的情況而言，是錯誤的貨幣制度），這些措施就毫無用處。然後，同樣的問題在短時間又捲土重來。希臘的情況也是如此：該國目前的債務比減債前更多。2019年，達到了國內生產毛額180%的新紀錄。專家預計，由於新

冠肺炎疫情危機、封鎖措施和由此導致的遊客短缺，2020年政府債務將超過國內生產毛額的200%。

在現代，我們德國人也是大幅減債的受益者。1953年，在倫敦債務會議上，德國被免除近150億歐元債務的一半。這也是德國得以創造經濟奇蹟的原因之一。

即便到了今日，我們（繁榮的德國）在稅收盈餘創紀錄的年份，也沒有設法取消或大幅減少我們的債務（20%到30%的債務水準基本上是常態）。一旦危機襲來，債務就會再次上升到國內生產毛額的70%至80%。若債務達到90%，債務增加將不可避免，若跨過130%門檻，國家即進入死亡地帶（見「惡性通貨膨脹與國家破產」一小節）。

實施新的貨幣制度

主要的弊端是我們錯誤的建設性與破壞性的貨幣制度。無中生有的貨幣創造了越來越大的投機性泡沫，帶來更糟糕的後果。隨著每一次危機，整個經濟都會進一步膨脹，當泡沫破裂時，帶來巨大的破壞力。這必須終結！我們需要一個新的、公平的、有擔保的貨幣制度，最好是去中心化的，既不由政客掌控，也不在非經選舉的機構（中央銀行）手中。下一個貨幣制度將是數位化，區塊鏈技術正是這個發展的理想選擇。

減少官僚主義

近幾十年來，國家機器已經極度膨脹；國家就業人數不斷創歷史新高。結果，養老金承諾和隱性政府債務同樣急遽上升。人們經常得到的印象是，行政部門球員兼裁判。數位化？效率？往往不存在！特別是新冠肺炎疫情危機顯示出官僚機構是多麼落後和僵化。正當現代國家紛紛與Salesforce合作之際，德國的每個部門仍運行自己的軟體，擁有自己昂貴的顧問團隊。當你有滑尺和紙張或總是易受攻擊的微軟Windows作業系統可以使用時，為什麼

還要使用SAP？

　　法律書籍的內容也逐年變得越來越豐富。人們感覺就像漫畫《阿斯特里克斯征服羅馬》（*Asterix erobert Rom*）中的阿斯特里克斯（Asterix）和歐貝利克斯（Obelix）一樣，在「令人瘋狂的房子」中拼命想要獲得A38的通行證。解決方案會是數位化和人工智慧，但在我們的政府中卻找不到這樣的東西。任何曾經做過汽車或企業登記的人都略知一二。

沒有職業政治家！限制任期！

> 「他不無所知；卻自認無所不知。很明顯指的就是政治人物。」
>
> 愛爾蘭劇作家喬治·蕭伯納（George Bernard Shaw）

　　Z世代可能認為，安格拉·梅克爾（Angela Merkel）永遠是最高政府領導人。這個世代以為總理就是梅克爾。年輕人可能甚至不知道這不是自然規律，它是可以透過選舉來改變。曾經在位的赫爾穆特·柯爾（Helmut Kohl）任期，也感覺像是永恆般。這兩位基民盟（CDU）老將都保持任期十六年的紀錄。兩者的特點都是泰然、有時又坐以待斃的教條式政策。在他們執政期結束時，停滯不前的現象在過去和現在都是可見且可感知的。沒有創新，沒有想法，沒有勇氣。施政重點只是確保權力和維持現狀，這就是他們的座右銘。每一次，這個施政方針都讓德國在發展中倒退，讓我們失去繁榮（關鍵詞是「歐洲病夫」）。

　　為了因應這個情況，應該限制任期，「政治家」這個職業形象，實際上根本就不該存在。在其任期結束後，政治家必須重返他的工作崗位，理想的情況是，讓公民可以對其執政成效進行投票。如果他為公眾創造利益，就能得到金錢形式的獎金作為補償；而且要廢除終身俸和特權。此外，我還要求：每個政治家都必須完成一項專業或培訓，使其有資格從事他們領域的工

作。不可再有半路出家者、職業政治家、馬屁精和黨內高官的疔瘡〔向安德烈亞斯・舒爾（Andreas Scheuer）致意〕。畢竟，你不可能明天要開辦一家電力公司、對病人進行開心手術或處理認證文件，卻對此一無所知。有句俗語說得好：「**謹守本分**」，這不是沒有道理的。目前的政治家中沒有一位是萬事通，是萬能者，是超級英雄。越來越多的時候，我們的政治菁英們恰恰缺乏這種經驗、專長和知識，越來越頻繁地把錢花在顧問身上，因為這些專業知識必須以高價向高級顧問公司購買。隨著柏林、布魯塞爾和世界其他國家首都的政客們在一個不切實際的過濾泡沫中運作，這種腳踏實地的態度消失殆盡。

他們被遊說者、唯命是從者和有企圖心的年輕政客包圍。前天是家庭事務部長，昨天換到聯邦國防軍（Bundeswehr），接著是勞動部長，今天轉變為非選舉產生的歐盟委員會主席，明天變成總理？儘管此人被《時代》（*Time*）雜誌評為全球百大最具影響力人物之一，但並未被評為最有能力者。這兩者間存在很大的區別！這種政治現況至今仍對我們造成傷害。這就是為什麼我也如此呼籲。

政治家的責任

錯誤的政治決策使我們每年損失數十億美元。誰對此負過責任？很抱歉，沒有人。不過，這並不完全屬實，因為是我們這些國民對此負責，是納稅的我們。現在你說：「這根本不是我們的錯。」沒錯！但即使如此，也不完全正確。畢竟，我們或我們中的大多數人，選出現任的人民代表。每年，納稅人協會的黑皮書都會列出可悲和無窮盡的稅收浪費名單，但是政治家很少需要擔心後果，因為萬不得已時，會出現一位負責任的政府成員被明降暗升或調職，甚至前往安全的國外，如歐盟，以脫離戰火。

讓我們一起來看看過去十年中最著名的浪費事件，一個歷史性的錯誤決策開始：能源轉型。2012年，倉促淘汰核電的成本估計約為480億歐元，但

現在已經清楚知道，成本到2100年將達1,690億歐元。[32]不過，這個金額可能還會更高。特別瘋狂的是，若是為了實現到2050年的二氧化碳排放目標和／或避免停電時，未來必須重啟已經關閉的核電廠。同樣荒謬的還有：淘汰煤炭的費用總計900億歐元。[33]若以該行業約二萬名員工來計算，每個員工應該可以得到450萬歐元。但他們只拿到400億歐元，所以每個職位只分配到200萬歐元。其他急待整頓的領域還有大型的國家建設計畫，這些計畫已成為失控與失敗的象徵。最突出的是價值數十億元的建築墳墓：柏林布蘭登堡機場（BER），最終成本為73億歐元。該機場最初預算金額為5.6億歐元，後來修正為20億歐元。斯圖加特地下火車站（S21）的成本可能會比計畫的高出14億歐元。相較起來，舒爾通行費計畫損失的5.6億歐元，還算是小意思。[34]

　　未來，政客必須承擔責任。我們每個人、每位企業家、每位公民都要對自己的行為承擔同等的責任，政治家不應該有特殊的地位。對於明顯錯誤的決策，不僅應該取消應享權利與特權，甚至還應考慮收回已支付的工資（不再有議會津貼！）的可能性。針對特別嚴重的不法行為（通行費與疫苗接種失敗，Cum-Ex醜聞等），統治者們應該承擔個人責任。所有這些代價高昂的錯誤顯示，政治中最缺少的是一種東西：智慧、遠見及永續性！因此，讓我們幫助政治家這個特權階層，並在未來為他們裝配智慧。我對此也提出了建議。

人工智慧輔助與監督政治

　　今天，最快的處理器每秒可以執行442千兆次運算（FLOPS，即每秒執行的浮點運算次數）。恕我直言，這應該比整個聯邦議院加起來還多一點。人類每秒可以執行1兆次的運算。

　　如果使用人工智慧來輔助政治，其行為者不僅可以讓一個非情緒化和客觀的第三方參與進來，從而得出正確的結論，做出明智決定並提出適切的

建議，而且為了所有人的利益監督政治也將成為可能。人們可以評估做出哪些承諾以及哪些承諾能被實際履行。然後藉助政治「食物紅綠燈」，根據我們之前提及的規則來顯示：這個政黨或這個政治家撒謊十四次，或者僅遵守23%的承諾。也許遊說團體之間的關係、會員資格等也可以一併納入評估。

　　在未來通過政治專案和法律時，人工智慧也應事先評估其合理性、財政可行性和效率。若有任何計畫被人工智慧認為效率低下而予以拒絕，但政客們還是執意通過，人工智慧的評估即能成為其錯誤判斷的佐證。基於這個原因，我呼籲讓機器掌權，輔助政治，支持更好的決策。如此一來，就不再需要一本關於浪費納稅人金錢的黑皮書了。由於政客們自己知之甚少，因此若沒有昂貴的顧問團隊和手握重權的遊說客，顯得一籌莫展，無法制定政策，人工智慧將是更便宜的選擇。

過時的政黨政治

　　「記住，民主從來就不會長久。它很快就會被濫用、耗盡，甚至自我毀滅。還沒有一種民主政體能夠逃脫自我滅亡的結局。」

美國第二任總統約翰・亞當斯

　　政黨不再合時宜，它們已經過時了，我們需要一個新的政治制度。政黨在此期間，已經墮落成一個以職業、利潤及生存鬥爭為目的企業。政黨什麼都關心，除了人之外。社民黨（SPD）從其出版利益中賺取的錢比會員費還多。與其追逐意識形態，倒不如將客觀的共同利益作為首要任務。我們需要的不是教條和意識形態，不是壕溝戰和利益衝突，不是政治算計和政治生涯，不是遊說利益和選舉戰術考量，當然也不是懶惰的妥協，而是在人工智慧的幫助下，做出正確、勇敢，甚至不受歡迎的決定。政治和社會中的負責人，應該始終對新事物抱持開放的態度，永遠將人視為所有決策的中心。

激進的稅制改革

有誰能不用耗盡整夜的時間，就能處理好納稅申報表？為什麼需要一支由稅務顧問組成的艦隊？抱歉，但我認為這些屬於大衛・格雷伯（David Graeber）提出的典型「狗屁」工作，實際上對生產力沒有任何貢獻。如果我們有一個簡單易懂的稅收制度，不僅可以節省數千名稅務官員的工作和大量的額外費用，而且所有昂貴的稅務顧問也將是多餘的。最重要的是：我們將節省寶貴的生命時間。我們需要一個每個孩子都能理解的稅收制度和一張僅A4大小紙張的納稅申報表。因此，我的建議是：工作不應該被課稅，工資也不行。我們必須廢除所有稅收，除了一種：對所有人都一樣的統一稅，無論貧富。這種消費稅（即增值稅）直接在結帳時支付，不再需要蒐集這些收據。可以這麼說，納稅申報表在結帳同時即提交。新增值稅必須考慮到產品的必要性、健康性和永續性，以及產品來源等。因此，生態足跡也可以包含在價格中。

自住的房產或第一輛車仍免徵消費稅。但在第二次購買相同物品時就要開始支付。想要買很多房子與車子的人，則須付出相應的代價。

部分稅收應流入「世代基金」，根據本書提出的週期進行投資，從比特幣到黃金，從商品到股票。

區塊鏈為基礎的直接民主

為了實現絕對的透明度，並阻止操縱選舉行為，未來每位公民都能簡單地透過電腦、平板電腦或智慧型手機進行投票。這種投票行為將使用區塊鏈以防篡改的方式記錄，眾所周知，區塊鏈不單單適用於加密貨幣。

透過擁有個人資料的主權來實現無條件的基本收入！

誰擁有你的資料？你心想：「當然是我自己！」情況遠非如此。個人資料一直是令人垂涎的商品，不僅僅情報機構熱衷於蒐集資料與資訊，企業也

是如此。幾十年來，整個行業都在此基礎上建立了高度利潤的商業模式。

　　每天，每一步，我們都在不知情的情況下不斷地被追蹤、分析和評估。過去史塔西花費大量人力所得到的個資，現在不用當時十分之一的心力，就可以免費使用；而我們都是自願參與的。我們隨身攜帶現代竊聽器，體貼地持續提供新鮮的食物：資料。整件事的包裝極具吸引力，是兒童遊戲，並以有趣的方式設計，以便每個人都能參與。應用程式、網際網路及電子郵件被用來確認我們日益精確的個人資料。我們使用哪些應用程式，我們喜歡在哪些網站上閒逛，我們寫給誰哪些訊息？你的資料非常值錢。世界最大的公司從我們用生命餵養資料的海怪中賺取數十億美元。一個完美的商業模式：我們都是臉書（Facebook）、Instagram和Google的免費工蜂，人類這個原料是免費的。

　　約會應用程式與抽獎活動向來是獲取資料的廉價方式，線上抽獎活動又更容易了。整間公司都在交易資料，從地址到偏好與嗜好；一切都被儲存起來。

　　難道你從沒想過，為什麼你在Google上搜尋復古木製餐具櫃或比特幣後，會立刻接到個性化的廣告（對此我推薦搜尋引擎DuckDuckGo進行網際網路搜尋）。你預訂飛往巴黎的航班，不久之後瀏覽器就會彈出法國廉價租車的廣告，或者你會收到一封巴黎酒店建議的電子郵件。這些事情絕非巧合！科技老大哥在看著你！

　　我的想法是：資料是每個人的財產。未來，我們將自行決定揭露哪些資料，允許和不允許哪些資料被銷售。區塊鏈技術明確定義誰擁有哪些資料的版權。一旦使用這些資料，所有者就會得到補償。這個過程在任何時候都是透明的，並且透過區塊鏈都可輕鬆查詢。

　　當公司利用我們的個人資料獲利時，我們會自動分享利潤。我們擁有自己資料的版權：交易資料、購物及進行搜尋行為等。如果缺錢或想增加假期預算，你可以在區塊鏈上發布更多資料以供使用，帳戶便能獲得及時的挹

注。結算是立即進行，而不是在一個月後。

當我們反饋意見改善現有軟體和系統，並提升優化和銷售，我們就會得到金錢上的獎勵；反饋和評論也都有報酬。舉例來說，如果用戶Thomas88對你的書評「按讚」而帶動購買行為，佣金就會自動匯入你的帳戶；你附近的印度人或義大利人也有相同的權利。當黃金或比特幣再次被妖魔化時，憤怒的讀者在zeit.de網站上發表評論也同樣會得到佣金。將來，你的推特（Twitter）或Instagram貼文甚至可以透過向潛在客戶出售權利來實現數位變現。推特已經開始推動這項措施。

跨過邊界

總體而言，我認為國家和邊界將會解體。我們現在所知的世界和政治版圖將會消失，會出現越來越多的小國家，甚至可能是私人城市。這些都是下一本書的題材。

人性

我已經暗示過幾次，在我們當前的世界中，人性已經喪失，而且是極度缺乏。儘管我們人類是社會生物，但我們的世界正遭受著這種痛苦。沒有人可以離開社群生存，沒有人可以單獨生存，我們需要彼此。醫生需要農民，工匠需要老師，工程師需要下水道清潔工。我們都是相互依賴，我們需要身邊有人。全世界數以百萬計的家庭電視和收音機日夜不停的播放是有原因的：因為人類是群居動物，需要他人，即使只是同類的聲音。我們現代、高效的社會使我們越來越分離，而新冠肺炎危機使情況變得更加糟糕。1.5公尺的最小距離，不再有握手，更不用說擁抱了。臉部被掩蓋在口罩後面，請不要說話，也不要攀談。

無論如何，我們能帶來改變。每一天，我們都可以決定自己想要生活在何種社會、什麼樣的世界中。眾所周知的道德、尊重和道德的原則，一直

以來都是正常運轉和健康社會的基礎。在所有宗教和信仰中,在所有的大陸上,在任何時間,都可以找到它們。人類想要生存與繁榮,就該知道如何相處,這一點已有基本共識。無論何時、何地、何種膚色或性別,驕傲、貪婪、憤怒、不知節制、嫉妒和懶惰,永遠是一個文明和一個社會結束的標誌。不幸的是,我們正看到這一切不斷在發生。是否要做出改變,取決於我們人類。

5.

該如何投資理財？

親愛的讀者，這對你來說當然是最重要的問題。你可能不相信，但對我來說這也是目前最急迫的問題，而這也是我寫這本書最重要的原因。現在是決定人生勝負的時刻，因為我們正處於典範轉變的開端。過去行之有效的投資方法已經宣告無效，它若不是消失，也無法提供有效的保障。我們的貨幣制度將會失敗，通貨膨脹即將到來。

容我冒昧地再次重申我的觀點，由於週期的變化，人類正面臨全球歷史上規模最龐大的財富移轉。如果現在做出正確的決定，便能安然度過這場危機。

基於這個原因，在你的一生中，**再也沒有比現在積極安排資金和投資更重要的時刻了。請主動出擊！**

我在收費諮詢服務，以及透過我的著作與影片，已為無數客戶提供財務情報並成功實現財務自主。為此，我感到無限感激並保持謙卑的心，你可以藉助本書達到相同的目的。激勵我的人類同胞思考與行動，是我的意圖，也是我最大的願望。歡迎你在亞馬遜等網站的評論中留下寶貴的意見。

咆哮的二〇年代：狂野而黃金的十年開始了！

> 「困難時期造就堅強的人，堅強的人創造美好的時光。美好的時光造就軟弱的人，而軟弱的人會造就困難時期。」

美國作家G.邁克爾‧霍普夫（G. Michael Hopf）

2020年是動蕩的一年，它永遠改變了我們的生活。國際貨幣基金組織（IMF）在談及新冠疫情時，指出這是一場前所未有的危機。

正如我一再指出，我們正處於一個無法阻擋的歷史轉折點，它引發了所有領域的巨大變化，不僅是經濟和金融，還有政治與社會領域。2020年的事件強化並證實我所預測的典範式轉變。許多人不知道的是，這場典範式轉

圖31

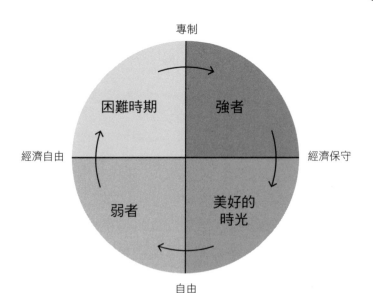

www.friedrich-partner.de

變在新冠疫情之前早已開始；新冠肺炎只是大規模加速它的發展，暴露出當前系統的弱點和漏洞，並使痛苦變得更清晰。許多人都不知道，中央銀行的干預政策早在9月即已實施。全世界都採取了降低利率的措施，經濟衰退已經全面展開。

新冠疫情向我們展現的是，**現有系統並非為危機而存在，所以每次危機都會使其更接近終點**。第一次封鎖措施已經清楚展現，人們對全球生產和供應鏈的依賴程度，我們的自給自足程度有多麼低。即使是作為出口世界冠軍的德國，我們所謂的穩定體系實際上是多麼脆弱。在極短的時間內，數百萬人陷入短期工作狀態，失業人數急遽攀升，國家與中央銀行不得不攜手調動數兆美元的資金來穩定這個搖搖欲墜的系統。

很多人希望疫苗的出現和戰勝疫情後，我們可以回歸熟悉的舊世界，但不幸的是，我不得不讓你失望：**我們不會在舊世界中醒來！** 未來一切終將改變：我們的旅行方式、我們的工作方式、我們見面與互動方式、我們購物和生活方式。這個發展的特點是，在全世界，人們對公私機構與政治的信任度越來越低！

失靈的政治！

> 「有時我想知道，這個世界是由愚弄我們的聰明人統治，還是由認真的白癡統治。」
>
> 馬克・吐溫

在德國，我們看到一群行事混亂且毫無章法的政客們，顯然沒有能力擔任稱職行動者角色，採取適當的行動，但他們的立場卻因人氣高漲以及在選舉預測中不斷升高的民調支持率而得到確認。這些政客們趁勢持續提出更強硬的措施來相互超越，以便在公眾眼中脫穎而出。2020年初，新冠病毒尚

未獲得正視，大家不需戴上口罩，政府也未採取封城措施；但很快地，配戴口罩成為強制性規定，後續也展開封鎖措施，人們擔心會有數百萬人死亡。在第一次封鎖後，有人斷言不會採取第二次封鎖，甚至表示關閉理髮店和零售店是錯誤的決定；但是隨後決定進行更嚴格、更長時間的第二次封鎖行動，政府通過臘腸策略，不斷推出新措施，逐步延長封鎖時間。在推特上關注我的人在 2020 年 4 月就已經知道，第二次封鎖肯定會在秋季到來，而且持續時間也會比第一次更長。

疫苗接種政策的失敗，證明了我們職業政治家犯下的另一個可恥錯誤。德國研發出疫苗，本國人卻無法獲得足夠的數量，再加上歐盟完全無力因應利益衝突，它的無能及裙帶政治危及了人類生命，這是一個再清楚不過的破產宣言。相反地，其他不太受歡迎的政客（如川普）卻設法為美國人提供足夠的疫苗劑量。德國第一？大錯特錯！有誰為此負責？當然沒有！

同樣令人憤慨且難以忍受的是，有些政客還在口罩採購中上下其手，從這場對我們而言相當可怕的危機中謀取金錢利潤。

讓我偏離一下主題：如果我們無法在德國找到一個統一的解決方案，如果各個邦聯各自為政，爭吵不休並分裂，我們怎能指望由二十七個不同國家組成的歐盟能達成共識？很可惜我必須指出，這種假設是天真的，建立共識也是歐盟失靈且邁向失敗的原因。

首先是殭屍浪潮，破產浪潮接踵而至

2020 年 5 月，正當所有人高談闊論著 2020 年的 V 型經濟復甦之際，我卻提出請勿過早樂觀的警告，因此被冠上悲觀主義者的名號。現在，不只是經濟學家，還有政治家們都慢慢意識到現實情勢；迅速回到往日生活的幻想已成為神話。封鎖的時間越長，對經濟、勞動力市場、稅收的附帶損害也與日俱增，當然也包括破產的公司數量。隨著中央銀行的經濟刺激與收購計畫，殭屍公司的數量不斷地增加，已創下歷史新高。信貸機構「信用改革」

（Creditreform）估計，德國約有八十萬家殭屍企業，而在全世界，現在預估有15%到20%的公司屬於殭屍企業，若在正常時期，這些公司早就已經走到盡頭。國家和中央銀行正處於危險的兩難困境，因為如果這些企業真的破產，貸款違約將一比一地移轉到小資本銀行的資產負債表上，它們將被連累而拖入深淵，國家因此不得不重演銀行破產救助戲碼，但此舉將為納稅人帶來負擔。基於這個原因，負責的國家和中央銀行正在玩致命的時間遊戲；破產將暫時繼續延遲下去，但在某個時候，它必將結束，而過度膨脹的氣球將應聲破裂。

隱形之牆：金融壓抑

然而，這場金融舞會必須付出代價的事實，就像在教堂中聽到阿門祈禱聲一樣肯定。正因為如此，我們可以預期進一步的增稅和金融壓抑；**德國已經超過比利時，現在德國公民承擔世界上最高的稅收負擔**。目前，民粹主義者呼籲對富人徵收財富稅，然而，若一個國民已經為57,919歐元的總收入繳納42%的最高稅率，那麼，民粹主義者認為誰才是「富人」？特別是多高的收入被排除在財富稅外？這些問題是有道理的。因為以57,919歐元總收入而言，在德國維持生活也僅能勉強打平。

近幾年，匿名場外交易從15,000歐元大幅減少到僅剩下9,999歐元，在購買貴金屬時降到2,000歐元（讓我們看看這個金額還能持續多久）之後，出現很多反對使用現金的議論。在新冠危機期間，現金被妖魔化成骯髒、易傳染病毒，乾淨的非接觸式支付受到大力宣揚。但病毒是一視同仁的！

攻擊我們的錢幣

與此同時，統治者在公眾完全沒有注意到的情況下，正在努力打造另一堵巨大的隱形牆，防止財富外流。**ATAD這個縮寫對你來說有什麼意義嗎？**我說的不是反全球化的課徵金融交易稅以協助公民組織（Attac），而是《反

避稅指令》（Anti-Tax Avoidance Directive），它規範了國民遷徙時允許延緩徵稅的可能性，或者更準確地說，它限制了這種可能性。直到目前，在某些條件下，在歐盟境內流動時可以無限期且免息地延期繳稅；現在這項規定將被祕密地廢除和改變。德國在這方面的法律草案，遠比歐盟規定嚴格。如果目前的草案通過，遷徙稅（Wegzugsteuer）將立即生效；若有必要，人民可以根據要求在七年內分期付款，並定期提供保證金。該法律將回溯到2021年1月1日，這尤其背離人民法律的信賴。目前還不清楚，它是否也適用在2021年之前發生的離境情況。如果新法規按計畫實施，由於稅收負擔的威脅，活躍國際的企業家在歐盟境內的自由流動未來將受到嚴格的限制。至於新法律是否符合歐盟法律保障的行動自由，更令人懷疑。而德國立法機構卻忽視這種情況。

　　每個人都必須清楚認知到，危機持續的時間越長，國家就越需要錢，它的行動就會越貪婪。

不要浪費任何一次危機！

　　這似乎是政治界的座右銘。最近趁勢推行的厚顏無恥限縮措施，應該讓所有民主人士與熱愛自由的公民感到震驚和恐懼；在新冠危機的陰影下，自由權利受到限制，政府做出了以前不可能的決定。我們都應該密切關注政治發展以及即將通過的法規。

　　　「你可以一直欺騙一部分的人民，也可以暫時欺騙所有的人民。但你不可能永遠欺騙全體人民。」

　　　　　　　　　　　　　　　　　亞伯拉罕・林肯（Abraham Lincoln）

　　曾經被《馬斯垂克條約》（Maastrichter Vertrag）排除在外的債務聯盟，現在從後門引入，並作為唯一的選擇呈現給我們，而這是由既未參加競

選，也從未被我們選為歐盟委員會主席的烏蘇拉‧馮德萊恩（Ursula von der Leyen）所提出。

德國合約法因為暫停申請破產的義務而受到破壞，最近甚至將該措施延長到2021年4月底，這表示殭屍企業得以繼續生存，而政客們則為自己換來寶貴的時間。但這不是解決方案，因為這些問題只是被推遲到未來，屆時，它們將繼續擴大，並將其破壞力提升到最大限度。

中央銀行不停地印鈔。2020年，世界各地的中央銀行為穩定該系統而注入9.2兆美元。這已超過全球國內生產毛額的10%，是2008/2009年金融海嘯期間資金的三倍！全球債務增加25兆美元，達到約288兆美元的歷史新高，占國內生產毛額近360%；這一發展也在2021年及隨後幾年繼續加速。中央銀行持續地印鈔並維持低利率，甚至進一步降低到負值範圍。目前，30%的政府債券都是負利率，總計共有高達18兆美元的政府債券！不幸的是，趨勢持續向上發展，所有這些措施將導致一連串無法解決的其他巨大問題。

壽險公司處境日益困難，它們不得不投資低利率的政府債券，因此被保險人的養老金正不斷消失；而中央銀行不能提高利率，否則整個國家都會在巨大的債務負擔下崩潰。除了不斷上升的國債外，各國央行的資產負債表也急遽增加。

歐洲央行的資產負債表正以驚人的速度膨脹，不斷打破新紀錄，這只能說明歐元貨幣實驗實際上是多麼不健全；在這裡同樣也看不到任何解決方案。目前，資產負債表總額超過7.1兆歐元，相當於歐元區國內生產毛額的72%，而且此一趨勢仍在持續上升！（另請參見第28頁的圖4。）

第116頁的圖27顯示整個系統已經變得多麼扭曲：美國的貨幣供應量M1呈拋物線式上升，這剛好可以作為任何教導指數型發展的教材之用。自2020年3月，有史以來所生產的美元中有26%已投入流通。貨幣供應量驚人地增加71%，達到7.11兆美元。

　　與此同時，世界各國央行正在發展一個數位化貨幣制度，以長期維持負利率，如此一來，公民就沒有機會帶著現金逃離銀行體系。此外，對財政方案的絕望呼聲越來越高，雖然我們會看到規模巨大的振興方案，但是手裡的資金越多，效果就越小；也就是說，效果會急遽下降。隨著每次危機的發生，所需的金額會不斷增加，但收益卻相對地下降。

　　以美國及其聯準會為例，2000年科技泡沫期間，聯準會的資產負債表為800億美元，利率為6.24%。隨後的2003年則下降到1.13%，只是最近又開始上升。

　　在金融危機期間，其資產負債表總額已達8,000億美元，利率為5.03%。此後，利率直接降為零。

　　2020年，負債達7.2兆美元，利率幾乎為零，來到0.36%，而且沿續向下趨勢，因此，我們沒有更多的調降空間來因應另一場危機。我們學習到，若想成功地對抗經濟衰退，利率必須平均降低五個百分點才能刺激經濟。與此同時，每次危機都使貨幣支出增加約十倍。這意味著，若此一情況繼續下去，在下一次危機中，聯準會的資產負債表總額可能會達到70兆美元左右，利率將大幅降至負值。

富人將越來越有錢！

　　一如既往，從危機中獲利大有人在。在新冠疫情期間，財富顯著地從底層和中層移轉至頂端，貧富差距因此進一步加大。全世界被迫依賴國家生存的人數，遠遠超過歷史上的任何時期。

　　世界億萬富翁的財富增加27%，而重分配以創紀錄的速度加速進行，不公平的現象層出不窮（參閱專欄「肯狄隆效應」）。

廉價貨幣與賭博

　　我親身經歷2001年阿根廷國家破產。那時我還是這個所謂新市場的新

鮮人，一個徹頭徹尾的超資本主義者。我在股票市場裡玩耍，當時的股票市場因為受惠於廉價貨幣和低利率之故，呈現出令人難以置信的蓬勃發展；許多人的確因此而致富。我們所有人都投入股市中，共同參與這場賭博遊戲。但即便如此，我的直覺讓我清楚意識到股價不可能一直向上攀升。在一個資源有限的世界裡，不存在無限的成長。然而，在那個時候，我們這些菁英課程的畢業生都被灌輸這個想法：「嘿，你們是未來的執行長，你們已在快車道上。你們都將成為成功與富有的人。你們是高潛力人才！」

但在2001年的阿根廷，我親身感受到經濟和貨幣制度崩潰的速度有多快。短短幾個小時內，人們口袋裡的錢突然間變得一文不值。這個引爆點讓我開始批判性地審視貨幣與金融體系。後來，我在美國同樣親身體驗這種具有啟發性的經歷，又加深我在阿根廷接收到的印象。2004到2006年，我非常清楚地看到，那裡出現多年令人難以置信的房地產泡沫。在當時，大學畢業生就可以從銀行獲得一筆巨額貸款置產。對於像我這種在出生前就已經簽訂建築儲蓄合約（Bausparvertrag）的施瓦本人（Schwaben）來說，這實在太荒謬了！當時我十分好奇，從長遠來看，在美國，當你剛從大學畢業，沒有資產，也沒有工作的時候，要怎麼蓋房子？一個人在這種條件下怎麼可能獲得大筆貸款呢？由於我不相信真有此事，所以陪一個朋友到佛蒙特州（Vermont）伯靈頓市（Burlington）的一家銀行。他走進去，十五分鐘後，拿著一張35萬美元的支票出來。對我來說，這種瘋狂遲早會自食惡果，這是顯而易見的事實！這個朋友之後不僅用這筆錢買了房子、買了一個渦流按摩浴缸，還舉辦了婚禮。這場傳奇般的派對持續整整兩天，是我經歷過最精彩、最瘋狂的事情。之後他和妻子環遊全世界，但現在的他卻已經離婚。妻子走了，房子也沒了，只有債務還留在他身邊！

在美國的這次經歷後，我很清楚自己必須向家裡的人解釋即將發生的事。因為一個沒有抵押品、沒有收入的人能得到這麼多錢，代表這個系統一定有問題！我不得不承認那時我的警告為時過早，因為時值2006年初。又

過了兩年，直到大爆炸，才證明我的診斷十分準確！然而，最初我也遭到極大的懷疑。我父親對危機正在逼近的警告做出的反應是，擔心自己可能不得不剝奪兒子的繼承權，因為他可能患有精神病，因為那時候，整個國家呈現一片榮景。

　　然而，美國也有一些人知道大爆炸即將來臨。任何能計算一加一的人都了解這個現象的不合理處。就像波士頓的朋友說：「嘿，這是個泡沫！這裡發生的事情很荒謬，因為每個阿貓阿狗都可以獲得數十萬美元置產。」我的美國朋友手上擁有多達六處房產。這些人進行所謂「炒房」行為：由於房地產價格不斷上漲，他們能夠獲得越來越多的貸款，所以他們賣掉第一間房產，然後購買更昂貴的房產。這是一個真實螺旋上升的過程，當時大家顯然神志不清。

　　那些現在已妥善處理好財務狀況，確定方向的人，就能真正創造財富，特別是在危機中和危機後，他們會成為這場危機的受益者之一，因為現在是創造財富的時機。現在將決定誰能安然度過危機；誰能賺錢，誰會破產，此刻是分出優劣的時刻。而每月只有30歐元的人，當然也可以妥善安排自己的資產，他們永遠買得起1盎司的白銀。

危機就是轉機

　　不幸的是，事情在好轉之前會先惡化。儘管前景黯淡，但現在還是有機會挽回。有形資產的十年現在正式開始。由於貨幣的閘門持續開啟，利率不太可能再上升。鑑於目前的債務負擔，世界上沒有一個國家，持別是美國，能夠承受不斷上升的利率。美國中央銀行遲早會介入，印鈔、購買債券，從而降低利率，這將迎來有形資產的黃金時代，並推高其價格。到2022年底，我預測黃金價格目標會達2,300美元到2,750美元之間，而我預估白銀價格會超過30美元。比特幣經過大幅調整後，2021年會落在6萬美元至10萬美元之間，礦業股也會表現亮眼。

投資矩陣

以下矩陣顯示各種資產在不同經濟週期中的發展趨勢。為此，我藉助歷史作為明智的導師，分析哪些資產在哪種情況下會如何發展。該矩陣應該提供你作為投資者的方向，作為投資指南。這就像在宜家家居（IKEA）模組化系統家具般，你可以根據願景，對未來的期望，為自己量身打造投資組合。

通貨緊縮：供給＞需求，價格下跌，所有商品變得更便宜，現金為王！
通貨膨脹：供給＜需求，物價上漲，有形資產增加，貨幣貶值。
貨幣改革：貨幣貶值，有形資產是最終的價值儲存工具。
繁榮：經濟蓬勃發展，成長速度與債務同步或更強，一切美好。

人壽保險：保留、終止或出售？

這可能是我在付費諮詢服務中最常遇見的問題之一。

德國人在人壽保險（Lebensversicherung, LV）上的投資超過1兆歐元。儘管這個德國最受歡迎的養老工具已漸漸失去吸引力，但每年仍以約900億歐元的幅度持續增加。在我看來，它已經走到生命週期的盡頭。

任何擁有人壽保險的人都知道，經典版本的人壽保險都提供所謂的保證利率。然而，這種保證利率在最近幾年逐步降低。

目前我們的保證利率僅0.9%，而且它會繼續降到0.7%。我甚至假設有一天會降到0.5%，或跌破這個數字。該利率根本無法抵銷通貨膨脹。

現在，讓我們想一想，人壽保險從何時開始衰退。

表5　投資矩陣

	通貨緊縮	通貨膨脹	貨幣改革	繁榮	適合作為價值儲存工具
股票、基金、ETF	↓	—	↓	↑	★★
現金	↑	↓	↓	↓	
建築儲蓄合約	↓	↓	↓	↑	
比特幣	↓	↑	↑	↑	★★★
鑽石	↓	↑	↑	—	★★★
外幣	↑	↓	↓	↓	
黃金	↑	↑	↑	↓	★★★
房地產（城市）	↓	↑	—	↑	★
房地產（各邦）	↓	↑	—	↑	★
房地產（度假）	↓	↑	—	↑	
帳戶餘額	↑	↓	↓	↓	
藝術	↓	↑	—	↑	★★
土地（可耕地）	↓	↑	—	↑	★★
土地（建築用地）	↓	↑	—	↑	★
土地（果園）	↓	↑	—	↑	★
土地（草地）	↓	↑	—	↑	★

　　人壽保險的衰退始於2008年的金融海嘯，以及歐洲央行為此採取的相應措施。為了刺激經濟，歐洲央行逐步下調基準利率，此舉取得了一定的成功。自2016年以來，法蘭克福中央銀行的**痛苦利率**（注意，這個雙關語著實令人拍案叫絕）一直處於歷史新低0%。（**譯注：基準利率德文為Leitzinzs，痛苦利率德文為Leidzins，作者在此以後者取代前者，表達利率是痛苦的雙關語。**）

　　存款利息甚至跌至負0.5%。

表6　投資矩陣

	通貨緊縮	通貨膨脹	貨幣改革	繁榮	適合作為價值儲存工具
人壽保險	↓	↓	↓	↑	
礦業股	↓	↑	↑	↓	★★
古董車	↓	↑	—	↑	★
鈀金	↓	↑	↑	↑	★★
白金	↓	↑	—	↑	★★
里斯特、呂魯普	↓	↓	↓	↑	
原物料	↓	↑	↑	↑	★
原物料股	↓	↑	↑	↑	★★
收藏品	↓	↑	—	↑	★★
債務	↓	↑	↓	↑	
債務（消費）	↓	↑	↓	—	
債務（生產性）	↓	↑	↓	↑	
銀	↓	↑	↑	↑	★★★
歐盟政府債券	↑	↓	↓	↓	
政府債券	↑	↓	↑	↓	
以物易物商品	—	↓	↓	↓	★★★
鐘錶	↓	↑	—	↑	★★
森林	↓	↑	↑	↑	★★
威士忌	↓	↑	—	↑	★

　　存款利率或**存款機制**：商業銀行可以將過剩的流動性存入歐洲央行。過去，銀行為此可從歐洲央行獲得利息，但自2012年開始，該利率為0%，到2014年該利率跌至負值，銀行因此須為其在中央銀行的存款支付滯納金。

表7　1903年後的保證利率發展

F/P

1903至1922年	2.5%
1923至1941年	4.0%
1942至1986年7月	3.0%
自1986年7月起	3.5%
自1994年7月起	4.0%
自2000年7月起	3.25%
自2004年7月起	2.75%
自2007年7月起	2.25%
自2012年7月起	1.75%
自2015年7月起	1.25%
自2017年7月起	0.9%
未來	0.5%

www.friedrich-partner.de

圖32　歐元區的基準利率

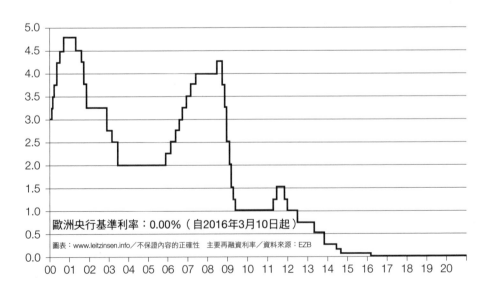

歐洲央行基準利率：0.00%（自2016年3月10日起）

圖表：www.leitzinsen.info／不保證內容的正確性　主要再融資利率／資料來源：EZB

　　我預估利息將進一步降低，因此也預測人壽保險公司的保證利率會再次向下調整。

　　一般來說，**全面的負利率即將來臨！**

　　基於這個原因，政客們意圖限制現金，讓現金支付失去吸引或完全廢除，或採取數位歐元與現有歐元現金並存的方法，到最後予以取代。舉例來說，如果負利率是1%，那些會計算的人就會清空帳戶。如果許多公民如法炮製，就會引發所謂的銀行擠兌，我們的銀行系統也會相對迅速地崩潰。畢竟，只有2%的歐元以紙幣的形式實際存在。銀行會因為缺乏存款而減少放款，經濟會直接受到衝擊，而引發破壞性的螺旋式下降，因此可以理解歐洲央行為什麼想要阻止這種情況發生。是的，使用純數位歐元，存戶就不可能有機會逃離銀行系統。

　　你當然可以清空銀行帳戶並將紙幣放在儲物櫃或枕頭下。在這個情形中有一點非常重要，但多數人仍不知道的事：絕大多數人仍然認為帳戶中的錢屬於他們。但事實並非如此！**你帳戶裡的錢不屬於你，它屬於銀行！**你只是提供銀行一筆無息的廉價貸款，如果銀行破產或陷入困境，作為債權人的你必須承擔風險並負連帶責任〔《復原與處置法》（SAG-Gesetz ／強制性債務重組）〕。只有當你把錢提領出來時，它才是你的財產。塞浦路斯人與希臘人絕對可以為此唱一首苦情歌，但我離題了。**事實是：零利率和負利率不僅困擾著銀行，也逐漸影響到保險公司。**零利率使保險公司越來越難以謀利並遵守其利率承諾和保證。零利率和負利率不斷啃蝕著合約，從而啃蝕我們的養老金，**所有這些發展都將導致銀行和保險公司的死亡。**

　　在這裡，我不得不對此提出簡短的論點來反駁民粹主義，實際上，我們應該對此發展表示感謝。至少歐洲央行總裁拉加德是這麼說的：「我們應該更高興保有一份工作，而不是看著我們的積蓄得到保障。」十足諷刺的是，她當時穿著一件極其昂貴的迪奧（Dior）套裝，戴著珍珠項鍊和耳環，活像是一顆聖誕樹時說出這句話。

情緒會改變：100% 還本保證也會改變

去年發生了一件不尋常的事情，但沒有人真正注意到，直到2019年，德國的壽險合約件數一直高於居民數，但從2019年開始，這個數字跌破8,300萬這個神奇的極限，因為越來越多人解除或中止了人壽保險（參見表8）。

另一個跡象顯示，保險公司陷入苦戰：最近，德國最大的保險公司之一R&V取消100%還本保證，僅向顧客提供新的還本保單，也就是減去成本後僅保證至少退還90%保費。[35]

保險業內第一大的安聯集團很早就開始轉換成這類還本保單，其他保險公司也緊隨其後。這代表購買新人壽保險的顧客不能再假設自己能無息收回他們支付的款項，可能僅會收回所支付款項的60%到90%。講得白話一點的就是：真是筆爛交易！

自動銷毀貨幣

在投資壽險保單時，投保人僅需支付最初幾年的管理費用、費用及佣金，之後才開始繳納壽險費用並領取紅利。

表8　人壽保險合約數量

2005	高峰值9,420萬
2010	9,050萬
2015	8,670萬
2016	8,500萬
2017	8,410萬
2018	8,380萬
2019	8,280萬

　　但除了保證利率下降外，這類**分紅**也日益縮水，**保單價值準備金**不再提供給客戶，而是保險公司自己保留。產業領導者安聯首次連續第二年將其一千萬份合約的分紅率降低至僅2.3%。**36**

　　專有名詞解釋：**分紅**是在純保證利率之外賺取的利潤，並記入客戶的帳戶。**保單價值準備金**是指市場價值高於帳面初始值的保險組合中的部位。保險公司是否必須讓客戶分享這些保價金，以及其比例應該多高，多年來一直是激烈辯論的主題。

無限循環

　　多年來，股市不斷攀升至新的高度，其他資產類別也獲得可觀的利潤。那麼，為什麼不直接把錢拿去投資其他資產呢？這是因為保險公司的手被束縛住，相關規定條例限制了保險公司投資的資產類別。

　　國家規定保險公司必須投資無風險、所謂安全的受託證券，而這些證券主要是（重點來了）政府債券。受益者當然是國家本身。誰會對此感到驚訝？這是一個封閉的系統。國家以越來越低的利率，有時甚至是負利率發行越來越多的債券，而買家也已經確定，因為他們在法律上有義務將這些債券放入他們的投資組合中。如果保險公司無法再履行義務，就會受到監督，不得再展開任何新業務。若其隨後陷入困境，不是被拯救，就是**由《保險監督法》**（VAG）介入進行處置。

　　無論哪種方式，投保人和納稅人都是遭受損失並為此買單的人。不是透過利率下降大幅減少人壽保險理賠，就是透過金融部門的紓困方案來增加稅收和徵稅。

《保險監督法》第314條：禁止付款；減少給付

這是每位投保人在購買人壽保險時應了解的最重要法律之一。該法律規定如下：

> 在緊急情況下，為避免破產，保險公司可以減少，甚至完全停止給付。監管部門也可以單方面減少投保金額以保護保險公司。這無異是對投保人的徵收。國家甚至可以完全禁止向投保人給付！

> 如果對公司管理和財務狀況進行審查時顯示它不再具備能力履行其義務，但為了被保險人利益最好避免破產程序時，監理部門可以就此採取必要措施。（《保險監督法》第314條第1項第1句）

> 所有類型的給付，特別是保險金、利潤分配，以及在人壽保險的情況下，退保或抵押保單以及相關的預付款，都可能被暫時禁止。（《保險監督法》第314條第1項第2句）

> 在符合第1項第1句規定的條件下，監管部門可以在必要時根據壽險公司的資產情況，減少其保單所產生的義務。（《保險監督法》第314條第2項第1至3句）

然而，投保人仍必須繼續支付保費！

> 投保人繼續按過去的保費繳納保險費的義務不受此消減影響。（《保險監督法》第314條第2項第4句）

顧客繼續被要求付款而不提供相對給付。

這規定適用於所有形式的人壽保險：生死合險、年金保險，以及基本型壽險。股份與基金型的特殊資產屬於保險人，而非投保人！

目前，所有歐洲國家的二至十年期政府債券均處於虧損狀態。即使是瑞

士、芬蘭及德國的三十年長期國債的收益率，都是負值。只有美國和許多財政狀況不穩定的國家仍提供紅利。但在這一點上，我的預測還是：美國的紅利將滑入負值區域。

也就是說，目前的情況是，國家舉債會得到獎勵。政客們不想改變這種情況，是可以理解的。對財政部長奧拉夫・蕭茲（Olaf Scholz）來說，這有如置身於樂土。他不需要做任何事情，卻可以吸收越來越多的債務（2021年為1,800億歐元），但必須償還的債務越來越少。這正是我們公民希望擁有的生活狀態：多借少還。這已經非常清楚：我們生活在一個荒誕的時代，但不幸的是，人類很快便習慣這種荒謬的事情。國家以犧牲公民的利益為代價來減債。

但是，這個系統的病態程度，首先表現在葡萄牙、希臘及義大利等潛在危機和破產國家的負利率事實。

問題是：你會借錢給一個你知道他負債累累而且永遠無法償還的人嗎？你回答「不」？嗯，但這正是我們現在正在做的事情。我們南歐夥伴的債務水準達到歷史新高，而且永遠無力償還。儘管如此，「破產」國家在資本市場上可以獲得的新資金利率卻不斷下降。

西班牙現在甚至也出現歷史上的首次負利率。在過去沒有歐元的情況下，西班牙人在資本市場上購買債券的利率是10%到12%，而現在，由於德國以其最高信用評級AAA擔保，歐洲央行提供擔保並宛如沒有明天般地購買債券，進而出現負0.01%的利率（參見圖33）。

與此同時，我們創造了負利率國債的新紀錄。全球超過20%的政府債券目前處於虧損狀態，負利率政府債券的總量達到18兆美元，而且此一趨勢仍在持續急遽上升（參見圖34）。

保險機構寧願在股票帳戶中放入負0.2%利率的安全德國或瑞士政府債券，也不願向歐洲央行支付0.5%的罰息是可理解的。若再假設通貨膨脹會上升，這似乎是加倍合理的，那麼從長遠來看，負利率突然變得更加吸引人。

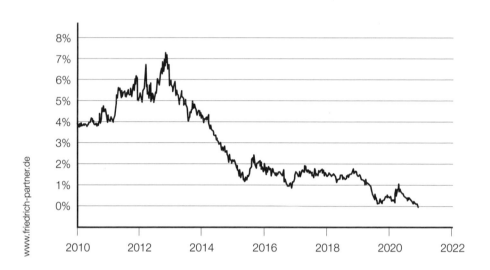

圖33　西班牙的十年期政府債券

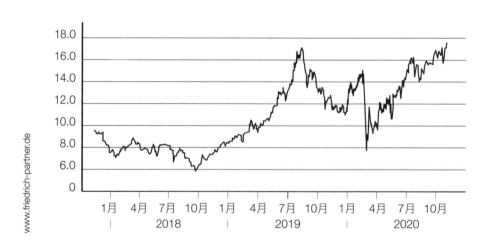

圖34　負利率的政府債券
以兆美元計

哪種保險比較安全？哪種較不安全？償債比率

保險公司協會（Bund der Versicherten）每年都會藉助所謂的償債比率來檢查壽險公司的穩定性。這份償債能力報告顯示各個保險公司的抗危機能力，以及即使在資本市場動盪或自然災害的情況下，它們是否仍能保持穩定。除了償債比率外，該協會還會針對盈利預期、政府債券占比、透明度及投資多元化等方面進行評比。

如果一家保險公司的償債比率低於100，就是德國聯邦金融監管局（BaFin）該進場干預的時候。這代表該保險公司無法再為現有合約提供服務，也不再被允許展開新業務，即不能再簽訂新合約。金融監管機構會禁止這些行為，並加以監控〔讓我們一起期待德國聯邦金融監管局在這方面的表現會比威卡金融科技公司（Wirecard）更亮眼〕。

如果你和上述的保險公司購買長期險，很有可能在保單結束時它們會說：「對不起，本公司沒錢了！」或者在保單到期前公司便已宣告破產。

在這種情況下，值得一提的是《保險監督法》，特別是第314條：禁止付款；減少給付（參見第172頁的專欄）。

現實情況是：越來越多的人壽保險公司搖搖欲墜。2018年有十二家公司，到了2019年八十四家公司中有二十二家處境艱難。它們已由德國聯邦金融監管局監控，而且不再被允許展開新業務。

令人震驚的是，60%保險公司的利潤預期均是負值，它們遲早也會陷入困境。

以下是2019年償債比率跌破100點的保險公司：[37]

- HDI人壽保險（HDI Leben，96%）。
- 胡克—科堡人壽保險（HuK Coburg Leben，94%）。
- ERGO人壽保險（ERGO Leben，80%）。

- 康科迪亞人壽保險（Concordia，80%）。
- 慕尼黑協會生活（Münchener Verein Leben，80%）。
- 卡爾斯魯厄人壽保險（Karlsruher Leben，78%）。
- 新人壽保險（Neue Leben Lebensversicherung，73%）。
- 德貝卡人壽保險（Debeka Leben，68%）。
- 巴伐利亞公務員人壽保險（Bayerische Beamten Leben，62%）。
- 奧爾登堡公共人壽保險（Öffentliche Lebensversicherung Oldenburg，58%）。
- 法蘭克福人壽保險（Frankfurter Leben，42%）。
- VRK（33%）。
- PB人壽保險（PB Lebensversicherung，31%）。
- 國家生活援助（Landeslebenshilfe，21%）。
- 萊茵人壽保險（RheinLand Lebensversicherung，19%）。
- 南德人壽保險（Süddeutsche Lebensversicherung，9%）。

以往的ARAG也面臨相同的危機；它的償債比率甚至降為負數：

- 法蘭克福慕尼黑人壽保險（Frankfurter Münchener Leben，-11%），前身為ARAG。

如果與這些保險公司簽訂合約，你應該知道要怎麼做。

結論和建議

　　保證利率的情況並沒有比較樂觀。如前所述，我預估利率將繼續下降。這也對保險公司形成負擔，使它們越來越難以獲得承諾的利息。此外，銀行和保險公司正處於轉折點，且受到各方的抨擊，現在連安聯集團的董事會也

首次承認這一點。數年來，關於保險業的負面報導總是被人們認為悲觀且誇大其詞，但該董事會最近在德國《商報》（*Handelsblatt*）的一篇報導中提出警告，指出保險公司正逐步消失，而保戶卻被蒙在鼓裡。**38**

銀行和保險公司正逐步邁向死亡，其產品亦同。無論是建築儲蓄合約、里斯特年金合約、呂魯普年金合約抑或是年金保險合約，均已過時，無法再提供養老保障。現在採取應變措施比以往任何時候都更加迫切。

你當前該做什麼？你必須考量什麼？

1. 購買新的保險是沒有意義的！千萬別碰！
2. 如果你與一家純償債比率低於100的保險公司簽訂合約，建議你終止該合約，拿回解約金。
3. 聽從你的直覺：持有？還是寧願賣掉？
4. 檢查存續期間。

這是一場**與時間的賭注**。

5. 檢查保證利率。
6. 了解退保金。你的總資產中有多少百分比與人壽保險有關？超過10%？
7. 投保公司的償債比率為何？
8. 成本增加或保持不變，收入減少，新業務被禁止，利潤下降。緩衝區就此瓦解。在這種情況下：取消或至少終止保險合約。

一般說來：
假設你的保險在2035年到期。
你現在必須問自己下列的問題：

- 你認為這間保險公司會營運到2035年嗎？
- 你認為歐元會持續到那時嗎？
- 你認為現在支付的1歐元購買力在2035年是否仍和現在一樣？

我現在就可以向你斷言：不可能！

自歐元推出以來，據官方統計其已失去了30%的購買力。與黃金相比，它的購買力甚至下跌超過90%，而且趨勢仍在繼續。國家和中央銀行繼續舉債與印鈔。過去的重大危機顯示，每次危機都需要越來越多的資金和債務來維持旋轉木馬的運轉。這意味著貨幣制度與債務正在膨脹，這將奪走我們的購買力。這也代表紙質資產將失去價值，而在自然界或數學上有限的有形資產將繼續上漲。

我已經取消所有的人壽保險。我給你的建議是，我將終止：

- 長期合約。
- 低保證利率或獲利前景為負的合約。
- 取消紅利的合約。或
- 合約提供者是上述二十二家搖搖欲墜的其中一間人壽保險公司。

我的座右銘是：手中的麻雀勝過屋頂上的鴿子。

如果你相信這個系統會保持穩定，並且新冠疫情危機會迅速結束時，我才會繼續持有人壽保險合約。來自良好的、有償債能力的保險公司的合約，其保證利率超過3%、到期日短且前景穩定，才符合持有條件。

再次提醒你：我們正面臨歷史性的轉折點與歷史上最大的財富移轉時刻！

現在最好把賭注押在馬場中速度較快的馬匹。人壽險和養老險等此類紙質債券，保證無法贏得任何獎項；投資其他項目會有更大的獲利潛力。在

極端情況下，紙質債券甚至有可能大幅貶值。它的危險來自兩個方面：一方面，政府債券市場處於隨時可能爆炸的泡沫中；另一方面，由於無力償還或國家破產，債券存在違約風險。德國在1948年的貨幣改革中，政府債券方面損失了93.5%；在阿根廷的國家破產中，它的貶值高達74%。

房地產退潮？

除了人壽保險，德國人還熱愛房地產。擁有自己的四堵牆是每個人的夢想。房地產代表著獨立、繁榮及成功，這個表面上看似安全的混凝土黃金。由於古老的原因，人類一直努力追求擁有自己的房子，他頭上的屋頂，他的洞穴，他的城堡。相信我，沒有人比我更理解這一點。如你所知，我是施瓦本人，天生的房屋建造者，甚至在我出生前就已經簽訂了建築儲蓄合約。除此之外，我也來自一個建築商家庭。到現在我還會將新建築工地的氣味、新鮮砂漿的氣味與童年聯繫在一起。在能走路之前，我就已經站在沙桶裡；在能跑步前，我已經在鷹架上跑來跑去，這讓我親愛的母親感到驚恐。換句話說：我的血管裡流著石膏與伊通（Ytong）輕磚。所以談論這個話題對我而言輕而易舉。現在買房子還有意義嗎？我經常被問到這個問題。**房地產仍然值得投資嗎？它是財富的避風港嗎？**

年復一年

近年來，我們經歷了聯邦共和國歷史上最大的房地產繁榮。瑞銀房地產泡沫指數（UBS Real Estate Bubble Index）指出，世界上最昂貴的兩個城市都在德國：[39]慕尼黑位居第一，法蘭克福排名第五。以前，房地產是一項相對無聊的投資。它的投資回報率過去一直低於平均值。另外，我們絕不能忘記，先前2008年金融危機的肇因就是房地產危機。房地產繁榮通常與股市泡沫齊頭並進；經驗顯示，當貨幣便宜時，便會出現投機泡沫。因為許多人

的資產和收入太少，或者根本沒有資產，但還是能夠用低利貸款來購買完全
被高估的房產。所有這些發展都是由致命的中央銀行政策所引發，無論是在
美國還是在歐洲，到處都進行著相同的遊戲。由於當時（現在也一樣）每個
人都認為，利率很便宜，所以必須購買房地產，反正房價無論如何只會朝一
個方向發展：上漲。眾所周知，它幾乎以核爆級的大災難告終。金融海嘯是
一個警告，但不幸的是並未引起注意。現在我們面臨相同的情況，只是換了
一種更有力的形式。目前的情況實際上堪稱房地產泡沫2.0，它與更大的股
票市場泡沫齊頭並進。不幸的是，我們並沒有從十三年前的危機中吸取任何
教訓。那些負責的人，只是把氣球吹到一個更遠、更新的、甚至更難解的層
次，他們把更多的人推入這個巨大的泡沫中。不幸的是，這次的結局也不會
是和諧的。

更加令人眩暈的高度

這種廉價貨幣與低利率政策當然助長了一件事：它創造新的金融市場泡
沫。我們可以在圖35中非常清楚看到這一點。黑線為德國房地產價格，灰
線為歐洲央行資產負債表。我們從圖中可以看出房價是如何隨著歐洲央行資
產負債表總額的擴張而上漲。

所有城市和大都會區的房價都上漲了。目前的估值參數超出我們以前的
經驗。在過去，平均房價是年租金的十六到十八倍；現在來到四十倍、四十
五倍，甚至四十六倍。無論是在漢堡（Hamburg）、慕尼黑還是斯圖加特：
物價均大幅上漲，當然也加劇了不平等的現象。五分之一的人口，即真正的
富人，擁有75%的房地產。

即使是高薪勞工，無論他任職於博世（Bosch）、美最時（Stihl）還是
西門子（Siemens），均無力再負擔大都市地區的房子，除非他讓自己完全
陷入債務困境中。目前的形勢發展加據貧富之間的差距。當然，還有像薩斯
基婭·艾斯肯（Saskia Esken）或蕭茲這類的重分配幻想者，他們指出，現

圖35 德國房價發展與歐洲央行資產負債表

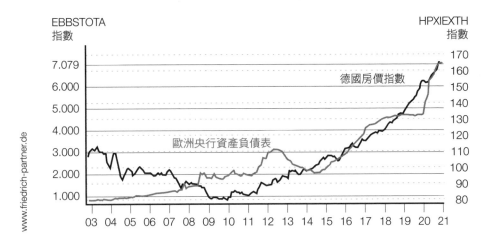

在需要徵收財富稅，必須對房地產徵稅，引入租金上限規定等。當然這類政策除了引發民眾的不滿，資本外移等之外，同時也會導致一連串的問題。它為任何擁有房地產和其他資產的富人與超級富豪，創造了無條件的基本收入。這些人當然是最大的受益者。那些擁有股票、擁有公司、擁有私募股權的人，近年來只要舒舒服服地坐在家裡，就會自動變得更加富有，但是中產階級正在被侵蝕，而下層階級不得不支付越來越多的房租。這就是整個金融系統的不公平之處，也正是政府的當務之急。

許多年輕人都希望實現擁有自己的房子和建立家庭的夢想，合理的步驟是購買房子或公寓。他們的同事與朋友都是如此一路奮鬥而來，並且已經在農村擁有自己的小屋。當然，每個人都想成為其中的一員，因此催生出一種新的住宅區：現代的工人住宅。房屋目錄中的房子看起來如出一轍；鞋盒、方形、實用、醜陋，總有一天會因為成為危險廢物，並基於美化景觀而慘遭拆除的命運。這些為了提高效率和降低購置成本所進行設計的房屋，可能會使人們不僅僅在身體上生病，甚至導致精神疾病。等到有一天人們終於回

顧這一切，並感嘆著：「這是一個多麼無愛、無味、缺乏想像力的時代。」時，我心裡便會舒坦許多。

當這個泡沫破滅，許多房產便會湧入市場，因為它們的所有者無力償還貸款，簡單地說，他們破產了。據估計，德國有八百萬到九百萬的房地產岌岌可危。若是遭遇失業、離婚，或者房地產泡沫破滅情況，這些房屋勢必無可避免地進入市場。如果發生經濟危機，由於購買力下降和失業，對房地產的需求大幅下降，這將導致供應量急遽上升，需求同時崩潰，進而引發房地產泡沫的結束，房地產價格終將暴跌。

如果你今天去銀行，你會不斷地被遊說來強迫貸款。行員的論點很明確：「利率不可能再這麼低了，不到1%。如果你現在不貸款，不買一棟屬於自己的房子，這樣的混凝土黃金，那你就真是太笨了。房地產是有形的資產，你要多元投資。」但這裡的問題是，很大一部分人，而且是大部分的人僅須自備10%到20%的本金即可獲得貸款，有時甚至不需要本金。成為借款人，是把自己永遠與銀行綁在一起。我想再次提醒你：當你還清所有債務時，房地產才是你的。在此之前，該物業歸銀行所有。美國、愛爾蘭及西班牙的許多人在他們的財產突然消失時才痛苦地了解這一點。一旦銀行倒閉，你的房子也將淪為破產財產。

許多人完全沉醉於擁有自己房屋的夢想而忽略了另一個重要面向：**集中風險**。為了說明這一點，我總是喜歡引用下面這個例子：你會去賭場把所有的財產，甚至是借來的錢都押在輪盤賭桌上的一個號碼嗎？比如21號？不，應該不會。但許多人都願意冒這種集中風險。他們把所有一切都押在一張牌上，就是房地產。他們把70%、90%、100%的總資產，再加上相當數量的債務全部投注到這個單一的投資類別上。這是不理智的。明智的投資者永遠不會在單一的投資類別中投入超過30%的資金。甚至巴比倫的《塔木德》（Talmud）也建議三分法則：建立多個立足點，將三分之一的財富投資於土地，三分之一投資於商品，三分之一投資於現金。立足點越多，就越能

穩固地站在地上。因為如果其中一根支柱斷裂或減弱，資產也不會傾倒。

　　當然，政府會竭盡全力阻止房地產崩盤。我很好奇的是，這把弓在弦斷之前可以拉到什麼程度。如果中央銀行真有辦法繼續助長房地產泡沫並使其保持活力，災難性的人口結構最終也將在未來幾年內結束這場噩夢。屆持，隨著人口的減少，市場上便會充斥著一堆空屋。

　　新房地產投資的負債規模急遽上升。2018年，房地產買家必須為房地產承擔23.4萬歐元或81.6%的債務，而在2019年5月，此一數字已經達到24.8萬歐元，債務融資比例為84%。以首都柏林為例：2013年，買家必須貸款19.3萬歐元買房，2018年則增加到32.5萬歐元。2013年是平均總收入的五十倍，2018年為九十倍，而現在，2021年來到一百倍！房產市場發生的事情完全是荒謬的。另一個警告訊號：壽險公司公布價值103億歐元的貸款承諾。這意味著，與2018年相比，成交量成長了15.1%。房地產泡沫將再次被吹起。這些抵押貸款的數量增加了5.8%，達到89億歐元。德國人壽保險公司總計共投資642億歐元的抵押貸款。

　　除了創紀錄的房價之外，另一個對房地產不利的發展是對房地產徵收與施加稅賦的巨大危險。在過去，當國庫空虛時，這一直是國家屢試不爽的有效解決方法，沒有什麼比房地產更容易徵稅。房地產是不動產，顧名思義，是不會動的。**在上個世紀，德國政府曾多次對房地產徵稅，如1923年的房屋利息稅和1952年的債務負擔平衡計畫。**

　　政治方面的威脅也為房地產榮景帶來進一步的困境：社會主義重回潮流，這從柏林的租金上限可見一斑。這個發展的證據是，政客曾認真討論在未來禁止獨棟住宅的存在，甚至要對此類房屋進行徵收的提議。[40]這聽起來像不像東德和共產主義？確實如此，而且是以綠黨為幌子。安東‧霍夫萊特（Anton Hofreiter）在一次採訪中為這些荒謬的建議拉開序幕，我擔心我們會聽到和看到越來越多的這些行動。想想在新冠危機期間已經施行的所有措施，卻沒有引起民眾的強烈抗議。**在新冠病毒的幌子下，政客們對通過不受**

歡迎的法律與統測（有時缺少議會的監督）產生了一種危險的興趣。

　　作為一個投資者，你現在可以做什麼？作為屋主，你現在能做什麼？首先，不要驚慌。現有財產是一個堅實的有形資產。你可以住在裡面，在你的頭上有一個屋頂，它不會變得一文不值。當然，如果你擁有多處房產，我會嘗試逆勢地出售它們。在這件事上，你已經沒有太多的時間。

如果背負債務，你現在能做什麼？

　　如果你有足夠的資金提前還清貸款，你可以嘗試這樣做。然而，現在沒有銀行想要你的錢，因為貸款可以賺錢！

　　幾年前，只要支付提前清償違約金，就可以立刻還清貸款。但這在今天已經不可能了，在固定利息期或十年特別解約期結束之前，只有出售房產時才有權利提前還款。提前清償違約金，無非就是現在立即支付這些年無論如何都必須支付的利息。如果你有終止合約的合法權利，政府對提前清償貸款的最高罰款金額有明確的規定。但如果是銀行通融你終止貸款，情況便不同了，你將付出非常昂貴的代價才得以提早結束房地產貸款。基本上，銀行現在不會再接受提前清償，因為它將錢視為負數。它們寧願繼續用房地產貸款擴大其資產負債表，並將以這種方式融資的房地產價值作為抵押品。如果你破產、失業、離婚或發生其他任何事情，那麼銀行不僅擁有你至今按照貸款協議所支付的分期貸款，而且不幸的是，還擁有房產。

　　這就是為什麼我建議你，如果銀行不立即解除你現有的房地產貸款，但你有錢繳清，那麼就建立足以相抗衡的力量。投資有限的有形資產，當其他資產在危機中貶值時，它們將呈指數級成長。

現在購買房地產以避免資金不受通貨膨脹影響？

　　不！一旦泡沫破裂，房地產價格就會下跌。當我們陷入通貨緊縮時，你再投資房地產。在通貨膨脹時，在惡性通貨膨脹時，房地產是一種價值儲存

工具。但還有其他資產也會隨著通膨而大幅上升。當然，如果你已經等待多年，急於置產，那麼機會很快就會到來。我認為，房價至少會下降40%。即使是保守的德國央行也認為某些地區和城市的房價被高估了30%。其他專家對此有更多的著墨。現在你可以明智地評估自己的情勢。如果你目前租房，並且在過去幾年中因為對房市有所質疑，那麼現在你等待的時機來臨了。你可以便宜地收購房屋、公寓。我們的座右銘是：逆勢而為。

商業房地產

在審視商業房地產與房地產基金時，同樣存在著這些預示一場風暴的跡象。自封城以來，眾多商店空無一人，無數零售商陸續關閉。H&M、Primark、Maredo、愛迪達（Adidas），許多其他零售商，還有咖啡館和餐館，都不願或無法支付租金，奄奄一息。購物中心冷冷清清，讓人聯想到末日啟示錄的殭屍電影。許多消費殿堂將永久關閉，許多知名品牌瀕臨結束營運，許多公司已經完全轉向網際網路，放棄實體店面。這可不是投資商業房地產的好環境！

股票帳戶與保險箱安全嗎？

關於股票帳戶和保險箱的安全性是我最常被問到的問題之一。不同於帳戶和存摺，股票帳戶和保險箱受到保護；它們被視為**信託資產**。

反之，若銀行陷入困境，《復原與處置法》可以透過所謂的強制性債務重組程序徵收帳戶和存摺。你沒聽說過這項法律？它是過去幾十年最重要的法律之一，因為它合法化了國家對儲戶的「徵收」行為。我之所以使用引號來引用「徵收」這個詞，是因為《復原與處置法》的規定不是《基本法》（Grundgesetz）意義上的「徵收」，而是「強化干預的內容規定」。該法律的作用不是為了「增加國家或另一個徵收受益人的資產，而是透過一個危及

生存的機構」來避開危險。話說回來，在緊急情況下，你的錢會突然間憑空消失。

《復原與處置法》

　　根據2015年1月1日公布的這項法律，成立於2008年的聯邦金融市場穩定局（FMSA）可以在具有系統重要性的銀行即將破產的情況下，沒收（充金）客戶（私人和公司）10萬歐元以上的帳戶金額。但僅限於下列七種情況均無法彌補差額的情況下，才會考慮此選項，它們是：取得股票、取得有限責任公司、兩合公司或合作社的股份，獲得貸款或無擔保、永久的、次級的債券。聯邦金融市場穩定局可以將這些債務減記至一個固定值（在極端情況下減記至零），或將其轉換為股份（根據《復原與處置法》第89條）。這些嚴厲措施的目的是拯救銀行，而不需要納稅人再次挺身而出；法律救濟或提出異議被排除在外。即使是訴訟，也不具暫停該政策施行的效力。即便該機構日後成功地被拯救、恢復並公布數十億美元的利潤，也沒有規定銀行應退回或補償支付給銀行的「援助」，或存戶也無權請求退回或補償。**這項法律適用於受影響銀行的股東以及私人和企業客戶。所有活期存款，如存摺、流通帳戶、定期和活期存款、儲蓄合約、證券帳戶的交割款項，以及儲蓄津貼都會受到影響！**

信託資產，以及保護不足的重要案例

　　保險箱或證券帳戶中的所有內容（股票、ETF、基金、債券或其他證券）都受到所謂信託資產的保護。信託資產屬於客戶，僅由銀行代為管理。**它不會成為銀行的破產財產。**即使德國聯邦金融監管局因面臨破產風險而對

某個金融機構實施延期償付權（亦即立刻有效地凍結承兌和付款），該機構的存款被凍結，但投資者還是可以將他們的股票帳戶移轉到另一家銀行，並且（如有必要，在預約後）進入銀行保險櫃。但這條規則也有一些例外。看來，覺得證券帳戶很安全的此一觀念，顯然是錯誤的。

證券帳戶（交割帳戶）

每個股票帳戶都包含一個所謂的證券帳戶（交割帳戶）。如果你有錢在該帳戶進行交易，這筆錢將落入銀行的破產財產中，根據2015年生效的所謂《存款保障法》（Einlagensicherungsgesetz），只有在法定的存款保障限額10萬歐元內受到保護。交割帳戶的處理方式與流通帳戶、儲蓄帳戶或活期存款帳戶相同。有些銀行也會主動提供更多保障，但效果還有待觀察。然而，可以肯定的是，根據《復原與處置法》，如果一家具有系統重要性的銀行陷入困境，為了挽救它或滿足債權人，可以從交割帳戶中提取受保障10萬歐元之外的剩餘金額。

證券借貸

如果你的銀行或證券公司將你股票帳戶中的股票和債券出借給投機者，如避險基金，並收取費用，你怎麼看待這件事？這種情況發生的頻率超乎你的想像。許多供應商將客戶的證券（股票、債券）有償出借，以便為自己再融資、為客戶提供優惠條件、創造額外收入，以及提高自己的收益。借券人成為證券的所有者，他可以自由處置這些證券，將它們賣空，也就是出售這些借入的證券，並以這種方式炒作下跌的股票。在賣空的情況下，上述借券人通常必須在幾天內歸還證券。證券借貸在金融機構的一般條款和條件中都有自己的規定。如果一般條款和條件中存在著這類條款，但借券人不歸還證券而委託存託銀行無法彌補損失時，就適用1998年的《投資者賠償法》（AnlEntG）。它對證券負債的保護範圍比《存款保障法》小得多。**具體而**

言，股票帳戶持有人屆時僅可獲得損失的90％，最高2萬歐元的賠償！

舉例來說，在知名委託存託銀行的一般條款中，你會發現這個並非完全不重要的補充：「如果銀行違反其職責無法歸還客戶的證券，那麼除了銀行的賠償責任外，還應向德國民營銀行法定賠償機構（Entschädigungseinrichtung deutscher Banken GmbH）提出賠償要求。」

委託存託銀行在交易過程中破產

假設委託存託銀行在交易過程中破產。那麼，可能出現例如證券訂單收益尚未記入交割帳戶，或者已支付的證券尚未記入股票帳戶的情況，也將不會再發生。這種情況也適用《投資者賠償法》中關於委託存託銀行的證券責任規定。如果出售證券的收益為1萬歐元，這意味著客戶僅能收到9,000歐元。若出售的收益為5萬歐元，根據該法律的最高限額，他僅有權獲得2萬歐元的補償。

委託存託銀行的詐欺案件

這種情況以前也曾發生過。某家委託存託銀行故意挪用顧客的資金或證券，也就是未將應付款項記入交割帳戶或未將某些證券記入股票帳戶。在這種情況，如果銀行無力支付，也同樣適用《投資者賠償法》中關於證券負債的不利規定：以90％的比例賠償，最高限額為2萬歐元。

結論和建議

這些事實清楚地表明，銀行股票帳戶中的證券並不像人們經常說的那麼安全。情況正好相反：如果發生緊急情況，作為股票帳戶持有人的你，只能從德國銀行的賠償組織獲得相對較少的賠償要求。這一點實在令人感到不安！

再次重申：無論你在股票帳戶的證券交易或證券借貸存入多少錢，都

存在著風險。對賠償機構的索賠金額僅限於這些證券價值的90%，最多2萬歐元。因此，如果證券被借出5萬或10萬歐元，或者銷售收益3萬歐元未記入，你最多只能獲得2萬歐元和90%的收益。這一法律規則或證券借貸的相應條款，使你作為股票帳戶持有人看起來像個十足的傻瓜。這些情況都規定在1998年公告的《投資者賠償法》，但幾乎沒有人知道這一點。其實沒關係，這也不是那麼重要，除非發生緊急情況。

有趣的是，由於金融危機，在2015年的法律修正案中，帳戶的存款擔保從2萬歐元提高到10萬歐元，最高保證額度內的保障比例修正為100%，這在1998年的原始版本中只有90%，最高保證額度為2萬歐元。《存款保障法》從原始的《存款保障與投資者賠償法》（Einlagensicherungs- und Anlegerentschädigungsgesetz）中獨立出來，保障範圍也隨之擴大。然而，保護範圍並未擴及證券帳戶，雖然歐盟最初曾提出此項建議。舊法的主體今日仍然有效，現在簡稱為《投資者賠償法》（Anlegerentschädigungsgesetz）。

然而，你不需要擔心儲蓄銀行和信用合作社會發生相同問題：這些金融機構的證券借貸條款未包含在一般條款和條件中，此外，它們也適用特定機構的再保險模式（Rücksicherungsmodell），代表銀行從一開始就不會破產。康姆德萊克銀行（Comdirect Bank）、Consorsbank和Smartbroker也不從事證券借貸業務。雖然自該法律發布以來，德國銀行從未發生過此類賠償案件。但凡事總有第一次。

請檢查你往來銀行的一般條款和條件，特別是貼現經紀人的條款和條件，了解其中是否規定出借保管股票和其他證券。特別是對直接經紀人的有利條件，經常透過這種方式再融資。如果你不確定你的委託存託銀行是否進行此類行為，請直接詢問它們。你可以禁止銀行從事這種行為。

基金公司也出借股票，特別是ETF

許多備受讚譽的ETF之所以如此便宜，是因為券商會借出ETF其中成

分股。如果該券商出現營運問題，這將帶來進一步的危險。大多數券商會與客戶分享這些收入。安碩（iShares）會將證券借貸淨收入的62.5%轉給投資者；Xtrackers則是70%。**41**

迄今為止，尚未發生過必須對德國委託存託銀行強制執行《投資者賠償法》證券責任規定的案例，但金融服務提供商的情況則有所不同。最有名的案件是法蘭克福的證券交易銀行Phoenix Kapitaldienst所進行的龐氏騙局。根據該法律，三萬名受害者獲得2.61億歐元的賠償金。在另外十八起案件中，支付了約1,300萬歐元的賠償金。

存款保障是針對個人或是針對帳戶？

但現在我們來看看《存款保障法》中有關保護客戶帳戶餘額的規則。每人10萬歐元的最高額度是否適用於每個人？還是每個帳戶？對於這個問題，人們經常感到困惑。有一種說法是，存款保護是針對每位客戶與每個帳戶。但這是錯誤的！正確的答案是：存款保障適用於每個人和每個銀行。因此，在同一家銀行開立多個帳戶是沒有意義的，因為存款保障與帳戶數量無關，而與人數有關。然而，聯名帳戶和已婚夫婦是一個特殊情況。在這種情況下，每個合夥人都能獲得10萬歐元的存款保障，保護範圍從而翻倍，達20萬歐元。

相對不為人知的是以下事實：在某些情況下，保障金額可以高達六個月（最高可達50萬歐元）。這規定於《存款保障法》第8條第2項。這些規定適用於與帳戶持有人的特定生活事件相關付款，例如：

- 具有社會目的之付款，例如退休、結婚、出生、離婚、疾病、護理需求。
- 來自企業退休金計畫的付款。
- 支付保險金。

- 解僱／免職後雇主支付的資遣費。
- 出售私人使用財產的收益。

假設你出售一個私人地產，數十萬歐元收益記入帳戶。恰巧這時你的銀行宣告破產，接著特別存款保險生效，最高額度為50萬歐元，超過這個數字的所有帳款也會隨之消失。這意味著，如果你收到80萬歐元的房產收益，只有50萬歐元會得到保障，其他30萬歐元則憑空消失。

銀行聯盟和歐洲存款保險計畫

我曾強烈批評的歐洲存款保險計畫（EDIS）和銀行聯盟正在崛起。在非民主任命的歐盟委員會主席馮德萊恩唆使下，它的成立在2019年得到進一步推動。銀行業聯盟將作為歐洲穩定機制（ESM）的一部分予以建立，它涉及德國銀行對歐元區其他銀行的責任。當然，這將是致命性的。

所謂的歐洲存款保險計畫會在2028年前逐步引入。從2021年開始，會進入再保險階段，這時，現有的國家保障體系會得到補充，並為其提供流動性保障。在此一階段，尚未預見到損失的共同體化。銀行資產負債表的風險會首次降低。為此，金融業的國家破產規則會標準化，銀行的資本和流動性資金也會達到統一。相較於資產負債表乾淨的健康銀行，高風險銀行應支付更高的保險費。歐洲南部邊緣的國家不僅強烈堅持債務的共同體化，同時也推動銀行損失的共同體化。南方國家已經在前者取得成功。因為在新冠危機期間，這樣的債務共同體化已經透過歐洲債券的後門得以建立。

北歐國家仍然對銀行聯盟和銀行機構損失的共同體化持抵制的立場。唯一的問題是：它們還能堅持多久？如果你某個時候在報紙上看到馮德萊恩要實施歐洲存款保險計畫，那麼這時就是清空帳戶的最後時機。

在這方面，德國《資本投資法》（KAGB）第98條也很有意思。你聽過這條規定嗎？可惜的是，這一項條款僅有少數人知道。該條款規定，在特殊

情況下，資本管理公司可以拒絕甚至暫停贖回基金占比。如果投資公司（電影、船舶、森林或基礎設施基金等另類投資基金）和投資基金公司出現投機失利，它們可以把問題轉嫁給投資者與客戶。

務必當心

　　保險箱裡的所有東西都是信託資產，在銀行破產的情況下不屬於銀行的破產財產。如果你在那裡存放重要文件，歐元紙幣、金幣、相簿、珠寶和其他東西，它們都屬於你的。這些物品在法律上是你的財產，你只是向銀行租用保險箱，銀行無權使用，銀行只是保管人。如果銀行關門，你保有保險箱的鑰匙，但卻沒有銀行的鑰匙。因此，你必須配合銀行的營業時間。在未來，這是關於存取權限的問題。你是否還能運用你帳戶裡的資金？在賽普勒斯（Zypern）是如此運作的：帳戶中超過10萬歐元的錢都會被徵收。而在保險箱存放10萬歐元以上現金的人，則不需承擔任何損失。

　　但這個情形也可能很快生變。舉例來說，存款保障可能降至5,000或1萬歐元。徵收某種財產本體稅或財富稅也可能發生。屆時，每個帳戶或股票帳戶都會受到影響，存款或資產會直接被課稅。

　　忠告：切勿在帳戶中放太多錢！但我也不贊成為了享受每家銀行高達10萬歐元的存款保障而分散在多家銀行開戶的做法。因為：

1. 帳戶裡的錢不是你的，而是銀行所有。你對銀行只有債權，僅此而已。只有提領出來的錢才真正屬於你。
2. 銀行不再提供存款利息，甚至出現負利率的情形。或者由於帳戶管理費用使帳戶餘額不斷減少。
3. 通貨膨脹吞噬你的金融資產購買力。
4. 存取受到銀行開放時間與可能銀行倒閉的限制。
5. 金融壓抑主要影響銀行存款。

6. 在一家大銀行或數家銀行同時破產的情況下，存款保險是否真能生效，實在令人存疑。

德國的活期存款、儲蓄存款及定期存款總額為2.73兆歐元。根據歐洲銀行管理局（EBA）的資料，德國所有基金的可用抵押品總額為69億歐元。然而，由於格林西爾銀行（Greensill Bank）破產，現在減少了20億歐元。這表示只有大約0.27%的受擔保儲蓄存款得到保障。到2024年，這個比例必須達到0.8%。如果我們把歐元區作為一個整體來看，就會出現更加災難性的畫面。在這裡的帳戶大約累積了20兆歐元。你很快就會發現，存款保障系統僅在不需要時才會發揮作用。一旦發生重大的銀行危機，存款保障將不堪重負，儲蓄存款也將消失。基於這個原因，錢可以放在任何地方，就是不要放在銀行帳戶中。

一般來說，我建議在帳戶中最多留下兩到三個月的管理費用。存錢速度很快，但提款總是需要很長時間，而且涉及的問題和金融壓抑越來越多。所有銀行的自動提款機最多接受10萬歐元的存款。

即將發生的事情：保險箱登記冊

與此同時，也引入了透明度登記冊，歐盟第五項洗錢指令要求對《銀行法》（Kreditwesengesetz）和《租稅通則》（Abgabenordnung）進行相應的修訂。這項規定就像自動帳戶檢索，銀行必須向政府當局提供現有保險箱以及其所有者的最重要資訊（姓名、地址）。每個保險箱都要進行登記與報告，這是無可避免的。該指令文本規定：「為方便存取銀行帳戶和保險箱的授權所有人與持有人身分資訊，應在中央洗錢防治中心建立透明度登記冊，其中包括授權持有人和所有者（『實質受益人』）的身分資訊。」如你所見，資產保護在未來將變得越來越困難。

另外，你可以選擇獨立於幫派外的（這是電腦自動校正，它實際上應

該是「獨立於銀行外」，但我覺得它非常合適，因此保持原樣）保險箱供應商，例如Degussa Goldhandel GmbH或EMS（Werteinlagerung.de）。（譯注：幫派德文為Band，銀行德文為Bank，僅一字之差。作者在此以前者取代後者，表達銀行等同於幫派的雙關語。）

比特幣：此生最大的投資機會！

> 「如果你不相信或不明白，我也沒有時間說服你。」
>
> 比特幣發明者中本聰（Satoshi Nakamoto）

　　請不要被標題中的「比特幣」一詞嚇到。我會慢慢介紹這個貨幣！接下來的內容可能會永遠改變你的生活。在我的前一本書《史上最大崩盤》（*Der größte Crash aller Zeiten*）中，我使用一整章篇幅討論比特幣，試圖將這種加密貨幣的複雜性翻譯成易於理解和簡單的語言。許多讀者隨後加入這個行列，巨大的收穫指日可待。但目前我們尚處於比特幣起漲的開端。

　　「比特幣」這個話題大多與負面標題相連結。當媒體報導比特幣時，往往與黑錢、犯罪、黑客或勒索有關。大多數犯罪分子使用99.9%的美元、歐元及其他法定貨幣，但這一事實很少在媒體上報導。比特幣究竟是什麼？**為什麼說比特幣是你此生最大的機會？**

這一切是如何開始的：比特幣，危機的產物

　　讓我們從頭說起。在2008年金融海嘯期間，比特幣的無名發明者中本聰興起創造一種更好貨幣的想法。當時，銀行甚至整個國家都因設計錯誤的貨幣和金融體系搖搖欲墜。他得出的結論是，危機反覆出現的根本原因是我們的無擔保貨幣體系以及致命的央行政策，它對這些危機總是採取一成不變

的因應方法。

打開錢的閘門

自1980年代以來，各國央行對金融市場危機的反應，特別是美國主要央行聯準會的因應措施始終如一：打開貨幣閘門，降低利率，刺激經濟。這樣只平息了危機怪物，而不是打敗它，所以這只是一場爭取時間的遊戲。由於採取這種錯誤的做法，聯準會和世界各地的其他中央銀行只是在為下一場甚至更大的危機鋪路，解決每次危機變得越來越昂貴。數百萬的紓困計畫和印鈔措施後來變成數十億，最後達到數兆。不僅中央銀行憑空創造巨額貨幣，在政府方面，也承擔了巨額的債務。2008年，銀行的紓困方案花費德國政府數十億，而聯邦政府最大的經濟振興計畫是50億歐元的汽車報廢獎金計畫，這在當時是筆相當龐大的金額。今天，這是個笑話，這麼一丁點的金額在一個早上便可撒光。現在，我們談論的不再是數十億，而是數兆。令人擔憂的是，這種情況不僅發生在中央銀行，連國家也無法倖免，而且看不到盡頭。這項行動的連帶損害與日俱增。

同樣的遊戲在經濟衰退期間上演。一旦經濟衰退出現，政府就會恐慌地開始採取降息和貨幣政策措施，這種情形至今仍然存在。在過去，為了阻止經濟衰退，總是須將利率降低大約五個百分點，當然還有向系統注入資金。

如此一來，國家和中央銀行事實上逐步將自己逼入天文數字的困境，陷入危險和不健康的依賴，它們再也無法逃脫這個牢籠。對我來說，有一件事是肯定的：**這個系統內沒有解決方案！**中本聰在2008年已經意識到這一點，並因此創造了比特幣。

　　2008年8月18日，懷孕中的中本聰在分娩前已經為他的孩子取好名字：**比特幣**，並申請網際網路域名：bitcoin.org。2008年10月31日，他在該網際網路上發表了一份名為《比特幣：P2P的電子現金系統》（Bitcoin: A Peer-to-Peer Electronic Cash System）的白皮書（手冊），並尋找有能力的密碼學家和開發人員作為這個孩子的教父母，從而自豪且快樂地首次公開宣布他的構思。在這些專業人員的協助下，這個共有的比特幣寶寶終於在2009年1月3日誕生。

　　到了2021年，比特幣只有十二年的歷史，也就是說還不到青少年的年齡。儘管比特幣還很年輕，但它已經取得巨大的發展，實際上已成為一個真正的巨人。它的童年生活相當動盪與狂野，但青春期將大放光彩。我們都有相同的經驗，當步入青春期，人生才真正開始，有些人很高興享受自由無拘的生活。對於比特幣來說，這似乎有點輕描淡寫。任何認為比特幣已經過了瘋狂階段的人，大錯特錯。未來幾年發展將令人嘆為觀止且充滿戲劇性；我們才正要進入重頭戲。到目前為止，我們所看到的僅是熱身，是前奏，是暴風雨前的一股溫和的微風。**現在即將到來的是有史以來最大的牛市！我們一生中最大的投資機會！**

　　是的，你沒看錯！比特幣是過去十年中最成功的投資，甚至是有史以來最成功的投資！第一個註冊的比特幣價格在2010年3月才剛出現，當時價值0.003美分！今天已經站上約23,000美元的位置！截至2020年12月26日，市值約為4,600億美元。

　　比特幣是過去十年中最成功的投資，它上漲了4,852萬％！多麼驚人的漲幅！你要堅持下去！

　　（更新：比特幣是一項顛覆性發明，其價格也是如此。幾個月後，價格為~~49,000~~59,000美元，市值達到~~9,000億~~超過1兆美元。當你手上拿到這本書時，又會多幾條雜亂的刪除線。但我預測是向上發展。）

　　比特幣在2011年2月來到1美元。兩年後突破100美元，甚至在同年又

衝破 1,000 美元大關。四年後的 2017 年達到 1 萬美元大關，同年 12 月 17 日創下 19,783.06 美元的歷史新高。我在 2020 年 3 月和 11 月的兩段影片中，逆勢建議大家投資比特幣，並預測聖誕節前價格會出現新高點。爾後的趨勢彷彿依照命令行事，它的價格超過 25,000 美元。

世界上最貴的比薩！

　　你願意花 4.9 億美元買兩個披薩嗎？你肯定會認為我腦袋不正常，但確實有人這麼做。他不是一個億萬富翁，而是一個普通公民。這個故事堪稱是個傳奇：2010 年 5 月 22 日，美國人拉斯洛・漢耶茲（Laszlo Hanyecz）在佛羅里達州進行世界上第一筆比特幣交易。他用 1 萬比特幣買了兩個披薩，而比特幣今天的價格是：4.9 億美元。這筆比特幣的幸運接收者是傑里米・史德文特（Jeremy Sturdivant）（別稱 Jercos）。至於他如何處理這筆比特幣寶藏，至今仍是個祕密。從那時起，每年 5 月 22 日都會舉行「比特幣披薩日」（Bitcoin Pizza Day）。

為什麼我們會看到新高點

　　會提出這種預測是基於幾項充分的理由。讓我們從中央銀行與國家開始：（注：這部分內容其實我在 2020 年秋季比特幣大漲之前就已經完成，但它現在仍然適用。）

中央銀行的終極實驗

　　「每個投資者都冒著在巨大的貨幣膨脹中失去財富的風險。我們都需要不以法定貨幣為基礎的價值儲藏工具，比特幣就是解決方案！一個

作為避風港的值得信賴、絕對安全的價值儲藏工具。」

微策略（Microstrategy）創始人兼執行長邁克・塞勒（Michael Saylor）

2008年到現在，我們一直處於財政緊急狀態。自從由貪婪、投機及狂妄引發的貨幣和金融體系瀕臨死亡以來，世界各國的中央銀行已經採取歷史上前所未見的措施：**利率已降至歷史低點，在大多數情況下，利率甚至處於負值。**

目前有18兆的國債均為負利率！

超過一半的歐洲政府債券利率很快會降為負值。2021年2月，這個比例已經達到47%，而且趨勢還沒有停止的跡象。**與此同時，貨幣的閘門大開，市場上長期充斥著廉價的流動性。**一場名副其實的資金海嘯湧入市場，導致房地產、股票、藝術品等領域的資產泡沫越來越大。這場貨幣和中央銀行的實驗可以用這個口號來概括：「**零利率且毫無理智**」（Ohne Zins und Verstand）（參見第174頁的圖34）。

聯準會現在帳面上有高達7.442兆美元的資金，相當於這個世界最大經濟體國內生產毛額的34.7%。這非但不是盡頭，而且還會繼續發展下去。除了負利率，我預計還會推出更多的債券購買計畫與負利率。座右銘是：**我們什麼都買，除了狗飼料**（參見第28頁的圖3）。

法蘭克福歐洲央行同事們的表現絲毫不遜於美國。在這裡，圖中也呈拋物線上升，非常清楚地呈現該系統的功能失調：歐洲央行帳面上已有7.2兆歐元，約占歐元區國內生產毛額的72%。本屆冠軍聯賽的獲勝者是瑞士國家銀行的142%與日本銀行的131.6%（參見第28頁的圖4）。

令人嘆為觀止且同樣具有歷史意義是圖36描繪的美國M2貨幣供應量。**M2在2020年成長至26%**！它占了已發行所有美元的21%。該系統需要越來越多廉價貨幣和低利率的致命劑量。

美國國債也開始快速累積，目前已達到28兆美元，占國內生產毛額的

圖36　美國：M2貨幣數量
一年內的百分比變化

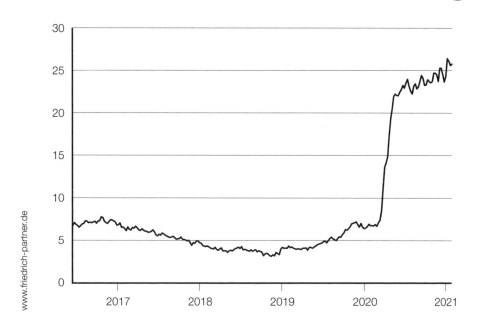

129%（參見第26頁的圖1）。

　　全世界的債務不斷地創下歷史新高。目前，它的規模為288兆美元，約占全球國內生產毛額的360%。

　　全世界的中央銀行均處於岌岌可危的境地：在現有的貨幣體系中它們永遠無法再次升息。否則，瀕臨破產的國家將會破產，殭屍企業會倒閉，經濟會停滯，投資泡沫會破裂，失業以及債務會爆炸。基於這個原因，全球的中央銀行不得不面臨繼續降息並印製鈔票的破壞性螺旋式下降，直到痛苦且代價高昂的結局出現。因為連帶的損害會越來越具有毀滅性，後果也會越來越昂貴。不僅是貨幣，政治、經濟及社會都呈現相同態勢。

　　鑑於這種泛濫「零利息且毫無理智」的債務和印鈔，投資者與儲蓄者需要藉助自然界或數學上有限的價值物來保護自己的購買力！其中之一就是比

圖37　美元價值與比特幣
1美元兌換比特幣的數量

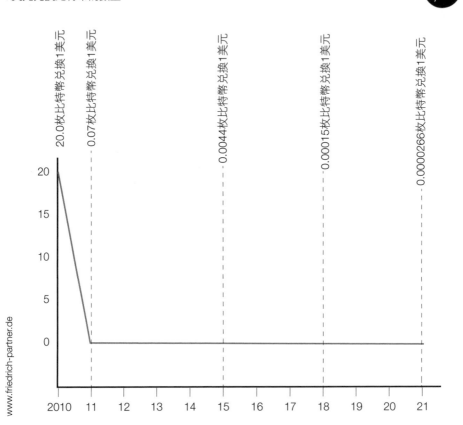

特幣！越來越多的人意識到這一點。

　　因此導致如下的結果，1美元可兌換的比特幣越來越少。美元的購買力比陽光下的冰塊融化得更快。**與比特幣相比，世界上所有的貨幣都已經處於惡性通貨膨脹。對比特幣的貶值高達99.99%。**

　　順帶談一下惡性通貨膨脹。看看1923年德國馬克的黃金價格，並將其疊加到比特幣的價格趨勢上也很有意思（參見圖38）。

　　這可能是未來發展的一個預兆。

圖38　1個比特幣的美元價值

德國：1個黃金馬克的紙馬克價值

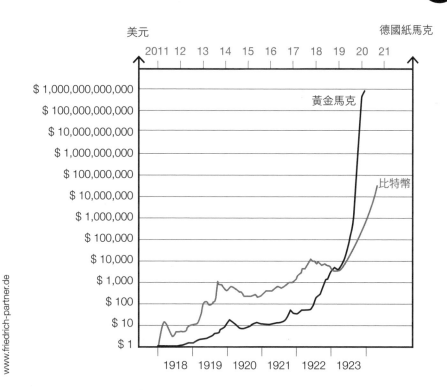

賺大錢的機會來了，挖掘比特幣

「我現在比以前更喜歡比特幣。我認為，我們對比特幣的認識僅僅
停留在初始階段，我們仍有很長的路要走。」

保羅·圖多爾·瓊斯，傳奇的避險基金經理

2020年8月上旬，一顆巨大的炸彈爆炸了，全球都感受到這個震撼力。
一個新時代宣告開始。你沒聽說嗎？是的，這極為可能，因為新聞和電視上

都沒有報導。那麼，到底是哪一件事如此驚天動地呢？

在美國那斯達克證券交易所上市的科技公司**微策略**宣布，它已經將5億美元的現金準備中高達2.5億美元投資比特幣。這個消息宛如一顆震撼彈，以驚人的力量振奮了所有比特幣內部人士。

該公司的理由是：它們一直思考如何在零利率和負利率的環境下妥善投資，以保護資產的購買力。政府債券不是一種選擇；股票與房地產的價值都被過分高估。最後的答案是比特幣！它是抵禦通貨膨脹與價值儲存的完美保護，因此是對抗中央銀行不斷印鈔的堡壘。我在個人YouTube頻道上對該公司的執行長兼創始人塞勒曾進行一次造成轟動的採訪。

故事還沒結束。僅僅一個月後，微策略加大力度，又向比特幣投入了1.75億美元。這時比特幣的平均價格為11,111美元。最近，該公司甚至以每枚19,400美元的價格又投資比特幣5,000萬美元。

塞勒的最後突擊是：他在資本市場上以每年0.75%的票面利率發行公司債券，籌集了6.5億美元，並將這筆錢全部投資於比特幣。然後，他又以0%的價格發行了另一筆9億美元的債券。這次，他總共募集了10.25億美元，並將其以一比一的方式轉換為比特幣。該公司現在擁有91,064枚比特幣，根據最後一次統計，該投資獲利已經超過一倍。塞勒計畫繼續投資，因此，微策略的股票是最好且最便宜的比特幣ETF投資。

其他公司見狀爭相仿效微策略公司的做法，例如Square。這家由推特創始人傑克‧多西（Jack Dorsey）擁有的金融科技公司，主要從事行動支付業務。它在比特幣上投資了5,000萬美元。值得一提的是，多西一直是比特幣的忠實粉絲。他的推特帳戶只有一個標籤，那就是#bitcoin。

推特還提供了一個自動表情符號，也就是比特幣字樣標記。

雖然這些只是推動比特幣大規模應用的一件小事，但從整體發展來看，這類象徵性舉動仍然極為重要。然而，更關鍵的是各種避險基金傳奇人物的意見，例如達利歐、瓊斯、比爾‧米勒（Bill Miller）或卓肯米勒，

在經過多年的抨擊之後，他們最近頻頻對比特幣發表積極的評論。貝萊德（BlackRock）的資訊長也加入比特幣支持者的名人行列。瓊斯稱之為「對抗通膨的千里馬」，卓肯米勒預計通膨將落於兩位數的百分比範圍內，並將比特幣與黃金視為對抗通膨的最完美盾牌。

下一個里程碑也同時到來：PayPal宣布將啟用比特幣交易作為支付服務，甚至將數位貨幣作為支付選項納入其網路中。PayPal總裁丹·舒爾曼（Dan Schulman）也以比特幣粉絲之姿出現，並認為數位貨幣的未來一片榮景。信用卡巨頭萬事達卡與Visa也加入這個行列。兩家信用卡供應商都宣布會把比特幣納入其系統中。

伊隆·馬斯克（Elon Musk）和特斯拉再度引發巨大骨牌效應。首先，創新者馬斯克於2021年初在推特個人介紹上加入了「比特幣」標籤。不久之後，他宣布投資15億美元比特幣。這件事是遊戲規則的改變者，是比特幣大規模應用的里程碑。預估將會有更多公司跟進，海嘯般的資金將流入比特幣。

越來越多的老牌投資公司推薦比特幣作為多元化投資。例如，投資公司傑富瑞（Jefferies）將其510億美元中的5%投資於比特幣，同時建議客戶跟進。美國銀行紐約梅隆（BNY Mellon）也希望為客戶提供購買與儲存比特幣的可能性。

「比特幣是一個鬱金香泡沫，將跌至零」

「比特幣一直非常不穩定，但我認為現在它的抗跌性一天比一天好。我相信比特幣歸零的風險從未如此低過。」

美國傳奇投資者比爾·米勒

多年來，一直有反對者認為比特幣只不過是一個巨大的投機泡沫。從

圖39

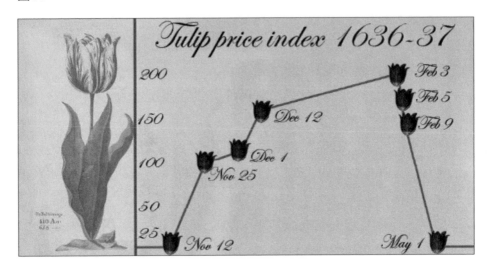

巴菲特到保羅・克魯曼（Paul Krugman）再到魯里埃爾・魯比尼（Nouriel
Roubini），為比特幣敲響喪鐘的名單極為冗長，其中不乏知名人士。

　　許多人將比特幣的發展與十七世紀荷蘭的鬱金香狂熱進行比較。正如
摩根大通執行長傑米・戴蒙（Jamie Dimon）所說：「比特幣是一種欺詐性
系統，它比鬱金香泡沫還要糟糕，而且結局會更危險。」（整件事最諷刺的
是：該銀行將推出比特幣產品，現在已經正式公布14萬美元的目標價格。）

　　諾貝爾經濟學獎得主經濟學家席勒也表示，比特幣讓他想起鬱金香狂
熱。整個批評浪潮到了魯比尼達到高峰，他將比特幣描述為「所有泡沫之
母」，甚至將其發展評價為「比鬱金香泡沫還更糟糕」。

　　荷蘭的鬱金香狂熱是經濟史上第一個有記載的投機性泡沫。

　　下列幾個原因說明將比特幣發展與鬱金香泡沫進行比較是不恰當的。

- 首先最重要的是，正如文中提及，比特幣已經解決一個實際問題（價
  值儲存），並且確實已正式運用。相反地，鬱金香過去和現在都是一

種裝飾性但最終無用的奢侈品。

- 鬱金香狂熱僅持續數個月。比特幣的持續上漲趨勢將是有史以來持續時間最長的投機階段（十二年）。
- 鬱金香的壽命有限，而比特幣卻沒有。
- 比特幣易於運輸，不像植物那麼敏感。
- 植物很容易被偷盜，比特幣受到加密保護。
- 比特幣是可分割的（就像金錢一樣！），植物球莖是不可分割的。
- 由於金融世界的執行力度越來越大，比特幣真正跌至零或被禁止的可能性日益降低。
- 著名的鬱金香泡沫（1636至1637年）是一次性的投機泡沫，但比特幣發展至今將是第一個多次出現的投機泡沫，其投機商品的價值不斷飆升至新高度。

自誕生以來，比特幣已被宣布死亡整整390次，但它似乎越挫越勇。比特幣常被比擬為強壯的蜜獾，這是一種無畏且聰明的動物。

以下這個改變遊戲規則的事實顯示出，比特幣終於受到世人的承認，尤其是在金融界：美國人壽保險巨頭**萬通人壽保險公司**（Mass Mutual）將其2,350億美元存款中的1億美元投資於比特幣，此舉對整個行業產生巨大的信號效應。這種名為比特幣的新資產類別在問世十二年後，終於贏得該公司的信心。這個現象被稱為林迪效應（Lindy-Effekt）。

林迪效應一詞指出

一項新技術存活的時間越長，它在未來持續存活的機會就越大。這種效應以紐約的傳奇熟食餐廳林迪（Lindy）命名，客人們於此猜測百老匯的新劇能在檔期停留多長時間。

「比特幣將被禁止！」

「比特幣是邪惡的。」

經濟學家保羅・克魯曼

　　事實上，目前有七個國家（馬其頓、玻利維亞、阿爾及利亞、孟加拉、越南、巴基斯坦、阿富汗）「禁止」使用比特幣。

　　儘管如此，我認為比特幣被禁止使用的風險非常低。首先，不可能禁用一個去中心化的系統。美國與中國已經嘗試過，但均以失敗告終。此外，不斷增加的大規模採用也提出反證。預估此禁令將會引發金融界的強烈抗議。

　　比特幣用戶的數位資產活動應該在多大程度上受到控制和制裁，目前尚不清楚。唯一可能被禁止的是比特幣（買賣）的交易以及持有。但即便如此，精明的現代人也會找到方法與手段來規避此一禁令。過去的經驗早已表明，比特幣交易黑市很快便會出現，如同以前的黃金禁令、禁酒令等一般。各國曾經禁止毒品和許多其他東西，但最終所有這些措施都無助於使其完全消失。

　　此外，比特幣在金融界已經占有一席之地並落地生根，而且有越來越多的相關產品問世。然而，目前的市場規模仍然太小，因此顯得無足輕重。至於黃金在當時之所以被禁止，主要是因為金本位制的存在，黃金等於貨幣。但此舉反而限制了國家的運作空間。

　　反對比特幣禁令的另一個論點是，不僅監管機構公開反對，政客也不同意。前懷俄明州（Wyoming）財政部長，同時也是新當選的美國參議員辛西婭・盧米斯（Cynthia Lummis）是一個支持比特幣的極端主義者。她在接受美國廣播公司（ABC）的電視採訪時曾明確表示，自己的工作是向參議院同事解釋加密貨幣的意義。在那次採訪中，她指出，由於專業原因，她一直在尋找一種良好的價值儲存方式，美元因為不斷膨脹導致貶值，而比特幣不會

發生這種情況。比特幣的總發行量僅2,100萬枚，然後便停止供應。這個貨幣數量是有限的，因此市面上比特幣流通量永遠只有2,100萬枚。

需求成長快於供給

除了比特幣指數股票型基金（ETF）外，市場上出現越來越多的加密貨幣基金。對比特幣的需求已經超過運算所能生產的數量。如果每天生產900枚比特幣，每週就是6,300枚比特幣，一個月就能達到25,200個。2020年9月，這些加密貨幣基金在短短一週內幾乎買下整個月的產量。

2020年聖誕節的前兩天，加密資產管理公司灰度（Grayscale）在一天內購入的比特幣是一天生產量的十三倍：即12,000枚比特幣。

這一趨勢將持續下去，甚至會更強勁。因為越來越多的大筆資金將透過投資產品來投資比特幣。我們只不過是處於這段漫長旅程的起點。

比特幣鯨魚

鯨魚（德語：Wale）是指那些擁有大量比特幣的所有者，他們可以變動或影響價格。這些人包括：

- 中本聰：大約100萬枚比特幣。（從未出售或移轉！）
- 灰度：649,130枚比特幣。
- BlockOne：14萬枚比特幣。
- 溫克勒佛斯兄弟（die Winklevoss Brüder）：約10萬枚比特幣。
- 微策略：91,064枚比特幣。

最後但並非最不重要的一點是，許多數位貨幣的前宿敵也紛紛加入此一潮流，並表現出開放的態度。這可能由於比特幣在今年的表現再次名列前茅，價值成長超過200%，而受到來自客戶的壓力。多家知名銀行發布的分

析報告中，在目標價方面表現均優於其他銀行：

- 巴伐利亞銀行（BayernLB）：9萬美元。
- 摩根大通：14萬美元。
- 花旗銀行：31.8萬美元。
- 古根漢（Guggenheim）：40萬美元。

我在多年前對比特幣預測的六位數目標價現在聽起來不再那麼瘋狂。市值約為9,000億美元的比特幣，在財富金字塔中仍屬於輕量級。

比特幣價格達到六位數？庫存流量比模型（更新）

> 「我們已經決定把錢和信任放在一個沒有政治操控與人為錯誤的數學模型上。」

美國投資者與企業家泰勒‧溫克勒佛斯（Tyler Winklevoss）

比特幣的價值已經超過PayPal、Visa、萬事達卡或比爾‧蓋茲與傑夫‧貝佐斯（Jeff Bezos）的財富。若比特幣追上蘋果（Apple），價格將超過10萬美元。

你認為比特幣的合理價格為何？

我接觸過的許多投資者認為六到七位數的價格是合理的。

我在上一本書中，首次向全世界以印刷形式介紹推友PlanB（@100trillionUSD）提出的庫存流量比模型（Stock-to-Flow-Model, S2F），用來描述一種物品的稀缺性。S2F模型透過將商品的年度新流入量與現有商品庫存量的關係來顯示資產的比率。S2F的數值越高，表示商品越稀有。黃金的S2F為58.3，其計算方法是將已開採的19萬噸黃金除以3,260噸的年產

圖40 財富金字塔
以兆美元計／2月21日

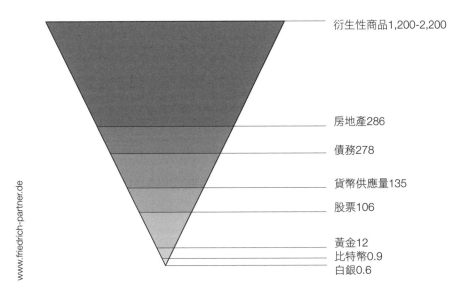

衍生性商品1,200-2,200

房地產286

債務278

貨幣供應量135

股票106

黃金12
比特幣0.9
白銀0.6

www.friedrich-partner.de

量。所以需要58.3年的生產才能達到目前的黃金庫存。白銀位居第二，S2F為33.3（90萬噸庫存量，每年產出2.7萬噸）。

　　高S2F數值使貴金屬成為貨幣商品。鈀金、鉑金及所有其他商品的S2F略高於或低於1。目前的庫存量通常等於或低於年產量，因此產量成為決定性的影響因素。這些商品的S2F幾乎不可能更高。因為一旦有人開始囤積，價格便會上漲。結果產量增加，價格再次下跌。要擺脫這個螺旋式發展極其困難。

　　比特幣每挖掘出21萬個區塊（約四年時間），獎勵便會減半。我將在下頁的專欄中解釋這個概念。2020年5月第四次減半之前，比特幣的S2F為25。在這次「減半」之後，比特幣產量下降了50%，從每天1,800枚比特幣下降到900個，2020年5月，S2F上升到50。S2F模型在其第一個版本中因此假設，到2024年，比特幣價格為5.5萬美元。

圖41　比特幣
　　　對比價值

如果比特幣的市值與以下資產完全相同，那麼1枚比特幣的價值會是多少。
狀態：2021年2月

資產	比特幣／美元
美國國債	1,400,000
美國國內生產總值	1,200,000
美國M2貨幣供應量	1,100,000
黃金	600,000
聯準會資產負債表	400,000
蘋果	101,000
Google	65,000
特斯拉	45,000
比特幣	**35,000**
Visa	27,000
摩根大通	17,000
PayPal	12,700

www.friedrich-partner.de

減半

　　供給量有限的比特幣每十分鐘生成新區塊。最初，每次挖礦獎勵為
50枚比特幣，直到2012年上半年，這個數字將被減半（Halbierung）。
這是為了防止比特幣過度膨脹。第二次減半是2016年。2020年5月11
日晚上，則是再次減半的時程。在這第三次減半中，獎勵的比特幣數量
再次減少，從12.5枚減少到6.25枚。

　　在比特幣減半計畫中，開採區塊的獎勵大約每四年便會減半一次。
找到「雜湊運算力」（Hash）的礦工，即滿足有效區塊的工作量證明機

制的礦工，會獲得比特幣形式的獎勵。區塊獎勵包括人們為該區塊的交易支付與新創建的比特幣的費用。這代表礦工在驗證一個區塊的交易時，收到的比特幣會減少50%。比特幣減半發生在挖掘出二十一萬個區塊時，大約每四年一次，直到達到2,100萬比特幣的最高數量。

比特幣減半對交易者來說是一個重要事件，因為它減少了網路產生的新比特幣數量。這也限制了新比特幣的供應，所以即使需求不變，價格也會上揚。比特幣每四年為週期的減半造就了它的牛市（2013年、2017年及2021年為其牛市）。PlanB在其模型中也指出這一點。丹‧霍爾德（Dan Held）預計可能會有一個超級週期，價格將上漲至一百萬美元。但這也意味著我們法定貨幣體系的終結。這些減半代表新比特幣的成長（在比特幣的脈絡下通常被稱為「貨幣通膨」）是漸進，而非直線性的。

圖42　比特幣貨幣資訊

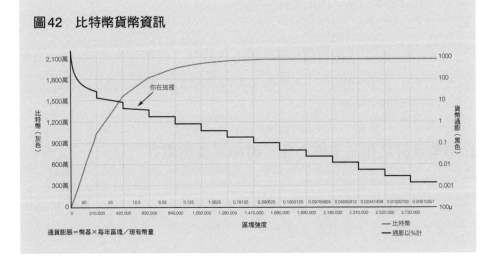

推友「PlanB」在更新中重新命名該模型（BTC S2F Cross Asset – S2FX），刪除時間因素，將其分為數個階段，並納入黃金與白銀。

比特幣可分為以下幾個階段：

- **第一階段**：概念驗證
  S2F 1.3，市值100萬美元（白皮書發布後）。
- **第二階段**：支付
  S2F 3.3，市值5,800萬美元（比特幣對美元匯率為1：1之後）。
- **第三階段**：電子黃金
  S2F 10.2，市值56億美元（在比特幣價格與黃金價格持平後）。
- **第四階段**：金融資產
  S2F 25.1，市值1,140億美元（比特幣市值達到10億美元之後，在日本和澳洲被公認為貨幣，並進入金融領域）。
- **第五階段**：白銀／黃金回歸（尚未結束）
  BTC S2FX：56，市值5.5兆美元。

根據此一模型，比特幣的S2F將上升到56，而非50，市值為5.5兆美元，而不是之前的10億美元。據此，直到2024年，在這個週期中比特幣的公平價格將為28.8萬美元。

比特幣是神之作，去中心化、有限以及無國界

「比特幣是密碼學上的一項非凡成就。它創造出無法被複製的能力，而該能力具有龐大的價值。」

前Google執行長艾立克・史密特（Eric Schmidt）

推動比特幣價格強勁上漲的第三點是其基本面。比特幣是去中心化的，獨立於遊說者的利益、人類的弱點、貪婪和腐敗之外。沒有中央銀行和職業

圖43　比特幣S2F跨資產模型

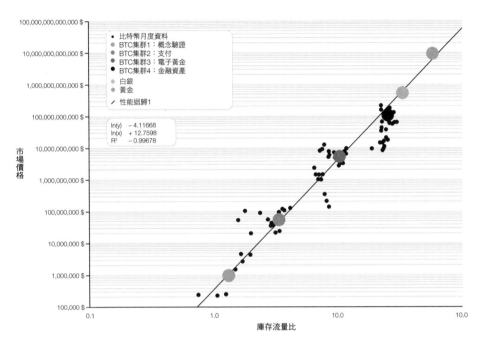

政治家能夠進入比特幣系統；比特幣不可篡改且易於攜帶。與我們目前的貨幣體系相比，它是通貨緊縮的。同樣地，比特幣是有限的，也是唯一我們可以真正用數字來量化的商品。我們不知道地殼中還剩下多少黃金、白銀及銅，也不知道還能開採多少石油。但我們知道，比特幣的運算是有限的，它的最終數量約2,100萬枚。

　　所有這些迷人而獨特的屬性將很快被大眾認可，然後事情就會變得瘋狂。世界各地的中央銀行都在玩相同的遊戲。實際上，我們到處都能看到威瑪共和國2.0的身影。央行將會絕望地試圖推動通貨膨脹，以犧牲我們公民的利益為代價來減輕政府的債務負擔，然後人們會尋找安全的避風港。長期以來，我們在收費諮詢服務中，不斷地建議客戶投資在自然界和數學上有限的有形資產。這些是對抗央行和國家無休止的印鈔與永久性危機模式的一種

人壽保險。

　　貨幣體系被膨脹，人們對無擔保紙幣的信心逐步瓦解，進而推動比特幣的價格上漲。當賺大錢的機會來襲時，誰也無力阻擋。世界上百萬富翁的數量遠高於比特幣，這代表不是每位百萬富翁都能擁有一枚比特幣。這也代表，如果今天你擁有一枚比特幣，代表你拿走了一個百萬富翁的比特幣。

　　到2021年底，我認為比特幣的價格會超過10萬美元。假設以四年為週期，我們會在年底看到高點，然後再次進行修正。下一個牛市將在2024年減半之後開始。我假設，到這個十年結束時，我們會看到明顯更高的六到七位數金額。現在每個人都面臨史上最大規模財富移轉的歷史性機會。比特幣是讓每個人在經濟上獨立的彈弓。我們仍處於此一發展的最初階段，而我堅信，比特幣是我們一生中最大的投資機會。如果現在設定正確的路線，便可以創造數代的財富。我想與你分享另外兩個好兆頭：根據中國農曆，2021年是牛年，而比特幣總數是2,100萬枚，兩者剛好都有2021這個共同點；-）

比特幣：有史以來最偉大的革命

作者：佛洛里安‧科斯勒

　　比特幣是有史以來最偉大的社會經濟和社會革命。

　　在過去的一百年裡，我們在中央銀行的羽翼下經歷了人類歷史上最嚴重的金融危機。兩次世界大戰期間發生的通貨膨脹和貨幣貶值的極端事件，以及無數惡性通貨膨脹的例子，導致數百萬人的儲蓄化為烏有。

　　這種事怎麼可能會發生呢？讓我們從一個簡單的問題開始：什麼是錢？我們每個人每天都在使用它，但很少有人問自己它到底是什麼，或者為什麼其他人向我們提供商品和服務以換取一張張彩色印刷的紙張。

　　錢是我們社會與經濟的命脈，它是我們每天用來協調資源與滿足願望和需求的工具。我們用它作為評估及比較經濟商品的標準。

　　錢使我們能夠為未來儲存工作時間與成果，並在必要時換取其他商品。每天，當我們工作時，是用自己的生命來換取金錢。錢是儲存的時間；錢不是自然規律；錢是一種技術，就像電腦或汽車一樣。人們可以根據自己的意願和想法塑造與改變它。我們目前的長生不老藥，就是國家和中央銀行生產的紙幣，是有毒的。

　　在英語中，「貨幣」（Geld）和「通貨」（Währung）是有區別的。通貨必須具有以下屬性：普遍接受的交換媒介、記帳單位、耐用、易於運輸、可替換以及可分割。

　　貨幣除了必須具備上述的所有屬性外，它還必須是一種價值儲存工具。

　　問題的關鍵是：今日的通貨不是貨幣，它們是一個悲慘的價值儲存工具。我們必須相信中央銀行不會讓我們的通貨貶值；我們必須相信背負巨額債務的國家不會透過通貨膨脹來擺脫它們。不幸的是，從威瑪到阿根廷再到委內瑞拉，這種信任已經被無數次濫用，幾代人的財富也被摧毀。

　　今天，銀行與政府對我們的錢握有絕對的壟斷權。它們無中生有地創造貨幣，並按利息借出，而政府則可無限制地隨心所欲花錢。這些被誤導的央行總裁不僅讓無數人，甚至整個國家走向毀滅，而貨幣一直是它們用來控制和支配公民的一種方式。

貨幣統治世界

> 「給我一個國家貨幣的控制權，我就不在乎誰來制定法律！」
>
> 邁爾・阿姆謝爾・羅斯柴爾德（Mayer Amschel Rothschild）

　　握有貨幣體系權力的，就能指揮和控制整個國家。今天的印鈔權掌握在一小撮銀行家手中，他們之中沒有一個是經由民主選舉與任命的；他們凌駕於法律之上，控制著我們社會的命脈，用它毒害其餘99%的人，而我們幾

乎沒有人注意到。中央銀行正在透過通貨膨脹和貨幣貶值竊取我們儲存的時間與精力，並透過不斷加劇的財富不平等在社會中製造前所未有的分裂。我們建立在債務和通貨膨脹上的貨幣體系，本質上是崩潰的。這種認知並不新穎。過去最聰明的人早已認識到貨幣對我們社會的重要性。尼古拉·哥白尼（Nicolaus Copernicus，1473至1543年）不僅指出地球不是宇宙的中心，而是圍繞著太陽運行，從而徹底改變我們的世界觀。他還深入研究經濟學，並在五百年前就在其《貨幣和通貨膨脹備忘錄》（Memorandum über Geld und Inflation）中指出以下內容：

> 在導致整個國家解體的無數弊端中，有四者被視為可能性最高：內亂、高死亡率、土壤貧瘠及鑄幣劣化。前三個是如此明顯，以至於任何人都很難對此提出異議。然而，由硬幣產生的第四種弊端只有少數人注意到，而且只有那些認真思考的人才會注意到，因為國家不是一開始就毀滅，而是緩慢地，以一種看不見的方式衰落。

但哥白尼並不是唯一認識到通貨膨脹和貨幣貶值毒性危險的人。許多其他偉大的思想家也曾對此示警，例如歌德（1749至1832年）在《浮士德》的第二部分中便描述貨幣貶值的所有負面社會後果，並對此提出強烈警告。

歷史顯示，即使在早期的高度文化中，人們也永遠無法抵制操縱貨幣供應的慾望與衝動。儘管許多智者提出警告，人類還是不斷陷入舊有的模式，彷彿無法從錯誤中吸取教訓。

只有一種方法可以打破這個循環：人類不得再控制貨幣的創造。將國家和貨幣體系分離是解決這個存在數千年問題的唯一方法。

政教分離

幾千年來，政教分離是不可想像的。神聖和世俗的統治者被認為不可以

分割開來。而且不久前，分裂的想法似乎還很激進，不可能被接受。但是幾個世紀以來，統治者成功地根據人們的宗教信仰將其劃分，控制他們，或承諾死後有更好生活的希望將他們送去參加聖戰。直到今天神權國家仍然存在，它們壓迫或打擊其他宗教信仰的公民。那些決定分裂出來並將其公民從壓迫中解放出來的國家，隨後見識到真正的創造力、創新、繁榮及自由的爆發。

今天，在西方世界裡，信仰和宗教自由已經牢牢地根植於我們的原則之中。

誠如當時，今天要從國家手中奪走貨幣壟斷似乎是不可想像的。這是一個激進的想法，是一場革命。這是我們需要思考的一個觀點，它也許比政教分離更重要。

比特幣是朝著這個方向邁出的第一步，也是最重要的一步。這將是一場比政教分離更激烈的戰爭。

宗教革命始於1517年，當時馬丁・路德（Martin Luther）將他的《九十五條論綱》（95 Thesen）釘在路德城維滕貝格（Wittenberg）的城堡教堂上，從而開啟西方最大的動盪之一。整整491年後的今天，也就是2008年10月31日，發生了類似的革命性事件。

當整個金融體系在金融海嘯期間處於崩潰的邊緣時，一位不知名人士在網際網路上發表了一篇長達九頁的文章，標題為〈比特幣：P2P的電子現金系統〉（Bitcoin – ein digitales peer-to-peer Zahlungssystem）。作者只留下一個電子郵件地址、一個URL bitcoin.org，以及一個名字：中本聰。

僅僅三個月後，中本聰白皮書中介紹的技術宣告上線。儘管在那一刻幾乎沒有人意識到，但世界已經永遠改變了。

在接下來的十年裡，比特幣的市值從0成長到超過1兆美元，沒有風險投資，沒有首次公開發行，沒有行銷部門，沒有執行長，只有一群相信開源技術之積極分子的努力。

　　這是一生一次的事件，不會再重來。比特幣的發展是一個奇蹟。比特幣是人類歷史上的一個里程碑。

　　正如十六世紀少數人開始懷疑天主教會的無所不能一樣，越來越多熱愛自由的人開始質疑經濟學與政治學的論述。銀行是否應該壟斷貨幣創造？是否應該允許各國向其公民規定什麼是貨幣？我們真的需要通貨膨脹嗎？為什麼我們必須信任銀行？

　　比特幣是所有這些問題的答案，它是人類發明的最佳貨幣形式。它的貨幣屬性優於當今所有類型的貨幣。比特幣是可運輸的、稀缺的、容易分割的、耐用的、可替代的以及抗審查的。它的特殊之處在於，沒有中央機構可以改變或調整比特幣的屬性。

　　比特幣是有史以來最公平、最中立的貨幣。比特幣不受任何人控制，可以被每個人驗證和使用。任何人都可以使用比特幣，不分信仰、國籍、膚色或政治主張。比特幣不做判斷，它服務所有人。

　　比特幣是一種超越國家、不可改變、數位化以及去中心化的價值儲存工具。它是對中央銀行瘋狂貨幣政策的一種保險。但更重要的是，**比特幣是一場革命**，而且不要錯誤低估它對國家和銀行造成的後果。正如羅斯柴爾德已經意識到的，對貨幣創造的壟斷比其他任何東西都重要。比特幣是頭號公敵，它是每個威權政府的噩夢。它不能被調節、控制或關閉。

　　我們正處於數位革命之中，其中蘊藏著許多危機與風險。現金是私人和匿名交易的最後選擇之一，而它正日益受到打壓。行動支付應用程式與信用卡使我們變得越來越透明，越來越易於被監控；也許數位央行貨幣很快就會加入它們。如此一來，一個全封閉的監獄儼然成形。

　　每一個步驟、每一則訊息、每一筆金融交易都將是透明的。

　　所有數位交易都必須透過像銀行這樣的中介機構進行，它對系統具有壟斷權，並有權決定誰可以與誰交易，誰可以向誰轉帳。

　　相反地，比特幣交易是無法被阻止的。你無需提供姓名或地址就可以成

為比特幣網絡的一部分。你只要加入就好。

我們不再需要銀行或其他中間商，就能直接以比特幣的形式相互匯款：點對點。沒有人能阻止它，政府不行，國界不行，銀行也不行。

比特幣是世界各地人民保護其收入和儲蓄免於貶值和被徵收的工具，而且你可以在幾分鐘內將它傳送到全球各地，沒有人能阻擋它。儘管這些特性聽起來令人振奮，但我們仍處於這場革命的最初期，沒有人知道未來將如何發展。

技術發展通常呈指數級進行。第一支iPhone於2007年售出，今天幾乎每個人的口袋裡都有一台迷你電腦，其計算能力超越美國國家航空暨太空總署（NASA）在登入月球期間的全部計算能力。

在未來十年、二十年或五十年，比特幣將如何改變世界？

比特幣：一場和平的革命

也許最美好、最令人驚訝的事實是：有史以來最偉大的革命正和平地進行。

我們不需要與現有的金融體系爭鬥。使用比特幣，我們正平行建立一個新體系。比特幣只是提供我們所有人一個選項，每個人都可以自由決定將來要使用什麼貨幣。

你可以繼續留在這個僅有一小群人可以創造無限量貨幣的法幣系統中，但不幸的是，你不屬於那一群人；你可以繼續看著你的錢每年都變得越來越薄，看著它偷走你儲存的工作成果。

或者你可以成為比特幣標準的一部分，在那裡沒有人擁有這種權力，也沒有人可以操縱我們世界的命脈。你可以在其中安全地為未來儲存時間與精力。

比特幣是我們無縫接軌至新金融體系的最好機會。無論有沒有比特幣，目前的貨幣體系已經發展到最後階段。比特幣只是為我們提供一艘救生艇，讓我們擺脫對腐敗系統的依賴。

圖44　主要儲備貨幣
自1250年以來

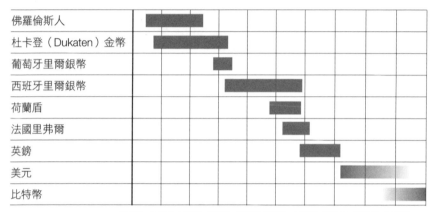

www.friedrich-partner.de

金錢來來去去，比特幣卻一直存在！

比特幣是希望，比特幣是自由

現在還為時不晚。如果你正在閱讀這篇文章，那麼仍有足夠的時間離開這艘沉沒中的法定貨幣之船，加入和平革命，爭取一個更公正和去中心化的未來。無論這些說詞是否能說服你相信比特幣或認為我是個瘋子，都不要冒著在你的投資組合中擁有0%比特幣的風險。至少小額投資，了解一下這個新系統。沒有人強迫你，這是你的自由決定。

在電影《駭客任務》（*Matrix*）中，墨菲斯（Morpheus）曾在關鍵場景中向尼歐（Neo）解釋，母體（Matrix）是一種讓人們在不知不覺中被控制的幻覺。語畢，便伸手遞給尼歐一顆藍色和一顆紅色的藥丸。

「這是你最後的機會。這之後就沒有回頭路了。若吞下藍色藥丸，這個故事就結束，你在床上醒來後相信你想相信的東西。若吞下紅色藥丸，你將留在幻境當中，我會讓你了解這個兔子洞有多深奧。」

你的選擇為何？

重要說明

　　在寫這一章的過程中，我再次意識到比特幣的重要性、獨創性及革命性。我寫過太多關於比特幣的文章，但無法在此一一詳述。這個話題著實令人振奮，它具永續發展且相當複雜，不可能在幾頁或一章中解釋清楚。基於這個原因，財經書籍出版社（FinanzBuch Verlag）、科斯勒以及我決定自己寫一本關於比特幣的書。親愛的讀者，整本書將以一種易於理解、實用且對你大有裨益的方式編寫。以下是內容規劃的簡要概述：

- 何謂比特幣？
- 比特幣和區塊鏈技術如何運作？
- 貨幣的歷史。
- 為什麼我們需要一場貨幣革命，而比特幣可能是解決方案。
- 如何購買比特幣？
- 何處可以買到比特幣？
- 如何安全地儲存比特幣？
- 還有哪些有趣的加密貨幣？
- 什麼是比特幣公司的完美投資術？
- 其他更多有趣與激勵人心的觀點！

　　本書將在今年出版，因為我預計會有一輪牛市。現在重要的是要正確定位，了解比特幣的運作原理以及如何進行交易，以實現自給自足。本書應該能為你創造優於大眾的領先優勢。如果你現在想知道在哪裡以及如何安全地購買比特幣，歡迎從我們的網站 www.friedrich-partner.de 免費下載手冊。

原物料：黃金十年逐步到來

股票與時間因素：時機才是關鍵

作者：佛洛里安・科斯勒與馬克・弗利德里希

> 「你需要勇氣開始行動，但結果取決於運氣。」
>
> 德謨克利特（Demokrit）

　　股票是生產性資本，是任何結構良好、多元化及以資產為導向的投資組合的重要支柱。股票是一個絕佳機會，只需點擊幾下滑鼠便可在自己舒適的客廳裡加入世界上最好的公司。特別是在德國，股市經常被譴責為賭場。

　　然而，德國人之所以有這個觀念，並不是因為股市本身，而是由於德國私人投資者缺乏金融智慧和缺乏運氣而投入金融市場。近二十年來，我們的學校和教育系統成功地教授年輕人未來的謀生技能，但從未提及「股票」、「股市」、「金錢」及「公司參與」這些名詞。我們每天都在和錢打交道，為它工作，為它付出寶貴的、有限的生命，但幾乎沒有人知道如何投資自己的錢，哪些投資有意義，而哪些投資又是徒勞無功的。基於這個原因，我們在自己的YouTube頻道上試著積極推廣金融教育。多年來，我（弗利德里希）持續呼籲在學校開設「貨幣、金融及經濟學」這門課。年輕人有能力製作很酷的TikTok影片和拍攝完美的Instagram照片，但談到貨幣創造、三法則及百分比計算時，往往看到一張張全然困惑的臉孔。結果是：國民的財力不足，貧困老人越來越多。

　　每個人肯定都認識在2000年網際網路泡沫最嚴重的時候投資電信股票或新市場上的某家公司，結果虧了一大筆錢的投資人，自此之後逢人便大肆宣揚股市只適合賭徒和邪惡的投機者。

還有，是的！在證券交易所裡有家賭場，但它只有在你處於投機泡沫周期結束時才會開門。這時媒體也會大力吹捧。記住，這些都是反向指標！如果《畫報》（*Bild*）或任何人推薦股票，切勿隨波逐流，要逆勢賣出。遺憾的是，許多投資人正好採取相反策略，他們在價格特別高且每個鄰居都在投資時進入股市。相反地，當價格大跌且股價便宜時，他們選擇賣出。當股市泡沫破滅時，當然在這些人心中留下強烈的記憶。這就是為什麼識別週期並正確地操控它們是如此重要的原因（另請參閱「笨蛋，這就是週期！」一章）。

我們還必須明確區分股票投資與衍生性商品市場的差異。衍生性商品市場確實已經失控，墮落成世界上最大的賭博場所，大型投資銀行和避險基金試圖相互智取，而且整件事對它們來說基本上沒有風險：因為如果出現問題，中央銀行及／或納稅人會出手拯救。到目前為止，這張安全網始終維持在安全狀態，輕柔地抓住那些不擇手段的職業賭徒，然後將它們推上比以往更高的位置。銀行有了更多的資金、更多的自信，以及確信萬無一失的信心，堅信在沒有其他選擇的情況下，它們在任何時候都會被視為「具有系統重要性」而得到拯救。讓我們再回到股票的話題上。

相較之下，購買股票是參與公司一種完全正常的管道。作為股東，你向公司提供資金，而作為回報，你從此參與這家公司的成功或失敗。這聽起來不像是賭場，而是無聊的市場經濟。

也許你任職一家中小型企業。如果這家公司在證券交易所上市，你現在可以投資你的雇主，從此「唇齒相依」（skin in the game），也就是說，你不僅能獲得工資，還可參與公司的成功與發展。也許這將激勵你們一部分的人努力工作。如果你現在想：「看在上帝的份上，我絕不會給老闆任何錢，也不想持有它的股票！」你就應該考慮終止你們的僱傭關係。當你對一家公司的商業模式深信不疑時，你才應該成為該公司的雇員為其工作。

自2008年以來，股市持續地上漲，未出現重大中斷。當然，這是不健康的，而且不會長久，因此這也不會是常態。但很多人這麼認為：感謝社交

媒體，越來越多的年輕一代股票投資者擠入這個市場。他們可能從未聽說過網際網路泡沫或德國電信公司（Telekom），只是單純地認為：「嘿，我在這裡只會變得更富有。」YouTube 或 TikTok 上的所謂金融專家告訴他們，除了投資股票外，沒有其他的選擇，而且投資時機（如果有的話）只是次要的。

這些建議的要點是，人們應該長時間投資股票，因為它基本上只會上漲。

但是，讓我們在這裡消除三個基本的神話：

- 神話一：除了股票別無選擇。
- 神話二：入場時間對股票來說無關緊要。
- 神話三：目前所有投資都被高估。

神話一：除了股票別無選擇

邱吉爾曾經說過：

> 越深入反省過去，就越能前瞻未來。

因此，讓我們帶你進行一段小小的時光之旅。現在是 1990 年，冷戰終於結束，柏林圍牆被推倒，德國處於統一的邊緣。而在圍牆倒塌不久前，德國甚至在義大利舉行的世界盃決賽中擊敗阿根廷，第三度舉起世足賽金盃。先把本書放在一邊，在 YouTube 上輸入關鍵字「世界盃決賽布雷默（Brehme World Cup final）」你就可以看到，格特・魯本鮑爾（Gert Rubenbauer）緊張地對著麥克風說：「布雷默對上十二碼罰球殺手戈伊科切亞（Goycochea）」，接下來發生的事就成為了歷史。

這個新十年的開端不僅寫下了感性的體育故事，隨著蘇聯解體，也引發了地緣政治的重組，許多前蘇聯國家相繼宣布獨立。南非的納爾遜・曼德拉

（Nelson Mandela）從監獄中獲釋，預示著種族隔離制度的結束。在中東，薩達姆‧海珊（Saddam Hussein）入侵科威特（Kuwait），不久後就被美國人趕走。一如往常，這次的行動是建立在謊言基礎上〔關鍵字：如上一本書中描述的「保溫箱謊言」（Brutkastenlüge）〕。

標準普爾500（S&P 500）指數是一個包含美國500家最大公司的股票指數，它在1990年5月時創下360點的歷史新高。遠離中東的石油和權力戰爭，人們因此可以滿懷希望地展望未來。現在回想起來，這樣的價格已經很難想像。2021年2月，標準普爾500指數創下3,920點的歷史新高，比安迪‧布雷默（Andi Brehme）使德國成為世界冠軍那一刻時幾乎高出十一倍。

因此，如果你在冷戰結束後只要將積蓄投資於美國500家最大公司，都能獲得可觀的回報。這正是今天在YouTube和各種部落格中的「專家」告訴你的內容；他們喜歡用這樣的故事作為範例。他們仿效股市傳奇人物安德烈‧科斯托蘭尼（André Kostolany）的建議：「透過ETF投資標準普爾500等股票指數，持有直到退休。股票沒有替代品，所有其他資產類別都毫無意義。」在某種程度上，這個建議沒有錯，但必須加入其他因素，即時機。如果你在1990年投資標準普爾500指數，那麼你每年的投報率約為7.8%（不包括股息、稅收、費用等）。這個投報率聽起來不錯，你們之中的大多數人可能會非常滿意。但是，如果我們告訴你，1990年枯燥的三十年期美國國債每年就有8%到9%投報率呢？[42]

購買普通的政府債券可以使你避開過去三十年股市的所有動盪。你會睡得更安穩，但仍然可以獲得更高的回報。簡而言之，你會以顯著較低的風險獲得更高的利潤。不幸的是，許多股票大師不會告訴你這些。

股票是一個非常好的資產類別；但它們並非沒有替代品。切勿無視經濟整體形勢，不細究替代方案，而只是盲目地投資股票。政府債券在今天的利率下已失去吸引力，不再是一種選項。幸運的是，我們的世界提供了許多其他選擇。因此，要跳出框框思考。看看比特幣、鑽石、威士忌或貴金屬等

資產。這些都是我們每天在收費諮詢服務中建議的投資標的。新的機會四處可見！

神話二：入場時間對股票來說無關緊要

我們仍停留在1990年代。除了許多重大的地緣政治事件，上個世紀的最後十年也預示著網際網路的勝利。在1990年仍需要計算機科學博士學位才能進入網際網路，但幾年後，一位名叫馬克・安德森（Marc Andreessen）的年輕美國軟體工程師開發了第一個網際網路瀏覽器，徹底改變了這一切。「馬賽克」（Mosaic）瀏覽器是第一個除了文本元素之外還能顯示圖形元素的瀏覽器。不久之後，安德森離開「馬賽克」，創立網景公司（Netscape），該公司憑藉其「網景領航員」（Netscape Navigator）迅速超越「馬賽克」，成為當時最受歡迎的瀏覽器。

在成立僅一年後，網景公司於1995年8月上市，這在那個時代是極度不尋常的。在當時，商業模式正常運作的公司都會上市。儘管網景公司很受歡迎，但它是一家非常不賺錢且燒掉大量資本的公司。然而，這並沒有嚇跑投資者：1995年8月9日，網景公司上市。《明鏡》寫道：「這宛如一場淘金熱，股票一上市，價格就從28美元狂飆至75美元。紐約華爾街已經很久沒有經歷過如此購買狂潮。」[43] 網景公司第一天以58.25美元的價格收盤，上漲幅度達100%。這家成立僅十六個月便創下30億美元的可觀公司價值。在接下來的幾個月裡，股價甚至飆漲到174美元，漲幅接近600%。安德森和他的聯合創始人一夜之間成為千萬富翁和超級巨星。1996年2月，《時代》雜誌拍攝安德森赤腳坐在寶座上的照片，標題寫著「黃金極客」（The Golden Geeks）。網景公司是網際網路熱潮的「原爆點」，也是許多德國投資者的創傷性電信經驗。

在網景公司首次公開發行之後的幾年裡，似乎美國的每個車庫都湧現首次公開發行。公司模式和鐵的事實並不重要，多數公司的營業額甚至為零。

下面的現象也說明了當時的情況是多麼詭異：為了能夠評估虧損的公司，人們發明了一個新的指標：「現金消耗率」（Cash Burn Rate）。對此，今天每位有正常思考能力的人都會搖頭。它指的是一家公司每季「燒掉」多少錢。這些怪異的情景都不重要，因為網際網路將改變一切，利潤將因此爆炸。

在美國科技指數那斯達克指數從 2000 年 3 月 10 日的高峰值墜落之前，網際網路狂熱又持續了四年。它的損失超過 80%，從而結束德國的新市場泡沫。泡沫破滅了，但當時的說法仍然是正確的：**網際網路將改變一切！**時機在投資方面起著決定性的作用。當時的大多數公司在不久之後就破產了，甚至亞馬遜的股票在 1999 年達到 113 美元的高點，在 2001 年跌至驚人的 5.51 美元。直到 2009 年秋季，亞馬遜的交易價格才再次超過 113 美元。那些沒有耐心、不看基本面的投資者不得不等待近十年，他們的投資才剛好打平（為簡單起見，我們在此不考慮通貨膨脹的問題）。那些耐心的投資者等待合適的時間，直到 2001/2002 年才進入亞馬遜，當時他們的投資增加了近二十倍。

結論：時機在投資中扮演重要的角色！

日本：太陽升起之地與股價下跌之地

我們仍然處於這個看似充滿多事之秋和多變的時代。1980 年代末，日本不僅僅是個正在崛起的國家，而且被吹捧為新的超級經濟大國。該國的房地產和股票市場以無人可擋之勢極速成長。1989 年 12 月，日本股票日經指數（Nikkei）達到近 39,000 點的高峰。三十年過去了，目前該指數距離之前的峰值還有一大段距離。即便不考慮通貨膨脹，抓住錯誤購買時機的日本股票投資者，永遠看不到正收益。

在這裡我們就不談日本金融泡沫的細節。德國經濟學家理查德·維納（Richard Werner）的著作《日圓公主》（*Princess of the Yen*）〔譯注：原文應為《日圓王子》（*Princes of the Yen*）〕和同名紀錄片對此有詳細的著墨。更重要的問題是，為什麼我們要告訴你這一切。大家認為，網際網路泡沫或日

本的股票泡沫會給人類留下恆久的學習效果，沒有人會重蹈覆轍。結果正好相反！人們的記憶力不幸地有如金魚，一次又一次地重複已經犯過的錯誤。這種情況在金融市場上尤其常見，因為每次投資者都會告訴自己，這次情況不一樣。

歷史不會重演，但會押韻！

　　日本的經濟泡沫與網際網路泡沫都是因央行寬鬆政策而極度膨脹所致。廉價資金和由此產生的投機泡沫是一個眾所周知的問題。當然，相較於今天，當時的資金數額似乎少得離譜。儘管如此，兩者相似之處還是很驚人。如果你在三十年前的經濟學講座中建議將負利率作為央行政策的一個有用工具，你會遭到嘲笑並被大學開除。但時至今日，不僅利率為負值，世界上一些最有價值的公司營業額也是負數。Snapchat、Airbnb、Netflix、WeWork、Pinterest以及Uber只是我們這個時代被炒作最嚴重的股票一部分。它們每年燒掉數百萬美元，股票價格攀升到令人眼花撩亂的高度，但這些公司應該不太可能永遠且持續地獲利。也許將來其中一家會成功，目前不能排除這一點。舉例來說，Netflix需要一場大流行病才能持續創造收益。但是，如果一家公司必須依賴一半的人被關在家裡，無聊之際而觀看連續劇才能獲利，這種商業模式是否具備永續性，就留給你自行判斷！

　　另一個例子是美國乘車服務提供商Uber。事實上，Uber在其歷史上從未公布過盈利。該公司十多年來一直在燒錢，但目前股票市場上的估值為1,000億美元。特斯拉，所有電動車迷最喜歡的車子，目前的本益比為165。

　　然而，不僅是科技股的估值處於令人暈眩的高度。

　　可口可樂可說是其他行業股票估值極度荒謬的一個好例子。該公司的收益在十年前達到頂峰。

　　2010年，可口可樂每股收益約為2.53美元，長期債務約為140億美元。更有意識和更健康飲食趨勢未必完全契合這個含糖汽水製造商的營運方針。

2020年，該公司的股票收益每股僅為1.79美元，比十年前減少30%。相反地，長期債務增至400億美元。利潤與收入同時下降，債務卻增加。簡而言之，該公司的狀況並沒有比過去十年更好。

若理性地推論，自2010年以來，該公司的股價應該已經暴跌。鑑於基本面數字的惡化，哪個投資者願意為可口可樂的股票支付更高的價格？

你一定已經猜到了：情況恰恰相反。自2010年以來，可口可樂的股價幾乎翻了一倍。一如既往，在大量投機和廉價資金的時代，基本面不再重要。切記，不要盲目地跟風，這一次，投資者遲早會猛然覺醒。

投資最重要的規則就是：不要賠錢。不要投資價值被極度高估的公司或股票。

然而，越來越多的人因為對通貨膨脹感到憂心，在他們人生中第一次考慮如何才能將自己的錢投資在比儲蓄帳戶利潤更高的地方。所有人都告訴他們，除了股票外，別無選擇。在疫情期間，股價處於歷史最高點的事實，似乎沒有人在乎。梅克爾創造的「別無選擇」這個名詞，現在也被投資顧問廣泛使用。據稱，投資多元化的ETF組合是沒有辦法的，別無選擇。幸運的是，在生命中，除了死亡與稅收之外，每件事並非別無選擇。

神話三：目前所有投資都被高估

請花些時間思考以下問題。

在你進行投資之前，唯一重要的問題是什麼？

- 投資的價格會不會上漲？
- 目前的投資價格是否很便宜？

許多投資者對這個問題的回答是第一個。他們主要關心的是某項資產價格在下週或下個月是否會高於今天。簡而言之，他們的決定是以股市的短期

走勢為指導。然而，對於長期投資者來說，第二個答案更為重要。巴菲特曾經說過：「價格是你付出的，價值是你得到的。無論我們談論的是襪子還是股票，我都喜歡在打折時購買優質商品。」

了解價格和價值之間的差異後，我們就能做出明顯更好的決策。許多書籍都以「價值投資」之名討論這種方法，因此在這裡我們不再進一步深入研究這個問題。然而，總體來說，我們也假設股市出現轉折點：從科技股（成長型）轉向穩健的價值股。

華爾街和其他股市專家經常用線性模型，而非週期來思考這類問題。這是他們最大的缺點。

在接下來的章節中，我們將向你展示如何區分便宜與昂貴的投資，以及如何使用週期在財務上正確定位自己。不要誤解：一個資產類別估價過高，並不一定代表它在不久的將來會崩盤。我們所討論的資產類別（在這種情況下為股票）估值，將從「昂貴」上升到「非常昂貴」甚至「極為昂貴」，這絕非不可能。我們甚至假設，股市出現所謂失控的繁榮（Crack-up-Boom）的可能性，遠高於許多人所相信的。可以想像的是，我們會看到科技股出現類似1990年代後期的情景，最終的拋物線上升（融漲）即將來臨。儘管如此，我們的投資策略仍專注於被低估的資產類別上，因此我們對提早離開傳統股市，轉而逆勢進入其他領域並沒有感受到負面的感覺。

閱讀風險自負：黃金策略

道瓊工業指數／黃金比率，或如何在一百年內將200美元變成1,200萬美元！

但是，你如何確定某項資產目前是便宜還是昂貴？你如何知道購買黃金或股票的正確入場時間？你如何能在未學習專業金融知識的情況下自己成功預測？讓我們看看下面介紹的道瓊工業指數／黃金比率。這是我們在收費諮詢服務中眾多行之有效且成功的方法之一。

注意：本章可能會為你帶來風險，也就是你將永遠不會再以同樣的眼光看待投資。**閱讀風險自負！**讀完之後，你很有可能與你的**資產管理經理**、你的**家族辦公室**或你的**銀行**分道揚鑣。

投報率60,000%

但現在你可能很想知道，在不用看公司的資產負債表或商業報紙下，如何在短短一百年內將財富增加六萬倍。

這聽起來很不可思議？好得令人難以置信？這絕不可能？你在接下來的幾頁中所學習到的投資知識，可能比你從史丹佛大學（Stanford University）到聖加倫大學（University of St. Gallen）中任何一所菁英商業大學所能學習到的還多。

道瓊工業指數通常被稱為所有股票市場指數之母。該指數開始於1884年，包括三十家美國主要公司。如前所述，所有金融市場都遵循著週期。因此，在我們看來，幾十年來固執僅持有一種資產是沒意義的，無論是黃金、股票還是債券。進行投資時，千萬不能愛上一種資產，也絕對不能遵循教條主義。如果你能掌握現有的週期，就能逢賭必贏。雖然有時候預測的波段無法非常精確，但卻能正確掌握整體的發展趨勢。當識別出一個趨勢，我（弗利德里希）便會勇敢地大力鼓吹買進，比如2016年和2019年的比特幣、2007年和2019年的貴金屬、2020年的鈾及其他原物料等。

「不良」投資

這是你能從本書中得出的最重要結論之一：根據我們在週期中所處的位置，股票或貴金屬都可能成為「沒有吸引力」的投資。請記住我們在週期中的位置，並據此做出你的投資決定。我們稍後將仔細說明如何做到這一點。

此外，以歐元、美元或任何其他法定貨幣來衡量資產類別是沒有用的。因為此舉是假設各自的歐元或美元單位具有穩定的價值上才成立。**但由於所有紙質貨幣均持續貶值，它們就像一把每年都會縮短1公分的尺一樣不合適。**由於市場定價的相應貨幣大幅貶值，股票市場出現名義上的上漲。

特別是在通貨膨脹時，這些標準幾乎每天都在改變，無法提供價值方面的任何有用訊息。只有當你把不同的資產類別或資產的價值相互比較時，才能找出某個商品的真正價值，這將使得結果更加中立和客觀。我們稍後會透過一個範例來說明。

這也許是本章的第二個重要結論：現在開始以黃金或比特幣等「硬」貨幣對你的房屋或股票進行估價。

舉例來說，看看2000年的黃金價格（300歐元），再用它來比較你的房子價值。

2000年的黃金價格為300歐元；2000年的房價為30萬歐元：

- 一個潛在買家需要**1,000金衡盎司的黃金**才能購買你的房子。

2021年的黃金價格為1,800歐元；2021年的房價為90萬歐元：

- 乍一看，你很高興。你的房子價值翻了三倍。
- 然而，以金衡盎司衡量，你的房子突然**只值500金衡盎司的黃金**，也就是說，若以黃金作為衡量標準，這間房子價值減少了一半。紙幣表面上的增值是一種幻覺。

道瓊工業指數／黃金比率

為了使估值這件事在實踐中更加具體和適用，讓我們看看下面的道瓊工業指數／黃金比率。Booner & Partners的美國分析師休斯頓・莫爾薩

（Houston Molsar）首次運用這種計算方法。

榮譽獻給應得的人。據我們所知，這種計算方法從未在德國的商業書籍中發表過。然而，沒有任何經濟和金融知識的人都會運用它。44

為了得出這個比率，我們僅需將道瓊工業指數的當前價格除以黃金的當前價格，就會得到一個定義當前比率的數字。從這個結果我們可以立刻看出，以黃金衡量，股市在2000年創下歷史新高，而今天與此相去甚遠。

這再次強調資產比較的重要性。**以法定貨幣衡量，股市當然是從一個高點衝向另一個高點，但這是大量便宜貨幣推高貨幣價值的錯覺。**

然而，我們現在為了不讓你再有任何懸念，讓我們看看道瓊工業指數／黃金比率的實際情形。

以2020年為基點

道瓊工業指數：31,000點；黃金價格：1,800美元。

道瓊工業指數／黃金比率：31000/1800 = 17.22

這意味著，目前我們可以用17.22金衡盎司的黃金購買整個道瓊工業指數。

如果你計算過去一百年的道瓊工業指數／黃金比率，就可得出一張圖（參見圖45）。

首先映入眼簾的是，以黃金衡量，目前的道瓊工業指數與1960年的水準差不多。因此，如果你在1960年投資道瓊工業指數，在2020年用你的投資購買的黃金數量與2020年的一樣多。這聽起來令人難以置信，但確實如此。

引起你注意的第二件事是，道瓊工業指數與黃金的價值呈週期性波動。圖45的這張圖告訴我們什麼？

圖45　道瓊工業指數與黃金

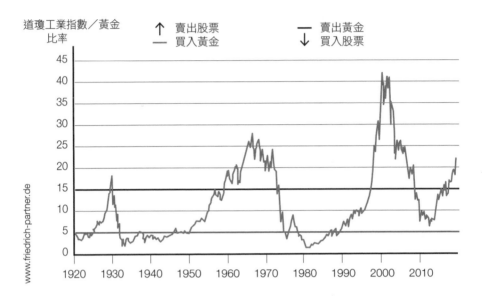

1. 如果該比率特別高,那麼相對於黃金而言,股票被高估了。在這種情況下,出售股票和購買黃金是有意義的。
2. 如果該比率特別低,則相對於股票而言,黃金被高估了。這裡建議完全相反。股票很便宜,黃金很貴。

根據我們在比率中的位置,可以選擇投資黃金、道瓊工業指數,或股票這個資產類別。

為了使範例簡單化,我們採取非常保守和簡單的方式。

如果比率低於5,則:
- 我們出售所有的黃金。
- 我們把所有資金投資股票。

如果比率升至15以上，則：

- 我們出售所有的股票。
- 我們把所有資金投資黃金。

這便是我的方法！我們不會試圖精確地把握市場時機，並從中獲得最大收益。沒有人能做到這一點，即使是我們也不能。當然，如果有更靈活的規則，可以進一步將投報率最佳化。然而，我們希望盡可能讓使用者方便運用這個概念，因此為你提供明確的指導方針，你不需要任何進一步資訊。如果妥善運用這個策略，你**在過去一百年中僅需要做出六個投資決策**。這聽起來是可行的，不是嗎？

順帶一提，你甚至不必自己計算這個比率。在網際網路的許多地方都可以免費取得道瓊工業指數／黃金比率的資料，我們的網站也有提供：www.friedrich-partner.de。

讓我們詳細了解一下整件事情：我們的範例從1918年開始。起始點為，我們擁有10金衡盎司黃金的財產，當時每金衡盎司價值20.67美元。因此，我們總共擁有206.70美元。

實現財務獨立的六個決定

第一次決定：1918年1月

1918年時持有的資產：10金衡盎司的黃金或206.70美元。

道瓊工業指數：76.68點。

黃金：每盎司20.67美元。

比率：76.68/20.67 = 3.7。

行動：該比率低於5，代表相對於黃金而言，股票比較便宜。我們賣掉10金衡盎司的黃金，將206.70美元投資於道瓊工業指數。

投資標的：股票。

* * *

第二次決定：1929年2月

十年過去了，「咆哮的二〇年代」即將結束。

道瓊工業指數：310點。

黃金：每金衡盎司20.63美元。

比率：310/20.63＝15。

道瓊工業指數／黃金比率首次突破15大關。

行動一：我們以1,463美元的價格出售股票，包括再投資的股息投報率為
　　　608%（若不包括股息為310%）。

行動二：我們以自有資本購買價格20.63美元的71金衡盎司黃金。

1929年時持有的資產：71金衡盎司的黃金或1,463美元。

投資標的：黃金。

* * *

第三次決定：1931年9月

這一次，我們不必再等十年。由於我們的計畫，成功在1929年的大蕭
條以及從而引發的1929年發生史上最嚴重的股市崩盤之前，及時挽救
我們的資金。

不久之後，在1931年9月，道瓊工業指數／黃金比率跌破5，我們不得
不採取行動。重要的是你要知道：1920年代和1930年代的黃金價格是
由政府決定並隨著美元波動，因此，儘管經歷了所有動盪，黃金價格顯
然很「穩定」，但股票已經高度貶值，作為一種投資標的又變得極具吸
引力。

道瓊工業指數：99.80點。

黃金：每金衡盎司20.63美元。

比率：99.80/20.63 = 5。

行動一：我們賣掉黃金，拿回1,463美元。

行動二：我們將所有資金投資於道瓊工業指數。

1931年時持有的資產：1,463美元（等同於黃金價值：71金衡盎司）。

投資標的：股票。

* * *

第四次決定：1958年9月

道瓊工業指數：530點。

黃金：每金衡盎司35.10美元。

比率：530/35.10 = 15。

我們已經有近二十年不必傷腦筋思考自己的投資，但在1958年9月，時機又來了。

行動一：我們以31,084美元的價格出售股票，包括股息在內的投報率為2025%（僅股息就占430%，這表示再投資股息和利用複利效應是多麼重要！）。

行動二：我們以每金衡盎司35.10美元的價格購買885.58金衡盎司的黃金。

1958年時持有的資產：885.58金衡盎司的黃金或31,084美元。

投資標的：黃金。

* * *

期中結算：經過四十年的美好時光，我們透過四個人人都能理解和複製的決定，將10金衡盎司的黃金變成令人難以置信的885金衡盎司。我們沒有

看過任何一家公司的資產負債表，不需要任何人的任何股票建議，也從未與
銀行投資顧問談過。

＊　　＊　　＊

第五次決定：1974年4月

　　道瓊工業指數：839.96點。

　　黃金：每盎司169.50美元。

　　比率：839.96/169.50 ＝ 5。

　　1974年4月，比率又回到5，代表現在是賣出黃金的好時機。

行動一：我們以150,105美元的價格出售885.58金衡盎司的黃金。

行動二：我們再次買入道瓊工業指數。

1974年時持有的資產：150,105美元（等同於黃金價值：885.58金衡盎司）。

投資標的：股票。

＊　　＊　　＊

這些決定並不完美，但安全！

　　在這個週期，黃金價格將上漲至1980年的850美元，道瓊工業指數／黃金比率達到1.32的歷史低點。因此，我們在1974年4月決定賣出的時間點太早了。然而，在該比率賣出的目標並不是為了完美掌握市場的極端情況，而是保守地將估值過高的資產換成較有利的資產。在實踐中，作為一個有經驗的投資者，你當然可以在嘗試關注比率外，再搭配當前市場環境的評估。但請記住，此舉會自動增加出錯的風險！

第六次決定：1996年7月

　　道瓊工業指數：5,729.98點。

　　黃金：每盎司382美元。

　　比率：5,729.98/382 ＝ 15。

　　1996年7月，我們必須做出迄今為止的最後決定。該比率超過15。我們
　　出售股票並投資黃金。

行動一：我們以257萬美元的價格出售股票。包括股息在內，這相當於自
　　　　　1974年以來的1614%投報率（不包括股息的投報率為549%）。

行動二：我們以每金衡盎司382美元的價格購買6,734金衡盎司的黃金。

1996年時持有的資產：6,734金衡盎司黃金或257萬美元。

投資標的：黃金。

＊　＊　＊

這一次市場時機同樣不是最完美的，但交出亮眼的成績單

　　這一次我們同樣沒有抓住完美的市場時機。道瓊工業指數在1996
至2000年間翻了一倍，這可能是過去一百年來最艱難的時期。1990年
代末期投資黃金的所有人，一定覺得自己是最後的那個傻瓜。股票市
場，特別是網際網路股票的價格，從這個高點衝向下一個高點，幾乎每
週都創下新紀錄。股市和投資者陷入狂熱，而黃金的投資甚至以負收益
作收。1999年的黃金投資者成為大眾的笑柄，畢竟，在這個新的數位
世界裡，誰還需要這種枯燥乏味的舊金屬？但在這個世界裡，笑到最後
的那個人才是贏家！

　　由於我們的策略讓自己倖免於2000年和2008年的兩次重大股市崩
盤，而黃金價格卻攀升至前所未有的歷史高點。

2011年，該比率降至7，代表我們只是剛剛錯過5的目標，沒有投資股票。從宏觀經濟的角度來看，這本來是重返股市的好時機，但我們選擇放棄，因為我們堅持自己的計畫，在這個例子中不考慮自己的主觀意見。

總結：

- 在過去的一百年裡，我們不得不做出六項投資決策。
- 在這段時間裡，我們沒有讀過一則商業和金融的新聞，而是享受自己的生活。
- 我們好幾次錯過絕對完美的時機。
- 我們只在道瓊工業指數和黃金之間進行切換。我們沒有購買任何其他貴金屬、科技股或礦業股來提高投報率。

結果：儘管部分決定不是百分之百完美，但我們還是取得驚人的結果。

截至2021年：自1996年7月購買以來，我們持有的6,734金衡盎司黃金幾乎翻了五倍。（黃金價格：1,800美元。）

持有資產：6,734金衡盎司的黃金或1,214萬美元。

僅透過六個簡單的決定，我們成功地在一個世紀內把206.70美元變成1,214萬美元。

我們是否在畫一張遙不可及的大餅？

我們在這裡用數字來表示上述的投資成果

投報率：60,000%

如果我們自1918年開始僅持有黃金或股票，情況又會變得如何？

黃金（售價1,800美元）：1918年的10金衡盎司黃金，今天價值18,000美元。

股票（道瓊工業指數31,000點）：1918年的指數約為80點，這將相當於38,750%的投報率。

你看，使用我們的簡單策略，就能取得明顯更豐碩的成果。你也看到，盲目持有黃金幾十年是沒有意義的。因此，投資的座右銘應該是：有時你不應擁有黃金，但有時你應僅擁有黃金。**我們正處於這個時代中。**

這整個策略背後的祕密美妙且簡單：你透過選擇在資產便宜時買入股票或黃金，在資產昂貴時賣出以賺取投資收益。**這就是投資的重要原則：逢低買進，逢高賣出。**

我們希望透過這個實際的例子，提供你一個有價值的工具，讓你自己隨時評斷，無需我們的幫助。你藉此朝向財務獨立又邁出一步。但也許你現在會說，我根本沒有一百年的時間！我永遠無法將這個例子付諸實踐。事實上，我們希望藉助例子來鼓勵你從長計議！你肯定認識富有的家庭或成功的企業家家庭。除了少數銀行王朝外，這些家族的祕密和成功均建立在長期策略和資產定位的基礎上。

超前思考！

今天你在進行投資時，請想想你的下一代。但也許由於醫學和技術的進步，我們會活到一百二十歲甚至更老。因此，如果在一百歲時就把錢花光，就再愚蠢不過了。若今天做出正確的決定，你的後代子孫或未來的自己將永遠感謝你。請記住，在我們的計算範例中，我們的黃金持有量僅在四十年後便增加八十倍。所以現在開始從長計議，這是你尋求財務獨立與自由的唯一途徑。押注快錢常見的結果是：迅速變窮。

展望

你從這其中看出什麼？

　　2021年初，道瓊工業指數：31,000；黃金：1,800美元；比率：17.22。

　　行動：如果想投資股票，現在將是一個轉換的好時機。如果你想投資黃金，最好的方法就是觀望。

　　我們預計這個十年的比率可能會回到1980年1至3的範圍內。**該比率首次跌破1，甚至是可以想像的！**你是要追求最佳時機，還是嚴格遵守計畫，在比率為5的時候賣出，完全取決於自己。然而，在這十年的過程中，已經為你開啟了一個可能是獨一無二的投資機會。在你一生中，這樣的機會並不常見。現在你甚至已經可以預知結果！

　　該比率不會在一夜之間下降。它甚至可能在未來幾個月再次上升，類似於1990年代末的情況。作為一名黃金投資者，在接下來的幾個月裡也許你會再次成為笑柄（那些同時擁有比特幣形式的數位黃金者，要為所有情況做好準備）。但就像二十年前，這次的結果還是一樣。該比率將創下新低，黃金投資者將成為贏家。在此期間，將發生史上最大的財富移轉：從擁有紙質資產的人移轉到擁有貴金屬等硬資產的人。這確實是一個千載難逢的機會，我們可能在未來五十年內不會再遇到如此規模的機會。

　　掌握機會！

根據週期投資：席勒本益比

　　現在有人可能會認為，道瓊工業指數／黃金比率也許是一個例外，是金融歷史上的一個反常現象。這就是為什麼我們介紹第二個比率的原因：席勒本益比，你可以根據相同的原則來運用它。

　　說明一下：你知道的經典本益比（KGV）是一種評估股票方法。它旨在幫助投資者識別被低估的股票。它的計算方式為，目前的股價除以公司利潤。數字越高，代表投資者願意為該公司的股票付出較高的購買金額。

　　然而，經典本益比也有缺點，因為它只包括過去十二個月的利潤，因此說服力有限。基於這個原因，諾貝爾獎得主，同時也是耶魯大學（Yale

圖46　什麼時候該買股票？什麼時候該買黃金？
（席勒本益比／標準普爾500指數）

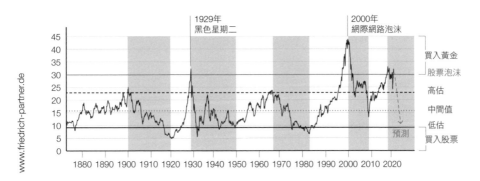

University）經濟學家席勒提出所謂的席勒本益比。他修改這個比率，並在計算中考慮過去十年的平均利潤。透過這種方式，應該能更周全地考量並納入經濟週期。席勒本益比主要被長期投資者用來評價股票。

現在讓我們看一下席勒本益比相對於標準普爾500指數的本益比資料。我們在這裡同樣一眼即可看出，股市以波浪形式運動。簡而言之，按週期性波動。股市存在嚴重高估和低估的極端階段。就像道瓊工業指數／黃金比率一樣，我們選擇黃金作為逆週期投資的投資標的。

如果席勒本益比低於10，則股票被低估，而黃金相對於股票通常被高估。相反地，如果席勒本益比超過23到25，則股票相對於黃金被高估了。當席勒本益比超過30時，你應該開始積極出售股票並重新分配你的投資，最好是轉移到貴金屬。

自第二次世界大戰結束以來，這些數字在實務操作中代表什麼意義呢？

1. 1950年的席勒本益比在10左右，代表我們應購買股票。

2. 1965年的比率為24，我們應投資黃金。

3. 1970年代末，該比率降至10以下，我們再次投資股票。

4. 1990年代末，該比率突破30，我們再次購買黃金，此後維持這個投
　 資標的。

該比率目前約為35，代表現在是轉換投資的最佳時機。而道瓊工業指
數／黃金比率亦呈現相同的趨勢。

原物料超級週期

除了黃金之外，當然還有大量其他有趣的原物料。自工業革命開始以
來，在這個不斷發展的世界中，對原物料的需求急遽上升。**原物料價格週期
性波動，經歷了暴漲和暴跌的階段。**由於原物料經歷了所謂的「繁榮與蕭條
週期」，它們被稱為週期性資產類別。了解原物料週期是投資該資產類別最
重要的前提條件。一旦掌握它的週期後，你將對這個領域擁有一個全新的視
角並贏得投資機會。此外，了解原物料週期也能協助你更完善地分類世界上
眾多的政治與地緣政治發展，因為原物料價格高度地影響著我們當前經濟體
系的許多領域。

我們對所謂非週期性產品，如牙膏、衛生紙（除了傳染病流行期間外）
或食品的需求，基本上相對穩定和恆定，但原物料的價格會出現反覆大幅波
動的階段。在這些階段，價格波動經常顯著高於或低於其長期趨勢。當然，
並非所有原物料在任何時候波動步調都相同，例如，在某些階段，農產品可
能會大幅上漲，而銅或鎳等工業金屬幾乎沒有任何變化。

然而，如果觀察十年或更長時間的價格趨勢，你會看到非常清晰的模式
和走勢，並可以從中歸納出長期趨勢。這也被稱為原物料超級週期。但為什
麼會出現這種週期性的運動呢？

觸發超級週期的一個常被提及的原因，可說是供需之間的相互作用。在
原物料價格長期低迷期間，開發新的礦場或油田已失去其經濟性。隨著時間
的推移，這會自動導致供應量減少。然而，如果現在需求出現意外性或持續

性成長，無法及時開闢新的礦場與油田，則將導致供應量不足，從而使價格
上揚。

在過去的一百年中曾出現四個原物料超級週期：

1. 1930年代。

2. 1970年代。

3. 1980年代。

4. 1996至2008年期間。

圖47再次向我們展示某個主要商品指數〔標普高盛商品指數（S&P
GSCI TR）〕與標準普爾500指數之間的比率。

你現在應該已經猜到了。

正如你從圖47中所見，原物料和股票市場在長期的波動與週期中均呈
反向關係。我們希望此一論點已經為你提供足夠的證據，證明我們的整個生
命從來都不是線性發展，而是伴隨著持續的波動。

圖47　原物料與標準普爾500

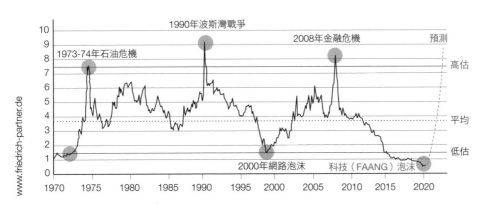

　　1970年代初，股票對原物料的價值被高估，這在以前是很少見的。當1973年與1974年的石油危機引發通貨膨脹的衝擊時，原物料確實呈現爆炸式成長，與股票相比被嚴重高估。原物料與股票市場的下一個高點出現在1990年，恰逢第一次波斯灣戰爭；戰爭幾乎都會導致通貨膨脹浪潮。而災難總是接踵而至，1990年代後的發展過程中，股票市場的表現再次明顯優於原物料，直到2000年網際網路泡沫最終破滅。上一個超級週期開始於1998年左右，當時黃金價格為每盎司300美元，石油價格約為每桶15美元。原物料價格上漲在2008年左右（十二年後）達到頂峰，油價接近150美元。黃金牛市又持續了數年，在2011年達到1,917美元的高峰。從那時起，大多數原物料的價格在過去十年中一直在下跌。長話短說：正如你所見，**從原物料與股票的比率來看，我們目前處於有史以來的最低點！**

　　再經過十二年的熊市（2008到2020年），我們現在很有可能進入一個新的超級週期。這意味著這次趨勢遲早會再次逆轉，原物料將超越傳統市場。這個比率在未來幾年內將會飆升。

新超級週期的成因

　　我們在下文中將簡要敘述，為什麼我們處於長期原物料超級週期起點的其他根本原因。

1. **疫情後的通膨性復甦**：如果將疫情拋在腦後，我們可以假設公民會非常樂意消費。經過數月的鎖國，經濟的重新開放應該會導致需求強勁上升。此外，由於政府的紓困禮物，西方世界的大多數人實際上比危機前擁有更多的錢。這也將帶動消費。

2. **極度寬鬆的貨幣政策**：為了控制疫情對經濟的影響，世界各國央行都在推行極其寬鬆的貨幣政策。此外，各國政府還通過了創紀錄的經濟振興方案。簡而言之，在人類歷史上從未有過如此多的廉價貨幣流通

於市場上。

3. **美元疲軟**：原物料價格歷來與美元背道而馳。如果美元升值，原物料會變得更便宜；如果美元貶值，原物料就會變得更昂貴。就像股票市場一樣，美元也是週期性波動。雖然過去十年美元占有強勢主導性，但現在有許多跡象顯示，未來十年美元將轉趨疲軟。特別是由於美國聯準會的政策，可以預期美元將會貶值，這在歷史上對原物料價格產生極其積極的影響。我們預計未來四至六年內，美元將出現熊市。這意味著其他紙幣將相對於美元升值。同樣地，下跌也不是線性的，而是一波接一波地往下掉。雖然美元總會有短期的復甦階段，但總體趨勢是向下的。

4. **強勁的通貨膨脹**：如果出現上述幾點現象，必然會導致高通膨，這也將對原物料價格產生積極影響。特別是，央行對貨幣貶值的預期將推

圖48　美元指數（DXY）

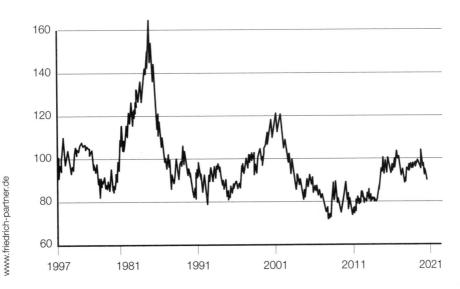

動原物料價格上揚。如果貨幣貶值，以相應貨幣表示的1金衡盎司黃金、1噸銅或1桶石油的價格就會自動上升（請參見「通貨膨脹」一節）。

5. **原物料投資微乎其微**：由於多年來對新原物料礦藏開發的投資不多甚至沒有投資，所以我們正走向嚴重的供應短缺。彭博社（Bloomberg）的資料顯示，對開發和開採礦藏的公司投資處於六十二年來的最低點。此外，投資者希望透過投資硬資產來保護其資產的需求也在增加。這種強而有力的組合導致價格持續上漲。然而，原物料價格上漲會導致通膨與產品價格上漲，這會鼓勵更多人將資金投入硬資產。我們正面臨著一個自我強化的回饋循環（Feedback-Loop）。

6. **可再生能源的極端補貼**：各國對可再生和永續能源及交通工具的極端補貼，將引發非期待性的連鎖反應，這些都是始料未及的。

電動汽車、風力發電機等有一個共同點：它們會消耗大量原物料。目前資金無法滿足因人為補貼所引發的需求，並將導致原物料價格急遽上漲。

今日，一輛電動汽車的電子設備數量已經是上一代的五倍左右。根據目前的情況，特別是銅、鎳、銀或錫等原物料可能會受到嚴重短缺的影響。

我們的立基點在哪裡？

讓我們來看看不同資產類別在過去十年的表現。

2011至2020年的表現（以美元計）

- 比特幣：620萬％。（不是打錯字！）
- 那斯達克指數：512.5％。
- 美國房地產：124.6％。

- 債券：44.4%。
- 黃金：24.3%。
- 原物料：−46.8%。

比特幣自成一個聯盟。過去十年中，它有八年是表現最好的資產類別，並有可能在未來十年繼續這種令人難以置信的成長。比特幣上升了620萬％。這個數字令人嘆為觀止，難以理解。比特幣彷彿像黑洞般吸走所有的貨幣能量。但對任何看到這個數字，仍不打算將比特幣增加到其投資組合中的人們而言，應該也不可能被事實和硬數字所說服。除了比特幣，股市當然也是大贏家。經濟對廉價貨幣上癮，中央銀行家們也樂於提供。

過去十年中，投資不賺錢是很難的。投資者得到回報，儲蓄者受到懲罰。只有一個例外：原物料。沒有其他資產類別像原物料那樣受到投資者如此忽視。當你考慮到，在當今高科技世界中若沒有原物料，任何經濟活動都將停擺時，它就顯得很吸引人。然而，正是在這樣的時刻，逆勢投資者的心臟要比別人強。最大的機會通常出現在被大眾忽視的地方。

我們從這個資料集中得出三個重要結論：

1. 資產價格升值往往是漫長的結果。不幸的是，那些將錢存在儲蓄帳戶的人，是通貨膨脹貨幣體系中的輸家。
2. 思考如何以及在何處投資你的資本和儲蓄，但要記住，過去的投報率不一定代表未來的投報率。
3. 把握原物料上漲這個千載難逢的機會（「一生只有一次」）。在我們的有生之年，它們從未沉寂這麼久過，而且相對於股票而言，其估值如此便宜。儘管在過去十年，原物料的表現明顯低於股票，但這個週期目前即將結束，原物料即將迎來反彈。

結論和建議

我們希望透過本章讓你初步了解，為什麼我們預估在未來十年會出現原物料超級週期，而哪些基本因素會導致它的出現，你如何在這個市場中找到自己的定位，以及需要關注的重點。接下來，我們還會詳細說明你如何在這個市場中定位自己，以及需要注意哪些事項。

希望你牢記馬克・吐溫的話：

> 預言何其困難，特別是預測未來。

在當今世界，沒有絕對的確定性。投資永遠是一個機率遊戲。我們認為原物料超級週期已經開始，或最遲在未來兩到三年內全面加速前進的可能性極高。但是，永遠無法排除未來的發展與預期情況產生不同結果的殘餘風險。最後我還會再提出掌握原物料超級週期的四個想法。

方法

就原物料而言，多元化投資最為關鍵。這表示，你若不是透過ETF或基金進行廣泛的多元投資，就是用多檔股票來建立自己的投資組合。切勿僅投資一個金礦或銅礦，為了減少你對個別公司可能的錯誤決策依賴，多投資幾檔股票是必須的。

至於如何分配各個原物料類別，並沒有完美的答案。你必須自己決定哪些原物料特別具有發展潛力。

我們在此提出一個簡單的投資組合。

我們推薦投資50%的貴金屬、20%的賤金屬／其他原物料，以及30%的能源原物料（20%的鈾；10%的其他原物料，如石油／天然氣）。在這一點上，我們參考了相應章節中關於鈾的討論。

價格來回修正是很正常的事情

　　儘管我們預計這十年原物料價格會上漲，但我們知道這不會是一個線性過程。在經濟充滿不確定性和地緣政治力量劇烈轉移的時期，金融市場隨時可能出現重大動盪。例如，黃金在2002至2007年期間上漲超過200%，但在此期間進行了六次10%至20%的修正，每次持續三到九個月。在此期間，金礦股的修正幅度更大。所以請習慣原物料市場的波動，並在心理上做好乘坐小型雲霄飛車，甚至不排除極速雲霄飛車的準備！我們可能要迎接瘋狂的時刻。在當前的宏觀經濟環境下，理解投資原物料長期潛力的投資者，不會把股價回跌看作是一種威脅，反而會針對本身現有的部位進行加碼，或將其視為購買新標的之機會。在即將到來的原物料牛市中，每一次重大股價回跌都將是重新買入的機會。因此，請分批投資，但請謹慎投資並準備好因應可能的回跌。

圖49

波動性

你看到的黑色線是1914至1923年間威瑪共和國的黃金價格。最遲至1923年,黃金價格開始飆升;灰色線是當時黃金價格的波動。即使黃金價格最後無限上揚,但在之前也曾出現巨大的波動。當惡性通貨膨脹出現時,經濟會極度不穩定,這將自動導致極端的價格波動。許多人當時尚未意識到此類波動帶來的影響。類似的事情會在未來幾年發生,無論是黃金、白銀還是比特幣。最終,這些投資將是最好的保值手段;但我們可能會因此再度搭上當年價格波動的雲霄飛車。請為此做好心理準備!

原物料牛市時機

原物料股票不會有恆定的價值,也不是穩定的養老金。最後,我們想再次提醒你,原物料是週期性投資,投資原物料是一種趨勢賭注,而未來幾年的趨勢預計原物料價格會上漲。我們現在還不知道下一個原物料超級週期是

圖50　威瑪共和國帝國馬克的黃金價格

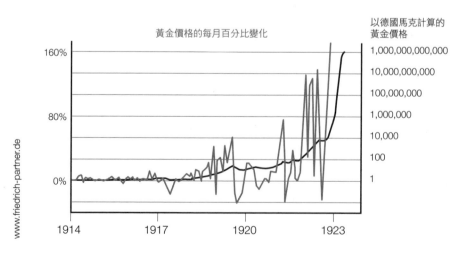

否會持續六到八年,還是在不到五年的時間內即宣告結束。但我們知道,它必將以你我熟悉的方式結束。在週期結束時,原物料價格將與所有其他資產類別一樣,以拋物線方式上升。與其他投資選擇相比,它們最初會被大幅高估。屆時,出售與重新分配現有的原物料投資是有意義的。但投資原物料時,請務必密切關注市場變化。

有哪些原物料?

在下一節,我們將介紹不同的原物料類別,並仔細研究如何進行投資。為此,我們把原物料分成五組:

1. **能源**:能源原物料組包括石油、天然氣、煤炭、鈾以及可再生能源。其提供我們現代社會進化的燃料來源。它們為工廠提供動力,為我們的家庭提供暖氣,推動創新與進步,並供應照明。
2. **貴金屬**:重要的貴金屬包括黃金、白銀、鉑金及鈀金。與煤炭相比,貴金屬閃閃發光,看起來十分美麗。黃金的工業用途有限,而白銀現在則被用於各類技術行業,無論是觸控螢幕、記憶體晶片、電池還是太陽能板。白銀已成為不可替代的原物料。鉑金與鈀金則在汽車工業中發揮著重要作用,它們主要集中在催化劑等方面的運用。特別是黃金和白銀,在過去五千年裡也為人類提供貨幣功能,並作為一種安全與可靠的價值儲存工具。
3. **工業金屬**:與貴金屬相比,工業金屬並不引人注目。該組別包括銅、鋅、鋁、鐵、錫及鎳等。顧名思義,工業金屬運用於工業的所有分支和產業。
4. **農產品**:農業原物料組別包括大量不同的原物料。它們的範圍從小麥、玉米、大豆、糖與咖啡到木材或牲畜。
5. **其他原物料**:除了這四大類之外,還有許多其他無法直接歸類於前四

類中的原物料，其中包括鑽石、鋰及稀土。特別是後者被大規模用於「綠色」技術。

如何投資原物料？

在我們深入探討原物料這個主題之前，浮現了一個問題，就是投資原物料的最佳方式是什麼？雖然貴金屬很容易以實物形式購買和儲存，但若想以此方式購買一桶石油、一袋咖啡甚至一噸鈾就有點困難了。

原物料投資類型

1. 實物（如前所述，這只對貴金屬有意義）。
2. 透過基金、ETF、股票投資原物料公司。
3. 選擇權和期貨。

圖51　原物料投資類型

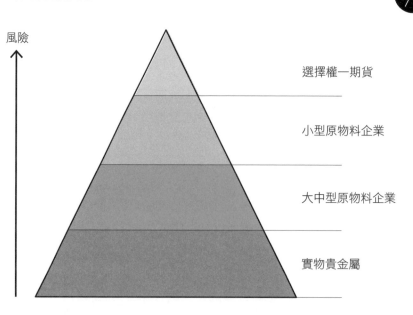

風險

選擇權—期貨

小型原物料企業

大中型原物料企業

實物貴金屬

www.friedrich-partner.de

如果投資標的在金字塔的位置越高，投資風險也就越大。

實物貴金屬：實物貴金屬應該是每項原物料組合的絕對基礎。我們這裡指的是放在你的金庫裡、埋在花園裡或鎖在保險箱的真正實物貴金屬。這是確保第三方違約風險不存在的唯一方法。只有當你能把自己的手放在貴金屬上時，它們才真正屬於你。

選擇權／期貨：投資原物料的最大挑戰之一是如何找到正確的方法。除了貴金屬外，投資實物原物料是不明智的，有時甚至也不可能。你的鄰居和德國聯邦憲法保護局（Verfassungsschutz）可能不樂見你在地下室祕密藏有鈾礦；再者你也不會在保險箱裡放一桶石油或一袋大豆。因此，許多專業人士以相關原物料選擇權或期貨的形式購買金融產品，並試圖以此方式搭上價格上漲的列車。然而，這裡的重點是「專業」這個名詞。原則上，我們會建議經驗不足的投資者不要依賴此類的期貨合約。我們認為，最好的參與形式是直接投資開採原物料的公司。

原物料類股：投資大多數原物料的最佳方式是直接持有黃金、白銀、鈾或石油公司的股權。關於原物料股票這個主題就足以寫完好幾本書，然而，我們試著將最重要訊息簡化為幾頁的內容，但我們也鼓勵你在本書之外，更深入研究這個主題。如果你對此不感興趣，也可以只購買實物貴金屬，但請

圖52　礦場的生命週期

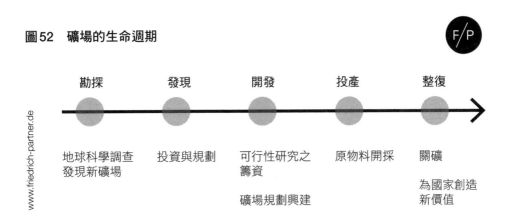

www.friedrich-partner.de

勘探	發現	開發	投產	整復
地球科學調查發現新礦場	投資與規劃	可行性研究之籌資 礦場規劃興建	原物料開採	關礦 為國家創造新價值

僅投資你了解的標的！

　　礦業類股：第一步，了解礦場的生命週期是非常重要的。此一原則基本上適用於每種礦產。

　　礦業股可分為四類：

　　1. **大型**專業礦商。
　　2. **特許使用權公司**（Royalty-Firmen）。
　　3. **中型礦商**。
　　4. **小型礦商**。

　　基本上，這個分類並沒有明確的定義，只是作為總結其最重要特徵的指南。

1. 大型專業礦商

- 大型企業。
- 擁有許多礦場／項目。
- 廣泛多樣化。
- 市值超過50億美元。
- 風險相對較小，具有穩定的現金流。

　　在原物料領域中，有少數幾家巨頭公司主導著這個行業。它們擁有最大和最多的礦場，持有最多資金與僱用最多的員工。專業大型礦商是指市值超過50億美元的公司，它們通常已經營運數十年。這類企業的特點是，自成立以來，已成功投資大量不同的計畫與礦場，生產大量的相應原物料（石油、黃金、鈾等）。大公司受價格波動的影響低於小公司，因此適合保守的投資者。但他們也面臨一種剩餘風險，就是大型礦商的價格和利潤仍會受到

各類原物料價格下跌的影響。

- 經典範例（不推薦！）：阿哥尼可老鷹礦場（Agnico Eagle）、巴里克黃金公司（Barrick Gold）、力拓股份有限公司（Rio Tinto）、必和必拓礦業公司（BHP Billiton）、卡梅科公司（Cameco）。

2. 特許使用權公司

- 採礦業的投資銀行。
- 沒有自己的礦場。
- 提供礦場融資並取得股份作為回報。

特許使用權公司提供一種投資原物料公司的獨特方式。這些礦商多數為黃金和白銀業者。採礦業的運作其實很容易理解：找一個蘊藏黃金或白銀的地方，採礦出售，賺取利潤。就這麼簡單！這當然過度簡化了此一需要數年才能完成的極其繁瑣與複雜的過程，但其運作方式基本上便是如此。另一方面，特許使用權公司本身並不開採原物料，而是提供對等的另一個重要部分：金錢和投資能力。它們提供其他公司礦場興建資金，作為回報，所以它們可以取得隨後的部分採擴量。特許使用權公司不是經典的礦業公司，而是一種投資原物料公司的銀行。它們也適合保守的投資者，其機會和風險大致與大型礦商相當。

- 經典範例：佛朗哥內華達（Franco Nevada）、皇家黃金（Royal Gold）、惠頓貴金屬（Wheaton Precious Metal）。

3. 中型礦商

- 中型公司。

- 通常擁有一至三座礦場。
- 市值5億至50億美元。
- 作為投資標的，風險高於大型礦商。

中型礦商是中等規模的生產者，市值界於5億到50億美元之間。與大型礦商相比，它們基本上經營的計畫不會超過五個，通常只有一到三個。大多數中型礦商試圖透過收購或本身進行勘探，努力發展以取得大型礦商的菁英地位。此類礦商對投資者來說風險較大，由於計畫與礦場數量較少，只要其中一個礦場出現重大問題，便可能導致公司價格暴跌。儘管如此，中型礦商卻有可能在機會和風險之間提供最佳的平衡。由於其規模較小，反而能提供比大型礦商更高的產量與成長潛力，且與小型礦商相比，中型礦商的根基明顯較為穩固。

- 經典範例：第一銀業公司（First Majestic Silver）、K92礦業公司（K92）、能源燃料公司（Energy Fuels）。

4. 小型礦商

- 尋找與開發新礦場。
- 通常未擁有自己的礦場。
- 市值低。
- 極高的風險，但潛藏著獲取高利潤的機會。

坦白說，小型礦商的股票就像樂透。多數小型礦商尚未擁有自己的礦場，但正在尋找大型礦床。此類礦商被稱為「勘探者」。它們的市值不到5億美元，通常低於1億美元，股價也極低（我們談論的是雞蛋水餃股）。如果小型礦商挖掘到礦產，它們的股價漲幅可以上升數倍，甚至數十倍，如果

一直沒有成果，便一文不值。在證券交易所交易的小型礦商名單很長，那些可能永遠不會發現大礦藏的礦商名單同樣一長串。請不要誤會我們的意思，對於有經驗的原物料投資者來說，小型礦商是非常令人期待的。任何沉迷此主題並願意投入大量時間研究的投資客，在這裡的投資將會獲得成功。由於你目前正在閱讀這一頁，我猜測你可能還不屬於專家。因此我想提醒各位，你們會在網際網路上發現許多可疑人物，他們經常向大眾承諾投資小型礦業股將獲得難以置信的獲利。對此類廣告務必謹慎小心。

＊　＊　＊

再以貴金屬行業的數字來說明整個產業：

- 大約有二十到二十五家大型礦商（取決於定義）。
- 中型為六十到七十家。
- 小型超過一千五百家。

簡而言之，多數小型礦商永遠不會達到生產商的地位。投資者可以透過VanEck小型黃金礦業ETF（VanEck Junior Gold Miners ETF）進行投資。然而，ETF組合中的八十五家公司中的多數公司在此期間已不再是小型礦商，已晉身為中型礦商。

如何挑選正確的股票

在下文中，我們想為你提供一份簡短的檢查清單，以便你可以在原物料投資上邁出獨立的第一步。基本上，這類投資標的有多種不同的股票和公司可供選擇。但要使用什麼標準來進行選擇？選擇的數量無限，可能讓人不知所措，望而生畏。評估一家公司的出發點是從蒐集和評估資料開始。在下文

中，我們將概述進行任何投資前必須注意的六個要點。請避開投資有違規行為的公司。在實際評估上，我們通常會使用多達二十種不同的標準，但透過以下這六個標準，你應該可以過濾掉大部分的不良股票。

1. 管理團隊

與任何公司一樣，礦業股最重要的是管理團隊。我們投資的對象是人，不是公司。你可以選擇一個完美的計畫，但若其團隊管理毫無章法，它還是會失敗。

- 造訪該公司官網，了解管理階層的「業績紀錄」。
- 該團隊是否有經驗，他們過去是否曾成功地管理過其他計畫？
- 該團隊是否成功地將礦場投入生產（請記住，只有一小部分的計畫能夠獲得融資）？
- 該團隊是否有經驗豐富的地質學家，還是主要由西裝革履的人組成？
- 尋找部落客和執行長的訪談紀錄，以取得更深入的印象。

如果你無法完全信任該管理階層，可以將股票擱置一旁，然後轉到下一家公司。要注意，管理團隊才是關鍵。

2. 地理位置：AK-47因素

經驗豐富的原物料投資者馬林‧卡祖沙（Marin Katusa）針對選擇原物料投資方面，創造了AK-47因素這一術語。「AK-47」是在當地被稱為「卡拉什尼科夫」（Kalaschnikow）步槍的名稱。背景說明：許多原物料的開採位置位於政治不穩定地區。這會使你的投資風險倍增。基本上，我們建議你避開那些公司街頭隨處可見槍枝的國家所投資的礦場。選擇活躍在政治安全地區的公司，最好甚至是在採礦業也享有高度政治優先權的國家。一般應避

免共產主義和社會主義國家，因為這裡隨時可能發生被徵用的情形。以下是根據地理位置風險的簡要分類：

- **非常安全**：加拿大、澳洲、紐西蘭、美國、斯堪的納維亞、英國。
- **安全**：希臘、巴西、墨西哥、祕魯。
- **中度風險**：智利、巴拿馬、阿根廷、哥倫比亞、斐濟群島、蒙古、蓋亞那、巴布亞紐幾內亞、俄羅斯、東歐、北非。
- **高風險**：東非、西非和南非、土耳其、中國、印尼、菲律賓、中東。
- **極端風險**：玻利維亞、委內瑞拉、中非。

當然，這種評估可以動態地適應當前的政治發展進行調整。

3. 現有計畫

無論你是投資一家擁有現有生產和活躍礦場的公司，還是尋找目前正在開發的計畫，規模和品質都很重要。當你仔細觀察一家公司的計畫時，應該注意以下幾點：

- 生產量是多少？
- 礦場開採時間？
- 開採的相關成本？越低越好。
- 是否有進一步勘探與開採的潛力？
- 如前所述：計畫的位置？

4. 誰持有股份？

務必注意採礦公司的股東結構。特別要注意的是，管理團隊持有多少股份。如果團隊僅持有極少股票，並且對投資自己似乎顯得意興闌珊，那麼為

什麼你要把自己辛苦賺來的積蓄投資於此呢？「風險共擔」，也就是管理層是否自己持有該公司股票或願意自身置於風險之中，對我們而言這是最重要的面向之一。管理團隊本身擁有的股份越多，你就越能肯定他們會為公司的成功付出一切，因為他們本身也會從中得利。

另外還有三個提示：

- 注意該公司過去是否透過多次增資稀釋現有股東。若真是如此，這就是警訊。
- 看看知名原物料投資者是否也投資該公司。典型的例子是艾瑞克・史波特（Eric Sprott）、羅伯特・弗里德蘭（Robert Friedland）、托馬斯・卡普蘭（Thomas Kaplan）或知名基金，如克雷斯卡特資本（Crescat Capital）。
- 管理團隊本身最近是否購買公司的股票？依法律規定，這些購買必須公開。

5. 現金／債務

如果此時我們在選擇上還沒有找到任何排除標準，那麼就該仔細研究該礦商的財務狀況。在採礦業，「現金為王」。如果一家公司擁有大量的現金儲備，它透過增加新資金來稀釋散戶股份的可能性就小得多。對於礦業公司來說，債務本質上並不是一件負面的事，特別建造一個礦場是屬於高度資本密集行為。然而，重要的是，債務不可超過臨界值，否則在最壞的情況下可能會導致破產。因此，務必關注公司的財務儲備與債務。

6. 市值

請記住我們在前幾頁的討論內容。你想購買的是便宜、而非昂貴的資產。如果你成功通過第1到5點，現在就是要找出你是否能以一個好的價格

購買股票。這是投資股票的關鍵。無論你進行多少研究，如果你最終為一家公司支付過高的代價，你還是輸家。

把待投資的礦商與競爭對手進比較：估值是否經得起比較？如果估值較高，就必須有明確的事實予以證明。畢竟，作為一個投資者，你不是在參加籌款晚會，而是要獲利。不要投資價格過高的專案！

如果所有這些對你來說工作量太大，也可以讓我們為你接手這些工作，我們會透過新聞通訊通知你。我們會在通訊中指出機會與訊號，你將了解何時可以進場以及何時應該出售。每個月我們都會分析最值得投資與最有意思的股票。新聞通訊的成本很快就會被正確的投資建議所攤銷。更多訊息請參考www.friedrich-partner.de。

* * *

總結：購買股票之前，請務必考慮這六點。花時間進行必要的檢查，從長遠來看，你將成為成功的投資者。

為什麼要投資礦業股？

- 當今的經濟沒有原物料就無法運轉。無論是新技術、房地產、醫療還是交通工具，都有一個共同點：它們需要原物料。
- 採礦業是世界上最古老的行業之一。幾千年來，人類一直在開採原物料。
- 由於人口成長和工業化之故，未來幾年對原物料的需求將持續增加。

但是，如果你像我們一樣相信新的原物料超級週期，也許最重要的一點是：**礦業股代表原物料的槓桿作用**。這是什麼意思？讓我們以黃金市場為例。在過去的二十年裡，金礦股為投資者提供比投資實物黃金更好的投

報率。從2000到2011年，每金衡盎司的黃金價格上漲了550%。與此同時，黃金礦脈類股指數（NYSE Arca Gold Miners Index）上漲了690%。2015到2020年間，每金衡盎司的黃金價格上漲78%，而金礦指數則增加了182%。

這究竟是為什麼呢？

金礦以相當穩定的價格產出黃金，並迅速在市場上出售。如果黃金價格上漲，而生產成本保持不變或上漲速度低於黃金價格，則公司的利潤便會自動增加。

讓我們以虛構的價值範例進行解釋。我們公司的生產成本是每金衡盎司1,000歐元。

年度	採礦成本	每金衡盎司黃金價格	每金衡盎司利潤
2016	1,000 歐元	1,100 歐元	100 歐元
2017	1,000 歐元	1,300 歐元	300 歐元
2018	1,000 歐元	1,500 歐元	500 歐元
2019	1,000 歐元	1,800 歐元	800 歐元
2020	1,000 歐元	2,000 歐元	1,000 歐元

在上述虛構範例中，黃金價格在五年內翻了一倍，相當於上漲100%。但是，該公司的利潤從100歐元成長到1,000歐元，成長了十倍，相當於利潤增加了1,000%，也就是十倍。這便是為何礦業股經常被稱為原物料價格的槓桿之故。我們在過去的十二個月裡看到銅的發展完全符合此一現象。銅價上漲約100%，但最大銅礦的ETF卻成長超過300%。

投資礦業股的風險

當然，礦業股不僅有優勢和機會，與任何其他投資類別一樣，也潛藏著**危險與風險**。在做出任何投資決定之前，除了考慮機會外，請記得想想風險，這一點極為重要。

- 正如之前所述，礦業股具有極強的週期性。如果錯過正確的賣出時機，可能會遭受高額損失。
- 礦業股的波動性很高，它的價格波動明顯大於許多其他資產類別。
- 上一節提出的槓桿作用具有雙向作用。若原物料價格下跌，礦業股的價格將下跌得更厲害。
- 資源公司與任何其他行業的公司一樣面臨管理不善的風險。雖然你金庫裡的金條在十年後還會存在，但金礦公司卻可能因商業決策錯誤而消失或破產。
- 在未來幾年裡，存在著通貨緊縮的現實風險，所有資產都可能下跌，包括原物料和貴金屬。在這種情況下，礦業股投資者可能會在短時間內遭受巨大的損失。

　　缺乏經驗的投資者往往會忽視投資的風險，只被高額的潛在投報率所吸引。這通常是走向毀滅的直接途徑。高潛在投報率總是伴隨著風險，在股市中不存在免費這檔事。

　　如果看到這裡還沒有把你嚇壞，那麼現在讓我們進入下一節，仔細了解不同的原物料類別。另外，我們也會為你提供個人的投資建議。

農產品

　　對許多人來說，農產品這個類別遠不如貴金屬或能源類原物料廣為人知。事實上，小麥、玉米、咖啡、糖、木材或牲畜等食品也能在證券交易所交易，對你們之中的有些人來說，可能都是第一次聽到。基本上我們不應該以負面態度看待這個投資項目，但過去它的確吸引越來越多的投機者進入交易大廳，將糧食視為投機標的。2011 年春天，在阿拉伯之春（Arabischen Frühling）期間，整個中東地區掀起了一波示威和革命浪潮。為什麼我會在原物料章節中提及這個事件？你應該猜得出來。除了腐敗、警察暴力和失業

等這些明顯原因引起民眾不滿外,還有一個因素基本上未獲得關注:糧食價格。若要預測政治是否穩定,不一定要看國內生產毛額或其他政治因素,而應注意糧食價格,特別是小麥價格。在「阿拉伯之春」發生前的那段時間,小麥價格飆升了80%以上。這種跳躍式價格上漲的罪魁禍首不一定是投機者所造成,而是世界各地數次天然災害導致2010年作物嚴重歉收的結果。

儘管如此,我們還是非常明確地反對炒作糧食價格。不同於許多其他原物料,我們幾乎不可能投資從基礎原物料價格上漲中獲利的公司。在農產品方面,你的投資標的主要是選擇權和期貨,但這種金融商品我們既不推薦給沒有經驗的投資者,也不認為炒作這類糧食股而言是道德的。由於通貨膨脹、人口成長及作物歉收,我們已經看到糧食價格上漲,而且我們預計這種上漲情形在未來將不會停止。無論如何,我們對這類型原物料的投資持保留態度。但基於上述原因,請密切關注糧食價格的波動。不幸的是,我們預計2011年的事件將在這十年內重演,甚至以更極端的形式發生。

可能的投資標的

如果你仍然想參與農業原物料領域但不願跨越道德底線,我們推薦如化肥製造商,它們也可能會從農產品價格上漲中獲利。

股票:馬賽克(ISIN: US61945C1036)、邦吉有限公司(Bunge Limited,ISIN: BMG169621056)。

ETF:iShares Agribusiness(ISIN:IE00B6R52143)。該ETF投資具有農業背景的一籃筐相關公司。主要企業包括美國農業機械製造商迪爾公司(Deere & Co.)、美國種子公司科迪華(Corteva),以及加拿大化肥製造商努特利恩(Nutrien)。

貴金屬

「如果你未擁有黃金，那麼你一定不懂歷史，也不懂經濟。」

瑞‧達利歐

接下來我們將重點放在貴金屬類別。由於篇幅因素，我們著重於黃金、白銀及鉑金。鈀金主要用於汽車行業，不同於其他三種貴金屬，它在歷史上從未承擔起貨幣的功能。

圖53　總市值
以10億美元計

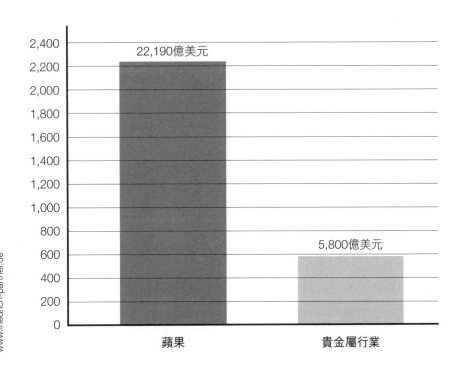

貴金屬礦場的市值有多高呢？一張圖勝過千言萬語：蘋果公司的市值大約是所有從事貴金屬開採公司市值的四倍。

如果對科技股和原物料之間的估值差異有任何疑問，現在應該可以釐清了。

黃金

「對政治家的信任越少，便會更加信任黃金。」

吉諾‧加盧齊（Gino Galuzzi）

我們現在可以告訴你許多關於黃金作為價值儲存工具、作為對抗通貨膨脹以及政府干預的一種保護手段。你可能對此已全盤了解，並且在他處讀過與聽過無數次。這就是為什麼我們要在本節中重點討論金礦股的原因。

在圖54中，你可以比較過去牛市與當前牛市的黃金價格上漲趨勢。如你所見，我們仍處於此一發展的開端，所以你現在進場的話，仍然可以掌握到起漲點。過去兩次主要的黃金牛市是從1971到1980年（黃金上漲超過2,000%）和從1999到2011年（大約750%）。相較於黃金價格，金礦股仍然非常接近歷史最低點，相比之下非常便宜。至於黃金，持續密切關注經通膨調整後的美國國債利率，非常重要。如果利率上升，黃金價格會下跌；而利率下降時，黃金價格通常會上漲。這是迄今為止衡量黃金價格的最佳指標（參見第245頁的圖47）。

金礦股的估值歷來很便宜。那些預期價格上漲的人可以考慮實物黃金，但也可以將金礦股作為補充。順帶一提：根據各種估計，目前在證券交易所交易的紙黃金與實際可用的黃金盎司之間的比例約為80：1。這表示有八十位投資者具有取得同等價值金衡盎司黃金的權利。但如果每個人都想同時將他們的紙黃金換成實物黃金時，卻只有一個人可以成功拿到黃金，而餘下的

圖54　黃金
牛市

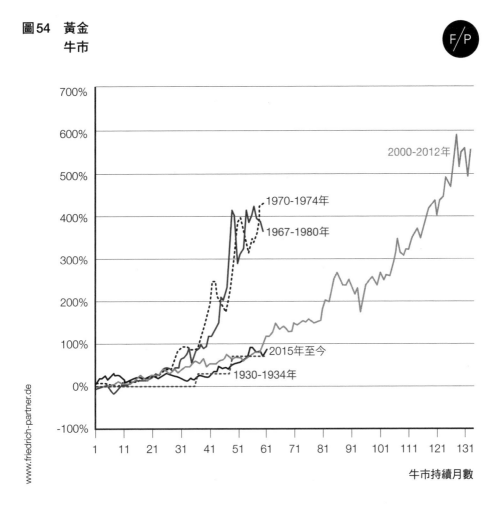

www.friedrich-partner.de

七十九個人只能在一旁乾瞪眼。這個系統已經運行多年，但隨著越來越多的投資者押注實物貴金屬，它面臨的壓力越來越大。紙黃金市場是否會崩盤以及何時崩盤，尚無定論。然而，一旦它崩盤，黃金將呈拋物線式上漲。這種情況的發生只是時間問題。2021年初，全球最大原物料交易所紐約商品交易所（COMEX）的實物出貨量創下歷史新高，黃金與白銀也是如此。投資者接受金屬實物交割，代表他們將長期持有，並且對系統的信心正在減弱。

從中期來看，我們預計金價將超過5,000美元，在央行政策極端化的時期，甚至五位數的價格都是可以想像的。

可能的投資標的

ETF：VanEck黃金礦業ETF（ISIN: IE00BQQP9F84）、VanEck小型黃金礦業（VanEck Junior Gold Miners GDXJ，ISIN: IE00BQQP9G91）、iShares黃金生產商（iShares Gold Producers，ISIN: IE00B6R52036）。

股票：巴里克黃金公司（ISIN: CA0679011084）、柯克蘭萊克黃金公司（Kirkland Gold，ISIN: CA49741E1007）、金若斯黃金公司（Kinross Gold，ISIN: CA4969024047）、法蘭西—內華達公司（Franco-Nevada，特許使用權公司，ISIN: CA3518581051）。

白銀

> 「黃金和白銀的內在價值不是任意性，而是取決於它們的稀缺性，以及開採它們所需投入的勞動量和資金。」
>
> 英國經濟學家大衛‧李嘉圖（David Ricardo）

這個黃金的小老弟也曾經歷過輝煌的時刻，尤其是在極端貨幣政策和高通貨膨脹的時期。如果回顧歷史，第一個想到的便是2008到2011年這段時期。當時，美國聯準會將其資產負債表擴大1兆美元，白銀價格因此上漲了430%。在未來幾年，甚至可能出現更極端的市場走勢。從圖55可以看出，白銀和黃金一樣，正處於大波動的起點。事實上，在我們的眼中，白銀是最值得投資的原物料之一，甚至可能是最便宜的。

圖55 白銀
      牛市

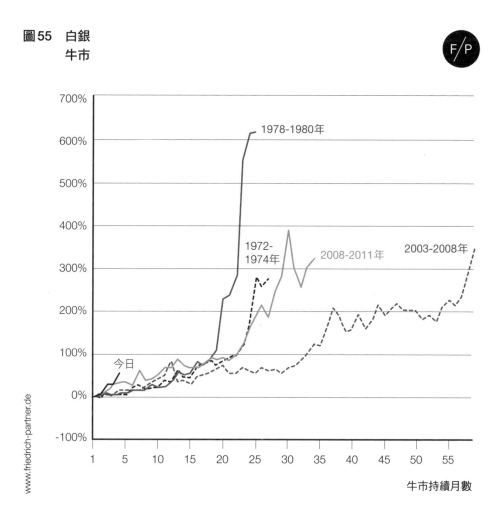

　　白銀是導熱率與導電性最高的金屬，它具有極高的延展性和柔軟性。除了貨幣作用外，白銀作為一種所謂的過渡金屬，在工業中被大量使用和消費（超過白銀總產量的60%）。因此，也與經濟週期緊密相連。

　　白銀主要作為銅、鉛或鋅的副產品開採，只有20%的年產量來自主要生產白銀的礦場。因為純銀礦場很少，所以當需求和價格上漲時，很難快速提高產量。

　　由於過去十年的價格下跌，如同整個原物料行業所遇到的景況，幾乎未興建與開採任何新的白銀礦場。而在過去數年裡，對白銀的需求已不斷超過礦場所能供給的年產量。

　　特別是若工業對白銀的需求繼續如此強勁成長，那麼價格上漲只是時間的問題。白銀實際消耗量大，而且其實比黃金還稀有！有些分析認為，如果沒有發現新的礦床，世界白銀儲量將在2028至2035年耗盡。

　　批評人士因此聲稱，白銀更像是一種工業金屬，而不是貴金屬，在經濟嚴重動盪時期也會衰退。但我們從不同的角度來看這個問題；從歷史上看，白銀一直具有貨幣功能。

　　因此，我們預計白銀將在危機時期受益於這種功能，而在經濟繁榮時期，工業需求將大幅增加。與工業金屬一樣，白銀主要用於新科技；在我們眼中，這是一個雙贏的局面。無論未來幾年等待我們的是什麼，白銀投資者都不會吃虧。

白銀與黃金

　　在過去的六十年中，白銀的表現在六次中有五次超過它的老大哥黃金。我們預計這次也會是類似的結果。

　　那麼，你是否應該因此冒險，將所有的雞蛋放在這個銀色籃子裡？現在，我們來談談白銀的缺點。

　　白銀的波動性明顯高於黃金，也就是說，它的價格波動較大，因此更容易牽動投資者的神經。此外，白銀的繁榮和蕭條週期具有絕對極端化的特點。

　　當白銀價格暴漲時，速度往往非常快速，不會有明顯的停頓點。然而，在高峰之後，它通常會向另一個方向迅速下降。1970年代，白銀上漲了1,000%以上，但在短時間內又下跌90%（從不到4美元到近50美元，然後回到5美元）。

圖56　白銀與黃金

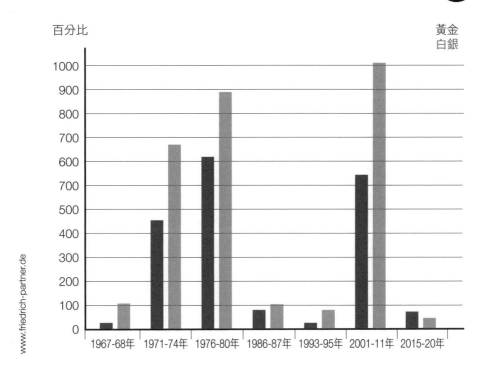

2000年代，白銀反彈近1,000%，然後又回到70%（從5美元左右飆漲至50美元，然後回落到15美元以下）。

如果你無法正確評估這個市場，失去利潤的速度將會像上漲時一樣快。因此，我們認為黃金和白銀的健康組合是絕對必要的。

保守投資者可以選擇80%的黃金和20%的白銀。如果想承擔更多風險，就選擇50：50的組合。

最後，你應該注意到：與黃金類似，白銀的紙質合約數量遠多於實物白銀。這種不相稱的情況著實令人吃驚。

基於這個原因，「軋空白銀」（Silver-squeeze）這個標籤最近在網際網

路上引發熱議。當對實物白銀的需求增加，越來越多的投資者將嘗試把他們的紙幣換成白銀，這可能導致價格快速上漲。我們不知道這種情況是否會發生，但這絕對是值得關注的事！無論白銀價格是否上漲，我們預計在這十年的中期，白銀價格將達到三位數，就是會超過100美元。在極端情況下，短期內甚至可能來到250至500美元。

可能的投資標的

銀礦股的選擇與全球銀礦一樣有限。有大量的黃金生產商可供選擇，但白銀的選擇僅限於二十到二十五家以白銀為主要收入來源的公司。

與任何其他原物料一樣，關鍵問題在於你是否相信未來幾年白銀價格會上漲。

白銀礦股的波動性甚至比金礦股還要高。銀礦價格在一週內波動10%到20%的情況並不罕見，較小的礦場波動更大。這對投資者在心理和精神上都是一種挑戰。因此，銀礦主要適合有能力應對較大價格波動的冒險投資者。

我們堅信，未來幾年白銀價格會大幅上漲，因此正在耐心累積銀礦股份，並利用股價回跌來尋求額外的買入機會。

但這裡絕對不是快速致富的地方。當白銀價格飆升到50至100美元時，銀礦的價值將爆發式成長。在那之前，你必須要有耐心。小麥貴金屬（Wheat Precious Metals，CA9628791027）〔譯注：公司正確名稱應為惠頓貴金屬（Wheaton Precious Metals）〕和泛美銀業（Pan American Silver，CA6979001089）對於銀礦投資者來說是相對保守的投資標的。

最好的銀礦ETF是「ETFMG卓越小型銀礦ETF」（ETFMG Prime

Junior Silver Miners ETF）。不幸的是，該ETF目前僅可在美國交易。但你可以在網際網路上查閱ETF的部位，並透過購買個股來複製。[45]

鉑金

鉑金是貴金屬族群中的第三個火槍手。鉑金是一種非常稀有的金屬（每年開採200噸），與白銀和鈀金一樣屬於白色金屬。然而，到目前為止，鉑金從未像它的大兄弟們一樣擁有貨幣功能。由於對鉑金幣和金條徵收19%的銷售稅，多數貴金屬投資者拒絕投入資金。自2014年以來，鉑金價格疲軟，最近被嚴重低估。鉑金因其特殊性能主要用於工業，也作為珠寶使用。特別是汽車行業的需求多年來逐步成長，鉑金在許多未來科技和數位化運用中是不可或缺的角色。

因此，鉑金的價格在很大程度上取決於工業需求（超過65%），而工業需求往往會使其價格發生非常動態的變化，這是一種雙向變化。我們對鉑金持樂觀態度，並預計由於其稀缺性和需求的平行成長，價格將會上漲。

可能的投資標的

實物鉑金幣和金條需繳納19%的增值稅，因此最好投資有實物支持的ETC，例如智慧樹實物鉑金（WisdomTree Physical Platinum，DE000A0N62D7）以及重量級控股公司英帕拉（Impala，ZAE000083648）和西班耶斯蒂爾沃特（Sibanye Stillwater，ZAE000259701）的股票。

基金：SOLIT價值基金（SOLIT Wertefonds，WKN: A2AQ95）不僅包含黃金、白銀和鉑金，還包含礦業股票（黃金、銅及錫）、比特幣和石油股票。

工業金屬

雖然貴金屬最受投資者關注，但它們並不是原物料市場上唯一有利可圖的投資機會。工業金屬具備「最樂觀情況」（Bull Case）的態勢相當清楚：

- 從歷史上看，通貨膨脹和寬鬆的貨幣政策往往推動原物料價格上漲。
- 刺激方案和基礎設施支出特別對工業金屬極為有利。如果各國啟動重大基礎設施項目以提振經濟，將需要大量工業金屬。
- 如前所述，有強烈的論據支持工業金屬。它們在許多目前正大力推廣的未來技術中是無可替代的。

如前所述，對工業金屬的需求將會經歷一次大繁榮。原物料巨頭嘉能可（Glencore）也持相同看法。在其最新的展望中，該集團做出大膽的預測。

它預計到2050年，對銅和鋅的需求將增加一倍，對鎳和鈷的需求甚至會增加四倍。嘉能可執行長伊凡・格拉森博格（Ivan Glasenberg）表示，從2021到2050年，每年須多開採100萬噸的銅。這可能對行業構成重大挑戰，因為2010至2019年間，每年僅能增加50萬噸的產量。對於鋅來說，這些數字同樣令人印象深刻。根據嘉能可的資料，到2050年，需求將從1,390萬噸上升到2,880萬噸。為因應此需求量，年產量必須增加50萬噸，而不是目前的26萬噸。不過，只有時間才能證明這些數字是否會如預期般那樣成真。當然，我們不能把作為原物料生產商的嘉能可的評估視為一個完全獨立的投資訊息來源，但其他各方也提出許多類似的數字和估計。綠色革命期待不再使用石油，但實際上它也只是用其他原物料來取代石油。人類對能量的渴望是巨大的，**在每一次進行技術革新時，都需要大量的原物料。**

圖57 嘉能可的原物料統計資料
2019年與2050年電池需求比較

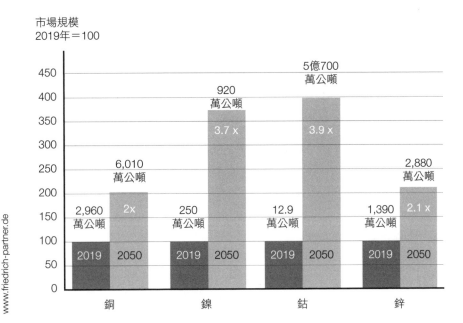

銅

　　銅由於應用範圍廣泛，是所有工業金屬中最著名的金屬。因為銅能夠預測全球經濟的轉折點，它通常被認為是經濟學博士。銅的應用領域遍及經濟的所有部門，因此，對銅的需求往往是全球經濟發展的最佳指標。在過去的幾個月裡，銅的價格已經歷了歷史上最陡峭和最快速的一次上漲。銅博士是試圖藉此警告我們即將到來的通貨膨脹浪潮嗎？

供應和需求

　　過去三十年來，新發現的大型銅礦約二百二十處。然而，儘管進行了大規模的勘探工作，在過去十年中僅發現十六個新的重要銅礦床，而自2015

年以來僅發現一個。標準普爾全球（S&P Global Market）的凱文·墨菲斯（Kevin Murphys）表示，2010至2019年這段時間將成為歷史上開發新的銅礦藏最黑暗的十年。

　　簡而言之，有跡象顯示，我們無法用新的產量來滿足對銅不斷成長的需求，這將自動導致價格上漲。即使發現了新的銅礦，開發和建設新礦區也需要數年時間。另外，許多新的潛在採礦計畫都位於政治不穩定地區的遙遠區域。根據原物料巨頭嘉能可提供的資料，現有二百多個銅礦產區將於2035年關閉，這使得新的銅礦場極具價值。從長遠來看，必須要有新礦場才能恢復供需平衡。銅價的急遽上漲導致廠商開採銅含量相對較低的礦床，以獲取經濟上的利益。然而，在中短期內，電動汽車和其他「綠色」技術的旺盛需

圖58　每年的銅礦開採量
以百萬噸計

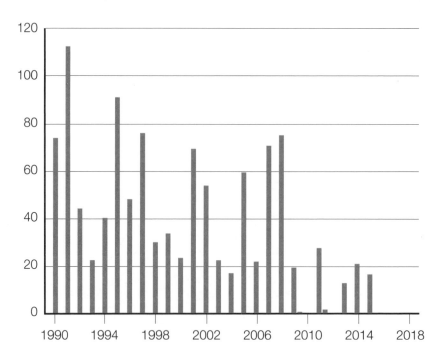

www.friedrich-partner.de

求可能會造成供應短缺。

可能的投資標的

請注意，所有可能投資標的之介紹都僅僅是現況的概述，實際情況可能會迅速改變。應多吸收各方資訊，在購買股票之前自己要做好功課。

股票：費利浦 · 麥克莫蘭銅金公司（Freeport McMoran，ISIN: US35671D8570）、南方銅業公司（Southern Copper，ISIN: US84265V1052）。

ETF：Global X銅礦ETF（Global X Copper Mines，ISIN: US37954Y8306），極佳的銅礦ETF。[46]

鎳

鎳主要用於高品質的不銹鋼合金。然而，其應用領域正日益擴大，包括電動汽車中的電池。根據彭博社的預測，到2025年，21%的鎳總需求可能來自這個產業。此一分析是建立在技術大趨勢的基礎上，不過其中隱藏了許多陷阱。這也是鎳的潛在風險。如果未來的電池不是以鎳，而是以其他原物料為基礎，那麼鎳的未來將會更悲觀。鈷亦是如此，它也是一種原物料，其未來的價格走勢很大程度上取決於電池的成分。鈷基本上是作為銅和鎳的副產品開採。全球鈷礦開採大部分集中在剛果民主共和國（Demokratische Republik Kongo），該國鈷儲量約占全球的一半。剛果不確定的政治局勢使得電池製造商逐漸放棄鈷，而用其他原物料代替。此項策略是否會成功，以及鈷，特別是鎳在未來是否仍無可取代，尚待觀察。

可能的投資標的

　　股票：諾里爾斯克鎳業公司（Nornickel，ISIN: US55315J1025）、嘉能可（ISIN: JE00B4T3BW64）。

錫

　　錫是一種相當不為人知的原物料，經常被投資者忽視，儘管其應用越來越廣泛。這可能與錫市場的規模有關。每年僅開採約30萬噸的錫，使其成為世界上最小的原物料市場之一。如果與其他原物料比較，這個數量相當於銅的一週開採量。儘管如此，市場對錫的需求可能會增加。

　　自2006年以來，因為歐盟和日本都禁止在電子設備中使用鉛，所以錫成為頭號替代品。然而，不僅在法規上錫已占據優勢，它還被大量用於銲錫連接、第四次工業革命及所謂「物聯網」（Internet of Things）上，隨著各種機器間越來越多的訊息傳遞，需要錫將這些裝置連結在一起。此外，錫也用於太陽能電池板、電池及網路基地台。據推測，它幾乎對所有新的綠色科技都是不可或缺的。

　　2021年初，錫經歷了過去三十年來最大價格漲幅其中的一次，因此證實了需求增加的論點。錫面臨的挑戰之一是全球開採環境的疑慮。今天幾乎一半的錫是在中國開採，此外還有印尼、緬甸、玻利維亞、祕魯和剛果等國家，這些國家往往不是政治最穩定的地區，緬甸最近的軍事政變就清楚地表明了這一點。由於政治不穩定，可能會反覆出現生產停頓，造成錫價急遽上升。另一方面，投資者面臨的挑戰是幾乎找不到在安全環境中營運的公司。

　　可能的投資標的：由於許多錫礦場的政治局勢，我們不提供相關建議，因為對我們來說這裡的風險似乎過大。投資政治不穩定的地區，必須進行更密切觀察和不斷重新評估。如果你對錫礦這個話題感興趣，我們請你自己深

入研究，並自行決定。

除了上述四種金屬之外，其他大量原物料當然也發揮著越來越重要的作用，特別是在「電動汽車革命」中。例如鋰、石墨、錳及其他稀土，都是值得仔細研究的原物料。但限於篇幅，這裡不再詳述。

鈾：光明的未來

> 「鈾的價格若不上漲，我們就只能摸黑生活了。」
>
> 美國基金經理里克·魯爾（Rick Rule）

我的這個逆勢投資建議是高度兩極化。但在你憤怒地燒掉這本書來取暖之前，請允許我為鈾辯護。如你所知，我是一個前瞻性的思考者，喜歡跳脫框架思考問題，嘗試從大局出發，以得出適當的結論。這種思考方式從未像現在如此重要。我們在某些領域正面臨著歷史性的時代變革，許多我們認為正確或合理的事情已不再如此。很多事情已經成為歷史，一切都在改變。

在能源技術方面，我們也面臨著轉折點

世界各國，甚至中央銀行都承諾向氣候變遷宣戰，遠離化石燃料並大量減少溫室氣體，以阻止全球暖化。為此，共有一百九十五個國家在2015年的《巴黎氣候協定》（Pariser Klimaabkommen）中同意，到2050年，全球升溫應控制在2度以下。根據前工業時代的條件來衡量，如果可能的話，甚至應該控制在1.5度。該協定每五年會重新調整一次；而歐盟為自己設定了特別遠大的目標。儘管迄今為止，它幾乎在每一次危機中都失敗了，但它現在已經準備好拯救氣候。在沒有參加選舉且未當選但仍然被任命為歐盟委員會主席的馮德萊恩領導下，這個國家聯盟希望利用綠色協議將溫室氣體的淨排

放量減少到零，從而成為第一個氣候中性的大陸。最近，歐盟進一步強化其氣候目標，它希望到2030年前將溫室氣體排放量減少55%，以取代目前的40%（相較於1990年）。新冠肺炎重建基金中的7,500億歐元資金也是用於此目的。也就是說，30%的重建資金會用在實現氣候目標。

為了減少二氧化碳排放，並在2050年前實現巴黎氣候目標，世界需要潔淨的能源。而談到潔淨能源，首先想到的是氣候中和的可再生能源（水、風、太陽能及地熱能）。但是在生產這類能源時，首先還是需要並使用化石燃料和破壞氣候的資源，這一點必須在氣候平衡中加以考慮。太陽能光電系統在運行大約三年後即能實現能源平衡，而風力發電廠的能源回收期（技術術語）則在兩個月至最多六個月後。

在德國，可再生能源在電力結構中的比例不斷增加。2020年上半年，它在德國的比例達到創紀錄的55.8%。在2020年2月的季風期間時，這個數字甚至高達61.8%！

然而，替代能源供應的缺點眾所周知。其發電量取決於陽光和風力條件，而且難以按需求進行儲存。雖然供應量在短期內有一定的可預測性，但無法隨心所欲予以控制。

儲存問題

那麼，在風平浪靜的晚上，也就是說，當太陽不照射，風也不吹的時候，我們該怎麼辦？德國目前擁有大約三萬座風力發電機。但在沒有風的時候，它們並不供電！即使風力發電機的數量增加兩倍或三倍，也不會改變這個事實。九萬座的風力發電機在沒有風的時候，發電量還是零。太陽能發電情況也是一樣。沒有太陽，就沒有電！

不幸的是，緩衝容量並不存在。**我再重申一次：可再生能源無法在白天或晚上的任何時間根據需要產生。**陽光普照時可以使用太陽能，無風時就沒有風力發電。如何在晴天或強陣風時暫時儲存多餘的能量？針對這一點仍

缺乏永續的解決方案。在刮風的日子，德國不得不將多餘的產能讓給外國，甚至付錢給接收風力能源的客戶，否則電網就會崩潰。這當然是完全不合理的，因為在無風時期，德國有時不得不從國外（波蘭、捷克、法國）購買昂貴的化石能源或核能源的電力，以維持基本負載能力。生態評估中顯然未考慮到這一點。

基本負載能力

基本負載能力是確保能持續維持可靠電力供應所需的最低電量。這裡談及的是電網的最低日負荷。為了覆蓋基本負載，使用能夠持續提供相關功率的技術，它們主要是核電廠、火力發電廠、天然氣及石油發電廠。由於產量波動，太陽能光電和風力發電廠不具備基本負載能力。唯一可提供基本負載發電的可再生能源是水力發電廠，但水力發電無法隨處可得，而且興建發電廠會對自然造成嚴重影響。

目前，只有一個經濟的太陽能和風能發電儲存解決方案：**抽水蓄能**。然而，它的擴張潛力有限。基於這個原因，目前正在研究替代儲存技術，例如壓縮空氣儲存、通過電解將水轉化為氫氣的電轉氣（Power-to-Gas）技術，以及作為儲存介質的電池。然而，在這些方法能夠更大規模應用之前，仍然需要相當大量的研究和開發。這可能需要數年甚至數十年的時間。

電波

汽車的電子化增加對電力的需求，越來越多的國家正逐步禁止使用內燃機引擎。為了實現嚴格的氣候目標，甚至打算禁止銷售。

就連汽車大國日本也想在2035年之前禁止所有「臭蟲」上路，並禁止使用燃油引擎。[47]

表9　傳統油車的銷售禁令

國家	禁令生效時間	受影響的車輛／百萬
埃及	2040年	0.2
中國	2060年	24.6
中國海南	2030年	0.2
丹麥	2030年	0.2
德國	2050年	3.3
法國	2040年	2.0
愛爾蘭	2030年	0.1
以色列	2030年	0.3
加拿大	2050年	2.0
荷蘭	2030年	0.4
挪威	2025年	0.1
新加坡	2040年	0.1
斯洛維尼亞	2030年	0.1
西班牙	2040年	1.1
斯里蘭卡	2040年	0.5
瑞典	2030年	0.3
英國	2030年	2.1
美國	2035－2050年	4.7
受影響的車輛		41.8

www.friedrich-partner.de

　　談到未來的移動性，電動汽車似乎是目前的答案。在我看來，結局仍然是開放的。因為目前既沒有足夠的基礎設施，也沒有足夠的電力（特別是永續的電力）來推動世界的電氣化。打造和運行一輛符合生態要求的汽車，需要大量的稀土，不僅會破壞生態平衡，而且這種資源是有限的，因此基本上很快就會耗盡。電動汽車必須至少行駛127,500公里或八年，才能實現氣候

中和。市場的領導者和先驅者為馬斯克的公司特斯拉，目前它的股票市值超過所有其他汽車公司的總和！2020年，特斯拉的股價上漲七倍，甚至將比特幣遠遠拋在身後，儘管特斯拉的銷售額僅占競爭對手的四十六分之一，而且沒有報告任何永續的利潤！談到比特幣，特斯拉在2021年2月宣布投資15億美元於比特幣。也許這將有助於這家加州汽車製造商在長期內實現收支平衡。幾週後，特斯拉的這一投資決策賺到的錢比十年來汽車銷售還要多（請務必閱讀比特幣章節）。

所有這些發展也引發了老牌汽車製造商的反思，作為德國最重要的關鍵行業之一以及德國的商業所在地，都面臨了巨大轉變。戴姆勒（Daimler）、保時捷、歐寶（Opel）、奧迪（Audi）和福斯汽車，正努力投入數十億歐元徹底改造其產品系列。例如，福斯汽車希望在2025年之前全面改用電動引擎。[48]這些努力是否會得到成功的回報，仍有待觀察。

能源轉型：代價高昂的錯誤決定

> 「永遠不能低估政府的愚蠢。」
>
> 前總理赫爾穆特‧施密特（Helmut Schmidt）

施若德領導的紅綠政府於2000年決定逐步淘汰核電；梅克爾在2010年對此進行修訂，並延長核電廠的壽命，這是梅克爾政府停止淘汰核電的初步。然而，2011年3月11日，日本福島（Fukushima）核電廠因地震和海嘯被部分催毀，造成核災難後，全世界對核能提出質疑；許多反應爐被迫暫時關閉。在德國，逐步淘汰核能的問題也因此再次浮上檯面。

311事件發生兩週後，我的家鄉巴登—符騰堡邦（Baden-Württemberg）舉行了邦選舉，逐步淘汰核電問題與「斯圖加特21」（Stuttgart 21）成為選戰的熱門話題。當時，巴登—符騰堡邦政府發生歷史性的政權更迭，變成

紅綠聯盟執政，綠黨首次成為該邦總理，而且完全出乎意料之外的是，基民盟失去該邦最強大政黨的位置，聯邦政府籠罩著純粹的恐慌。因此，梅克爾於2011年6月30日在未經深思熟慮下倉促地宣布中止核電。是的，我和你有相同的感覺：我們是被迫放棄核電。

中止核電已成事實，而**這是我們專業政治家們做出的另一個歷史性錯誤決定。**來自各方包括公民、公司及協會，對倉促的能源轉型批評聲浪越來越大，但聯邦審計局（Bundesrechnungshof）在財務控制部門的一份審計報告中也毫不避諱地明確表示：能源轉型欠缺良好的協調和管理，造成決定性的改善「勢在必行」。過去五年，德國至少為此付出1,600億歐元。「如果能源轉型的成本繼續上升，而且仍然無法達到其目標，人民極可能會對政府治理能力失去信心。」（另請閱讀「笨蛋，這就是週期！」一章。）

根據杜塞爾多夫大學（Universität Düsseldorf）競爭經濟學研究所的資料，到2025年，混亂的能源轉型將使我們公民損失5,200億歐元，這還是初步預估的損失！經濟部長彼得·阿特麥爾（Peter Altmaier）預計，到2030年底，總成本將達到1兆歐元！這相當於每位德國公民須負擔約1萬歐元。我們這些電力消費者正在為能源轉型的混亂局面買單。

除此之外，還有不斷上漲的能源成本，其價格目前甚至位居全球之冠！除了稅負最高之外，我們目前在電費方面也處於領先地位。我們的核電鄰居法國電價比我們便宜了一半。結果，我們不僅變得更加依賴俄羅斯天然氣，而且現在可能更須緊抓住法國的電力（笑）。

此次的能源轉型根本就是一個倉促的行動，其運作全然混亂，會對每個人帶來昂貴的代價，而且越來越明顯的是，它不是永續性的，甚至還會危及我們的能源供應：電網故障的情形越來越頻繁，停電的風險也持續增加。在其他國家也可以觀察到相同的情況，並且已經開始採取應對措施。

德國廢核：其他國家持續擁核

為了確保能源供應並生產無廢氣排放和乾淨的電力，其他國家開始建造與重啟越來越多的核電廠。目前全球有五十四座核電廠興建中，還有二百多座正在規劃。此外，越來越多的國家開始重新啟動其退役的核電廠及／或甚至建造新的核電廠：

- 在緊急情況下，瑞典不得不重啟一個已經退役的核電廠以確保電力供應。[49] 德國也可能面臨類似情況的威脅。
- 荷蘭也必須重新啟動一座核電廠。他們現在甚至計畫建造十座新發電廠，此舉使其鄰國德國飽受壓力。[50]
- 英國也正在建造一座新的核電廠，而且是在德國的幫助下進行的。[51]
- 以煤炭為燃料的波蘭正首次規劃建造數座核電廠。[52]
- 匈牙利、羅馬尼亞、捷克、保加利亞及斯洛伐克希望放棄煤炭，轉向核能。[53]
- 即使是石油資源豐富的阿拉伯聯合大公國也意識到石油儲量即將耗盡，於2020年8月啟用他們的第一座核電廠，這也是整個阿拉伯世界的第一座核電廠。[54] 未來幾年將再興建三座。
- 埃及計畫在2026年啟動第一座核電廠。
- 美國總統喬‧拜登（Joe Biden）將賭注押在小型安全的第四代微型核電廠〔小型模組化反應爐（Small Modular Reactors, SMR）〕。[55]

總而言之，世界上沒有一個國家會跟隨德國走上從根本摧毀其安全能源供應的道路。

世界需要乾淨能源：世界需要鈾

近幾十年來，能源消耗量持續倍增。目前很大一部分仍然來自天然氣、煤炭及石油等化石燃料產生的能源，而有約11%來自核能。隨著實現碳中和與生產乾淨電力的需求，對同樣可靠的零排放替代品的需求也在不斷成長，而此需求也因數位化與電子革命之故持續加劇。

這樣你應該能明白為什麼我會對鈾保持樂觀的態度。從對能源的日益渴求、氣候中和、重啟再到建立新核電廠，甚至在石油豐富的沙漠也不例外，這些消息實在太好了。此外，研究工作也如火如荼地進行，因此下一代核電廠的效率勢必會更高、更安全。即使是遭受地震影響的日本也已經重啟關閉的反應爐，並正在規劃新的核電廠。**56**

禁用化石燃料和推廣無污染解決方案的趨勢，將繼續使核能成為人們關注的焦點。畢竟，核能是目前唯一能夠在增加用電量和無排放能源生產之間實現平衡而具有基礎負荷能力的能源，而鈾對核電而言是無可替代的。

所有關於核電的討論導出一個結論：鈾是目前唯一的出路。

即便大腦「受輻射污染」和與世隔絕的專家及政客們已經宣布核電的終結，但他們又再一次完全錯了。事實卻恰恰相反：核能時代看來才要真正開始。

鈾市場：需求上升，供應下降

全球三十一個國家中有四百四十二座反應爐（截至2021年2月）。還有十七個國家會在未來幾年加入這個隊伍（埃及、約旦、土耳其、印尼）。美國擁有最多的核電廠，有九十五座機組。中國有四十九座，但目前正在建造另外五十四座反應爐，以滿足其作為世界工廠對能源的巨大需求。到2050年，中國政府希望再興建二百三十座核電廠。全球目前有一百一十二座核電站正在興建中，三百三十座處於規劃階段（截至2020年12月）。**57**

　　反應爐的數量成長不斷創紀錄，但鈾的供應量卻持續下降。特別是在新冠疫情期間，這個短缺問題更加明顯，因為有些鈾礦場因疫情不得不關閉，導致產量進一步下滑。自2016年以來，產量下降了25%，而需求卻急遽上升。

　　任何比較供需面向的人就會知道，**問題不在於價格是否會上漲，而是在於「何時」上漲。**

　　但自從車諾比（Tschernobyl）核災以來，鈾市場一直處於低迷狀態，而發生福島事件後情況更為嚴峻。因為對鈾的需求迅速下降，供應也隨之下降，越來越多的鈾礦場不得不關閉或大幅降低生產力。與此同時，繼續生產的礦山只好將大量的鈾投入市場以支付運作成本。這造成了供過於求，導致價格進一步下跌。鈾價格從2007年高峰時的每磅140美元跌至2016年的低點17美元。自那時起，價格雖已回升到30美元，但對許多供應商來說，開採仍然不符合經濟效益。

　　美國、哈薩克、澳洲、俄羅斯、南非、納米比亞以及烏克蘭擁有最大的鈾儲量。

　　沒有鈾，就不可能實現巴黎氣候目標！

　　我們該採取什麼投資策略？在我看來，鈾是一項非常令人興奮的投資標的。自2011年開始的熊市已宣告結束，我們即將迎來牛市。鈾的價格已經爆發，在未來幾年將會有不錯的表現。

　　鈾的年需求量約為1.8至1.9億磅。每年的供應缺口約為5,000萬磅氧化三鈾。這個缺口仍然可以透過儲備或裁減核武器的軍備來填補，但這種狀態很快就會結束，接著價格便會飆升，鈾礦股也會暴漲。2021年2月，我們已經看到鈾礦股的首次價格上漲。

　　供需之間的嚴重不平衡使鈾成為一個不費吹灰之力的投資，無需太多思考就可以看出它的潛力。如果沒有看到鈾價上漲，便等著停電吧！

現有的鈾礦能夠再維持五十至六十年。然而，僅在每磅鈾礦的價值達到130美元時，開採才符合經濟性。目前的價格是30美元。

推薦

首先：與貴金屬和鑽石相比，我堅決反對匿名場外交易（商品換現金）或實物擁有鈾。

鈾礦投資有以下三種方式：

全球只有八十多個鈾礦股、四個ETF（不幸的是均非來自歐洲）與一些基金。整個鈾行業的市值僅150億美元，過去是1,800億美元！

鈾投資具前瞻性，礦業股在投資組合中的利潤「爆炸式成長」。但投資鈾礦股切勿超過資產的10%。

鈾礦股

最大的上市公司是來自加拿大的卡梅科公司和哈薩克的卡扎托普姆公司（Kazatomprom）。卡梅科公司每年的開採量約占總鈾量20%。

其他可靠的鈾礦股

- 耐克森能源公司（Nexgen Energy）、能源燃料公司、鈾能源公司（Uranium Energy）。

小型礦商（投機性礦業股票）

- 天港資源公司（Skyharbour Resources）、安可能源公司（Encore Energy）、黃餅採礦公司（Yellowcake Mining）、GoviEx鈾業公司（GoviEx Uranium）、優能能源公司（UR-Energy）、全球原子公司（Global Atomic）。

ETF

- 全球X鈾礦（Global X Uranium，ISIN: US37954Y8710）。
- VanEck Vectors鈾礦（VanEck Vectors Uranium，ISIN: US92189F6016）。
- 地平線鈾礦指數ETF（Horizons Uranium Index ETF，ISIN: CA44055K1075）。
- 北岸全球鈾礦ETF（North Shore Global Uranium Mining ETF，ISIN: US3015057157）。

注意：在歐盟未取得行銷許可證的美國基金，從稅收角度來看，處於不利的地位。因為即使發生損失，稅務機關仍然會要求對其徵稅。

基金

- Incrementum的鈾資源基金（ISIN: LI0224072749）。

德國第一家實質資產基金「Wertefonds」（ISIN: DE000A2AQ952）在我的建議之下，早期就開始投資鈾礦。

我很清楚核電話題的爆炸力，但基於上述原因，它是供應安全、繁榮及氣候中和的一個重要基石。

石油：黑金

過去的幾十年裡，爭奪黑金的戰爭永無休止。遺憾的是，擁有豐富石油存量的中東仍然是一個危險的火藥庫。如果它爆炸了，可能隨時導致重大的油價衝擊。是的，能源轉型是真實的，並希望能提供一個更和平的未來。但是問題不在於這個轉型是否會發生，而是何時會發生。這種變化是在幾年內

抑或是幾十年內發生，影響巨大。在我們看來，投資者過度草率地捨棄了這個作為經濟潤滑劑的石油。事實上，全球石油消費量近年來持續上升，而非下降，甚至被預測未來幾年將出現供應短缺的問題。誰能想到，2020年春天，油價甚至在一次事件中一度短暫下跌？與此同時，華爾街最大的兩家銀行摩根大通和高盛（Goldman Sachs）呼籲建立一個新的石油超級週期。甚至傳出三位數的目標價。新冠危機後的經濟復甦與無休止的大規模振興方案相結合，為油價上漲提供完美的基礎。全球每天消耗大約九千萬桶石油，相當於約四十五艘滿載的超級油輪，世界對石油高度依賴。我們並不是聲稱，這是一個特別令人興奮的良好或積極的發展，但作為投資者，我們的工作是根據現狀來投資資金，而非自己一廂情願的想法。在我們看來，石油在未來幾年還是會持續發揮重要作用，這是顯而易見的。

圖59再次以令人印象深刻的方式指出原物料週期確實存在，以及它們的發展趨勢。我們懷疑石油還會出現另一個十二年週期，而是預測會出現一個可能在短短五年內結束的爆炸性週期。有件事我們非常確定：人們會先看到石油供應的潛在短缺，然後才有希望在未來減少使用石油。然而，只要我們用含有鎳和鈷的電池取代石油，就無法為我們的星球找到一個永續的轉

圖59　石油超級循環及其驅動因素
美元／桶

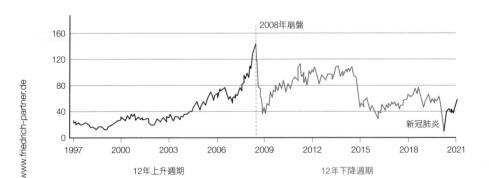

www.friedrich-partner.de

機，這些原物料是我們從世界遙遠的角落以高昂的成本運到地球的另一端。唯一永久且永續的解決方案會是一個新的貨幣體系，與我們目前基於債務與通貨膨脹的金融體系相比，它更能夠實現永續性並減少浪費性的消費。

可能的投資標的

除了知名的藍籌股（Bluechips）外，還有iShares美國油氣探勘與生產ETF（iShares Oil & Gas Exploration & Production，IE00B6R51Z18）等無數的ETF。

完美的資產保護方法

多樣化：切勿將所有雞蛋放在一個籃子裡！

積極保有自己的錢，從未像現在如此重要。作為一個投資者，現在重要的是在投資標的以及儲存方面設定正確方向。不幸的是，大多數德國人在投資上相對單調，主要標的為人壽保險、里斯特年金、呂魯普年金產品等紙資產，以及通常有債務負擔的房地產。在德國是缺乏金融情報的。我還是呼籲安排一個關於此主題的學校科目，我也為此開闢了YouTube頻道（youtube.com/marcfriedrich7）來推廣金融教育。因為只有了解貨幣體系、背景及週期，才能進行反擊，並正確定位自己。

我再問你一次：你會去賭場把所有的錢，甚至是額外借來的錢全數壓注輪盤上的23號嗎？應該不會，不是嗎？但大多數德國人正是以這種方式進行投資。他們把所有雞蛋放在一個籃子裡，也就是主要放在房地產上。由於房價已經達到歷史高點，他們不得不為這個房產背上巨額債務。無論是工作

還是健康，財務或伴侶，都不能發生任何問題，否則房地產很快就會消失，但債務仍然存在。你應該避免這種集群風險。

　　投資三分法已歷經二千多年的考驗：三分之一投資土地，三分之一投資黃金，三分之一投資房地產。

　　我把這個投資方法稱之為**松鼠原則**（Eichhörnchenprinzip）或**根基策略**（Wurzelstrategie），這是我從大自然中得到的啟發。一棵樹只有根部才是穩定的，它深深伸入地下。一隻松鼠只能靠藏在不同地方的補給品度過嚴寒的冬天，因為牠的同類可以追蹤牠並清空牠的倉庫。如果松鼠將辛苦蒐集的所有堅果和種子都埋在一個洞裡，然後這個洞又被另一隻松鼠發現，這對第一隻松鼠來說無疑是致命的。而這正是你處理資產應該採取的方式。你必須擁有多種資產以及多個儲存位置。如果一個支柱斷裂，你的處境還是穩定的。但此時，你的資產（無論多少）除了受到稅收和通貨膨脹的威脅，還有來自徵用的風險。現在擁有廣泛的財務基礎，並為以前任何人都無法想像的事件做好心理準備，比以往任何時候都更加重要。這就是我所說的典範式轉變。但什麼才是完美的資產保護呢？我將在下一節專門為你說明。

最有效的資產保護

　　什麼是保護資產的最好方法？你應該如何定位自己？我根據自己所知為你整理下列內容，並強力推崇深具潛力的第一至三點，請你務必銘記在心！

（1）最多20%比特幣

　　對每位想投資加密貨幣的投資者而言，比特幣是基礎，也是最重要的先行指標。如果你對加密貨幣沒有把握或仍心存疑慮，那麼建議你只買比特幣，而且務必以自己覺得安心的金額逐步加碼，無論是50歐元還是5,000歐元。由於一枚比特幣可以分成一億份，你也可以購買0.003枚比特幣。舉例來說，如果你想購買1,000歐元的比特幣，請分成數次進行，也就是把它劃

分為數個投資步驟。由於比特幣是一種波動性和新興資產，有時也會大幅下跌，因此，採取五批各200歐元的投資方式，並立即投資第一批的200歐元，如此一來，如果價格繼續上漲，你就可以跟著獲利。接著，每當比特幣價格下修時，你就逐步投資另外四筆200歐元的資金。如此一來，最後就能得到一個漂亮的平均價格。

建議使用德國供應商bitcoin.de、Bitwala或美國公司Kraken.com等交易所或市場。一定要記住，你永遠都要依賴這些中介機構，這些公司會幫你保管比特幣。當你「提取」出比特幣時，你才是唯一的所有者，而且只有你才有資格接觸它（自己管理私鑰，比特幣才真正屬於你！）。你帳戶裡的錢也是如此。帳戶裡的錢屬於銀行而不是你，從法律的角度來看，只有當你將錢領出並放入保險箱或塞在床墊下時，它才是你一個人的，並且不能再像在帳戶中一樣從你那裡拿走。為了取得比特幣，你必須購買一個硬體錢包，並將比特幣的密鑰儲存其中。

如果你希望加密貨幣領域的投資組合多樣化，可以從一萬多種不同的加密貨幣中進行選擇。但經過深入分析後，實際上只有少數可以被視為投資標的。許多加密貨幣都是高度投機性的。在這方面，始終存在「使用情境」（Use Case）的問題，也就是各種「硬幣」實際可提供的附加價值。而這正是99.9%的加密貨幣失敗之處。因為它們大多數是為使開發人員致富而創造的核心硬幣。

具有潛力且適合作為投機性投資組合的加密貨幣包括以太坊（Ethereum）、卡達諾（Cardano）、萊特幣（Litecoin）、門羅幣（Monero）、艾維（Aave）、鏈克（Chainlink）、波爾卡多（Polkadot）、Uniswap、雪崩協議（Avalanche）、Zcash。無論選擇何種加密貨幣，比特幣（90%）應該是你的貨幣投資基礎。

另外，還要確保買對比特幣。從真正比特幣中分離出來的變體眾多，它們被稱為比特幣現金、比特幣黃金、比特幣鑽石等。即使目前比特幣的價格看起來很高，別擔心，你可以只買一個一億分之一的比特幣，也就是一

個中本聰，它的價格不到1美分。由此可見，實際上每個人都可以投資這種民主、去中心化和革命性的新貨幣。別再以價格太高當做藉口。（另請參閱「比特幣」一節。）

（2）最多30%的貴金屬（黃金、白銀及鉑金）

對於保守的投資者：

- 黃金：60%到80%。
- 白銀：15%到35%。
- 鉑金：最高5%。

對於稍具勇氣的投資者：

- 黃金：15%到30%。
- 白銀：50%到75%。
- 鉑金：最高15%。

黃金仍然免徵增值稅，因此金幣和金條也都適合投資。硬幣的優點是它們多數代表一種官方通貨，所以我更喜歡它們。

白銀須繳納19%的增值稅，這個規定實際上也適用於硬幣。然而，對進口硬幣有一個特殊的稅收規則，需繳納7%的進口營業稅。只有經銷商隨後提高的附加費用需繳納19%的增值稅，所以，購買這些所謂差額課稅硬幣（例如加拿大楓葉金幣）時，最終通常會產生約8%的附加費。

金／銀條：我們推薦來自德固賽（Degussa）、瓦爾坎比（Valcambi）、優美科（Umicore）、海夫納（Haeffner）、賀利氏（Heareus）和瑞士銀行的金條和銀條。

硬幣：建議投資以下金幣與銀幣：舉世聞名的克魯格朗（Krügerrand）、澳洲袋鼠金幣或鴻運金幣、加拿大楓葉、維也納愛樂、英國索維林（Souvereign）

及瑞士弗雷內利（Vreneli）（僅限金幣）。對於銀幣，我將焦點放在加拿大楓葉，因為自2018年以來，這枚硬幣開始採用一種名為「Mintshield」的特殊製造工藝生產，可防止銀氧化。

鉑金和鈀金也能像金條和硬幣一樣購買。在增值稅方面，它們與白銀相同，19%的增值稅是正常的，但對硬幣還適用更優惠的差異稅。

另外，你可以購買有實物支持的ETC，也就是在交易所交易原物料，以節省增值稅。那些財力較雄厚的人也可以考慮購買並儲存在一個所謂的免稅倉庫中。

切勿投資外來貨幣和特價品，特別是來自網際網路的優惠。貴金屬沒有便宜貨！我的投資經驗法則是，如果某件事聽起來好得令人難以置信，它通常是假的。

在德國，目前仍可以在所謂的場外交易匿名購買貴金屬，每人最高2,000歐元。

（3）最多25%的股票／ETF和基金

這裡的重點應該是礦場（金、銀、鈾、錫、鎳、銅等）、原材料（水、木材等）和篩選過的產業。請參閱原材料與鈾的章節。

（4）最多10%的鑽石

自古以來，鑽石一直是人們夢寐以求和受歡迎的價值儲存工具。鑽石是最堅硬的天然物質，在最小的空間內價值密度最高，1克拉（CT）僅僅0.2克。根據GIA標準（美國寶石學院標準），我推薦的最高品質等級的鑽石價格約為2萬歐元。鑽石幾乎堅不可摧，而且便於攜帶，它們一直是理想的避險貨幣。與貴金屬一樣，鑽石仍然可以場外交易匿名購買，它有一個好處，也有一個壞處。其優勢在於，鑽石的現金支付限額為9,999.99歐元，貴金屬目前已降至2,000歐元。缺點是購買鑽石時需繳納19%的增值稅。因此最重

要是要逢低購買，最好直接與批發商交易。

　　僅選擇有 **GIA 證書**的寶石。該學院是世界知名的鑽石技術監督協會。每一塊寶石都附有證書與專屬序列號，甚至用雷射刻在寶石上。

　　購買鑽石，請注意**四個C**的問題：

- 克拉（重量）：1.01 克拉以上的鑽石才有意義。
- 成色：建議等級 D（最優等，無色）至 H（幾乎無色）。
- 切工：僅推薦「優良」（excellent）等級。
- 淨度：僅購買無瑕疵的鑽石（IF ＝內部無瑕，或 FL ＝無瑕）。

　　此外，鑽石不應有任何螢光，也就是暴露在紫外線輻射時，不應該發出任何光（證書上應註明「無」螢光）。而且，無論是拋光還是對稱性，都應該是「優良」的。

　　若你的鑽石具備這些屬性，就是一顆頂級、一流品質的鑽石，可以隨時轉售。

場外交易

　　貴金屬以及鑽石仍可透過現金支付的形式在場外交易匿名購買實物。這意味著，作為買家，你無需出示任何身分證件，也無需登記。近年來，這種可能性逐步受到限縮。2017 年前上限為 15,000 歐元，到了 2019 年降為 1 萬歐元，隔年 1 月 1 日起僅 2,000 歐元可透過現金支付買賣貴金屬（若是寶石，現金支付限額為 9,999.99 歐元）。我預計有一天這個窗口也會完全關閉，場外交易業務將被取消。基於這個原因，你應該善用這個機會窗口，合法且匿名地從銀行和貨幣週期中提取你的錢，從而將你的資產移轉到匿名狀態，不要被政治家發現。

（5）最多5%的土地（森林、草地、農田）

（6）最多5%的收藏（威士忌、藝術品、老爺車、手錶）

（7）最多10%的現金用於額外購買和緩和通貨緊縮衝擊

（8）最多30%的無債務財產

　　我不認為**房地產**會再大漲。與我推薦的其他投資物品相比，房地產已不具優勢。如果房地產是透過貸款融資，現在已經還清，記得塗銷抵押權，因為銀行會因為這項權利仍在土地登記冊上被列為債權人之一。唯有如此，房地產才會真正回到你手上，屬於你的財產，銀行之後不可能再主張房屋所有權。此外，你應該記住，當國家尋找新的融資來源時，總是喜歡拿房地產先開刀，你無法將房地產帶到國外、掩埋或隱藏它。不動產的所有權完全有據可查，這使得房地產成為新稅種、一次性財產稅或更糟糕的年度財產稅的入口。因此你絕對要投資房地產以外的標的，以便在緊急情況時仍有能力支付相關的稅款。否則，你就必須接受租金生活作為另一種選擇。

＊　＊　＊

　　與上一本書不同的是，我刪除了投資清單中的**外幣和政府債券**，並把這類資產的投資比例設為零。紙幣，無論是哪種貨幣，只要是印出來的錢，就會越來越貶值。著名的避險基金經理達利歐說得對：「現金是垃圾！」在我看來，我們正處於政府債券歷史性轉折的邊緣，這是所有泡沫之母。這個最大的泡沫即將破滅。

　　自然界或數學上有限的有形資產時代已經開始，我們正面臨一個黃金十年，即黃金的二〇年代。

結論和建議

　　我相信，我推薦的投資（比特幣、礦山、鈾、原物料、黃金、白銀、鉑金）在未來幾年將大幅度地強勢上漲，它將成為你資產的安全避風港，並繼續維持你的購買力。那些目前在投資方面正確定位自己的人，不僅會為自己及其生活保存和累積財富，而且可能還會為後代創造財富。

　　基於這個原因，我參與了共同發起德國第一個有形資產基金的活動，投資有形資產黃金、白銀、礦業股及比特幣：WKN A2AQ95。

　　表10是我的建議及其在2020年的表現。

表10　我的投資建議在2020年的發展

資產	2020年
比特幣	+265%
黃金	+24.5%
白銀	+47.0%
鑽石	+11.7%
威士忌	+12.9%
礦業股	+27.0%

結語

具有新價值的未來

> 「成為那個你心中在世界上想看見的改變。」
>
> 甘地（Gandhi）

綜上所述，2020年可以說是一個大轉折點。我們未來所處的世界將會因此改觀。一個全新的時代即將開始，無論新冠疫情及其造成的後果會困擾世人多長的時間。在面對所有的壞消息時，不要忘記：

危機是人類發展和進化的重要催化劑。這場危機同樣有助於人類的進一步發展。 它是我們的希望之光，每一次危機都是一次機會，現在我們正面臨一場巨大的危機，而它只是前奏。**因為這場最大的危機會導致有史以來最大的崩潰。** 然後，這次崩潰會像發射器一樣將我們提升到一個新的意識層級。唯有如此，我們才能意識過去出了什麼問題，以及哪些地方需要改變。然後我們會捨棄不公正、不人道、不民主、不適當的金融體系，另闢新天地。

在這一點，例如比特幣對我來說宛如天賜之物，因為加密貨幣是第一個民主、不可操縱、去中心化的數位資產，對人類有真正的助益，而我們可以從一開始就成為其中的一部分。它們與當前的貨幣體系不同，在當前的貨幣體系中，首先是中央銀行透過創造貨幣賺取金錢，然後是銀行，最後才是我們這些討厭鬼。大企業家不會主動放棄他們的特權，他們會全力戰鬥。雖然情況首先會先惡化，但這就像一個康復過程。當你生病時，康復前先是疼

痛，之後情況才會好轉。作為人類、作為一個社會、作為一個社群，我們將在這場危機中變得更加強大。這給了我很大的希望，因為我們都意識到，當前的制度是不人道的。

我們都在思考自己希望生活在一個什麼樣的世界裡。我們相信，我們可以將許多任務交給機器，交給人工智慧。如果有一天世界上不再有人類政治家，也許這才是真正的進步？因為他們總是會犯錯。如果很多問題透過人工智慧來解決，許多政治決策肯定會更好，因為這樣就沒有遊說和其他自私的利益，我們就能更加永續地生活、更生態化、更節約地使用資源，更友愛、更友善、更人道地相互往來。

屆時我們就可以真正進入這個黃金時代，這是我的願景。當然，今天它在某個程度上聽起來仍像烏托邦。但我真的堅信，在危機之後，我們都可以做自己想做的事，不必擔心餐風露宿。

透過教育，人們向前進，被激發思考。今天我們擁有最現代的媒體，我們可以收聽播客（Podcast）或使用推特，這是一份很棒的禮物。十五到二十年前，這種媒體還不存在。當時遇到危機，人們只能聽天由命，只能受限於數個主要媒體。但現在，藉由網際網路和科技發展，我們有機會與世界各地的人交流與接觸。我們從社交媒體上接收到世界脈動的速度，已逐漸快於傳統媒體。投資市場的發展也是如此。當然，它們是當權者的眼中釘，這正是為什麼政客們有時會關閉網路，或者拔掉插頭，造成停電的原因。

儘管如此，我們依舊相信，進步的巨輪一直往前邁進。未來將比我們所能想像的還要美好。但前提是我們要有勇氣開闢新天地，並從過去中吸取教訓。進步將伴隨著重大的動盪。但是，沒有痛苦，就沒有收穫。

我們強烈建議你現在好好關注自己的財務狀況。在當前的危機形勢下，積極處理自己的資金從未像現在如此重要。你可以**捫心自問：我真的處於有利的位置嗎？保單、證券、投資組合是否仍有意義？我想在未來如何定位自己，無論是專業還是私人方面？我對自己目前的狀況真的滿意嗎？**因為如果

你不快樂或至少不滿意自己的生活，最終會表現為一種疾病。如果你已經察覺到任何問題出現，那麼絕對應該將它視為一個警訊，代表有些事情從根本上出了差錯。在這裡，提出相應的問題也有幫助：也許我的私生活不快樂？還是在工作上？我真正的熱情是什麼？是什麼真正點燃我的心？

　　每次危機都是一個轉機。恐懼只會使人癱瘓，即使它實際上是一種明智的自然本能，它應該在危險迫近時發出警告。但恐懼不能使人無能。不要躲開恐懼、恐慌或痛苦，不要簡單地忽視負面因素或轉移自己的注意力。不，迎著痛苦而去，並嘗試利用這些經驗。積極地運用它，因為在這種危機情況下，槓桿作用是最大的。

　　「當變革之風吹起時，有些人築起牆，有些人建造風車。」

中國諺語

　　讓我們建造風車吧！

感謝詞

我由衷地感謝我的父母和家人所做的一切。謝謝！沒有你們，一切終將成為空談。

我非常感謝本書的其他作者：科斯勒和恩里克‧勞爾（Enrik Lauer），以及我的編輯伊莎貝拉‧施泰德爾（Isabella Steidl）、裘蒂絲‧恩格斯特（Judith Engst）與喬治‧霍多利奇（Georg Hodolitsch），以及來自財經書籍出版社的整個偉大團隊。感謝克里斯蒂安（Christian）對我的信任。我要對我的優秀團隊亞歷山卓‧尼克（Alexandra Nick）與寶琳（Pauline）和莫里茨（Moritz）;-)、妮可‧希倫布蘭德（Nicole Hillenbrand）、瑪麗娜‧艾斯曼（Marina Eisemann）、馬文‧邁爾（Marvin Meier）、莉娜‧胡伯特‧維達爾（Lena Hubert Vidal）和大衛‧博恩舍爾（David Bornscheuer）致上謝意。

我對所有的朋友，特別是史蒂芬（Stephan）和寶拉（Paula）;-)、亞瑟（Arthur）、茱莉安（Juliane）、馬克（Mark）和瑪麗安（Marian）、德蕾莎（Teresa）、威廉（William）、達拉（Dara）及家人，表示無限的感激和謙卑。

我愛你們！

關於作者

　　馬克‧弗利德里希（Marc Friedrich）是德國最成功的非小說作家（連續五本暢銷書）、公認的金融專家、廣受歡迎的演講者、YouTube 明星、廣播和電視界知名人士、思想領袖、自由思想家及諮詢顧問。2001 年，這位研究工商管理的學者親身經歷了阿根廷政府的國家破產，與對該國及其公民的毀滅性後果。從那時起，他便開始涉足貨幣體系、經濟歷史和資產保護。十多年來，弗利德里希成功地在國際上為個人、公司、頂尖運動員、演員、家庭辦公室、基金會及養老基金提供資產保護、資產配置和危機預防方面的建議。

　　自 2006 年以來，他一直在為客戶量身打造個人資產保護策略，服務對象包括私人投資者和公司以及家庭辦公室，服務範圍涉及全世界！

　　弗利德里希是一個先驅者，總是充滿好奇心，從不拘泥於現有框架，不是教條主義者，也不是樂觀主義者或悲觀主義者，而是一個現實主義者！

迄今已出版的書目：
《史上最大搶案》（*Der größte Raubzug der Geschichte*）
《崩盤是解決方案》（*Der Crash ist die Lösung*）
《資本錯誤》（*Kapitalfehler*）
《大禍臨頭》（*Sonst knallt's*）
《史上最大崩盤》（*Der größte Crash aller Zeiten*）

關於協同作者

恩里克・勞爾

　　恩里克・勞爾（Enrik Lauer），1961年出生，擁有文學和媒體研究博士學位。他在柏林擔任公關人員、代筆作家與求職教練。在中學時代，他首次閱讀馬克思（Marx）的《資本論》（*Kapital*），大學時代，他開始閱讀尼克拉斯・魯曼（Niklas Luhmann）的著作、格奧爾格・齊美爾（Georg Simmel）的《貨幣哲學》（*Philosophie des Geldes*）、喬治・巴代伊（Georges Bataille）的《經濟學的揚棄》（*Die Aufhebung der Ökonomie*）和卡爾・博蘭尼（Karl Polanyi）的《經濟與社會》（*Ökonomie und Gesellschaft*）和《大轉型》（*The Great Transformation*）等著作，後來又閱讀熊彼得關於商業週期和資本主義、社會主義以及民主的書籍。在他的博士論文中，他以批判性的角度研究貨幣起源的理論，除此之外，他還探討了諸如曼昆（Mankiw）／泰勒（Taylor）或克魯曼（Krugman）／威爾斯（Wells）的標準經濟學教科書的根本問題。

　　1994至2001年間，勞爾在伊康（Econ）和培生（Pearson）出版社擔任商業書籍編輯。他匿名為暢銷書《資本錯誤》（*Kapitalfehler*）與《大禍臨頭》（*Sonst knallt's*）執筆數篇文章，並在第二本書中擔任格茨・維爾納（Götz Werner）的代筆作家。在日常生活中，勞爾將金錢視為一種支付手段。但若理論上來說，他對它感興趣，就像寫作、書籍、報紙、電視或「網

際網路」一般，主要是作為一種社會交流的媒介。特別是神話性的黃金搶奪及其對世界演化與愛情的致命後果這個主題，使他更深入探索理查‧華格納（Richard Wagner）的作品。在2013年華格納年，他與音樂記者蕾吉娜‧穆勒（Regine Müller）共同出版了《渺小的華格納門徒》（*Der Kleine Wagnerianer*）。

弗洛里安‧科斯勒

　　弗洛里安‧科斯勒（Florian Kössler）是一名商業工程師，曾是成功的撲克牌玩家、企業家，也是「弗利德里希及其夥伴」（Friedrich und Partner）公司的策略主管。近十年來，他致力研究全球經濟和金融體系的背景，並在此過程中密切關注貨幣的歷史與經濟周期的進程。在為我們尋找目前貨幣和金融體系的替代方案時，他終於發現比特幣，並且多年來一直在研究這項革命性技術及其經濟、政治和社會影響。他最大的熱情是週期分析，他成功地從中得出股票投資決策，特別是對原物料公司的投資。

　　你可以在推特上關注他：@studentofcycles。

注釋

1. »Scenarios for the Future of Technology and International Development«, The Rockefeller Foundation, Mai 2010，線上查閱請至：https://archive.org/details/pdfy-tNG7MjZUicS-wiJb/mode/2up。最後存取時間2021年3月3日。

2. »ID 2020«，線上查閱請至：https://id2020.org。最後存取時間2021年3月3日。

3. »Unlocking the potential of digital identity for secure and seamless travel«, KTDI，線上查閱請至：https://ktdi.org。最後存取時間2021年3月3日。

4. »EU-Impfpass soll kommen – Was das für Reisen und Urlaub in der Corona-Pandemie bedeutet«, Frankfurter Rundschau, 26. Februar 2021，線上查閱請至：https://www.fr.de/panorama/corona-impfpass-eu-impfung-urlaub-reise-flug-einreise-frankfurt-spanien-portugal-griechenland-ltt-zr-90179983.html。最後存取時間2021年3月12日。

5. »Bericht zur Risikoanalyse im Bevölkerungsschutz 2021«, Deutsche Bundesregierung，線上查閱請至：https://dipbt.bundestag.de/dip21/btd/17/120/1712051.pdf。最後存取時間2021年2月24日。

6. »Hamburger Forscher: Coronavirus stammt wohl aus dem Labor«, NDR, 18. Februar 2021，線上查閱請至：https://www.ndr.de/nachrichten/hamburg/Hamburger-Forscher-Coronavirus-stammt-wohl-aus-Labor,corona6764.html。最後存取時間2021年3月12日。

7. »Forscher: Coronavirus könnte aus Fledermaus-Labor auf den Fischmarkt in Wuhan gelangt sein«, Stern, 17. Februar 2021，線上查閱請至：https://www.stern.de/gesundheit/coronavirus--kam-der-erreger-aus-einem-labor-auf-den-fischmarkt-in-wuhan--9141974.html。最後存取時間2021年3月12日。

8. »Event 201«，線上查閱請至：https://www.centerforhealthsecurity.org/event201/scenario.html。最後存取時間2021年2月24日。

9. Außenhandel: Rangfolge der Handelspartner im Außenhandel der Bundesrepublik Deutschland (vorläufige Ergebnisse), 2019, https://www.destatis.de/DE/Themen/Wirtschaft/Aussenhandel/

Tabellen/rangfolge-handelspartner.pdf?__blob=publicationFile

10. »Última Nota de prensa«, Instituto Nacional de Estadística，線上查閱請至：https://ine.es/dyngs/INEbase/es/operacion.htm?c=Estadistica_C&cid=1254736176996&menu=ultiDatos&idp=1254735576863。最後存取時間2021年2月10日。

11. »Business Cycle Dating Committee Announcement June 8, 2020«, National Bureau of Economic Research, 8. Juni 2020，線上查閱請至：https://www.nber.org/news/business-cycle-dating-committee-announcement-june-8-2020。最後存取時間2021年3月12日。

12. »Zahlungsverkehrsstatistik für das Berichtsjahr 2018«, Presseerklärung der Europäischen Zentralbank vom 26. Juli 2019，線上查閱請至：https://www.bundesbank.de/resource/blob/802780/c05e924ad107d9fd36b71ee95062a371/mL/2019-07-26-zahlungsverkehrsstatistik-download.pdf。最後存取時間2021年3月10日。

13. »Förderung für Beschäftigungsinitiative«, Deutscher Bundestag，線上查閱請至：https://www.bundestag.de/presse/hib/820016-820016。最後存取時間2021年3月10日。

14. »EU diskutiert einheitliche Obergrenze für Barzahlungen«, Business Insider, 23. Januar 2021，線上查閱請至：https://www.businessinsider.de/wirtschaft/finanzen/eu-diskutiert-einheitliche-obergrenze-fuer-barzahlungen/。最後存取時間2021年3月10日。

15. »Nicht zu verhandeln wäre teurer«, Bundesregierung, 29. September 2020，線上查閱請至：https://www.bundesregierung.de/breg-de/aktuelles/kabinett-bundeshaushalt-2021-1790220。最後存取時間2021年2月17日。

16. »Der Staat als Arbeitgeber: Was macht ihn so ansprechend?«, Beamten Infoportal, 5. Oktober 2020，線上查閱請至：https://beamten-infoportal.de/magazin/beruf/der-staat-als-arbeitgeber-was-macht-ihn-so-ansprechend/。最後存取時間2021年2月17日。

17. »Schuldenuhr Deutschlands – Wie sich Schuldenstand und -zuwachs entwickelten«, Bund der Steuerzahler Deutschland e.V.，線上查閱請至：https://steuerzahler.de/aktion-position/staatsverschuldung/dieschuldenuhrdeutschlands/?L=0。最後存取時間2021年2月17日。

18. »›Unwürdig und unanständig‹«, Frankfurter Rundschau, 8. April 2011，線上查閱請至：https://www.fr.de/politik/unwuerdig-unanstaendig-11435021.html。最後存取時間2021年2月24日。

19. »Corporate zombies: Anatomy and life dycle«, BIS, 2. September 2020，線上查閱請至：https://www.bis.org/publ/work882.htm。最後存取時間2021年3月12日。

20. »Why covid-19 will make killing zombie firms off harder«, The Economist, 26. September 2020，線上查閱請至：https://www.economist.com/finance-and-economics/2020/09/26/why-covid-19-will-make-killing-zombie-firms-off-harder。最後存取時間2021年3月12日。

21. »America's zombie companies rack up $2.6 trillion of debt«, The Straits Times, 17. Dezember 2020，線上查閱請至：https://www.straitstimes.com/business/economy/americas-zombie-companies-rack-up-26-trillion-of-debt。最後存取時間2021年3月12日。

22. »Zahl der ›Zombieunternehmen‹ droht auf 800.000 zu steigen«, WELT, 16. August 2020，線上查閱請至：https://www.welt.de/wirtschaft/article213619642/Firmeninsolvenzen-Zahl-der-Zombieunternehmen-steigt-kraeftig.html。最後存取時間2021年3月12日。

23. »6,6 Milliarden Tonnen«, Süddeutsche Zeitung, 26. März 2015，線上查閱請至：https://www.sueddeutsche.de/wissen/die-zahl-6-6-milliarden-tonnen-1.2411320。最後存取時間2021年3月10日。

24. »Ein nur scheinbar unendlicher Rohstoff«, Deutschlandfunk, 5. Januar 2020，線上查閱請至：https://www.deutschlandfunk.de/sand-ein-nur-scheinbar-unendlicher-rohstoff.724.de.html?dram:article_id=460151。最後存取時間2021年3月10日。

25. »Al Gore Buys $8.9 Million Ocean-view Villa«, The World Property Journal, 13. Mai 2010，線上查閱請至：https://www.worldpropertyjournal.com/featured-columnists/celebrity-homes-column-al-gore-tipper-gore-oprah-winfrey-michael-douglas-christopher-lloyd-fred-couples-nicolas-cage-peter-reckell-kelly-moneymaker-2525.php。最後存取時間2021年3月10日。

26. »Allgemeiner Preisanstieg«, Europäische Zentralban，線上查閱請至：https://www.ecb.europa.eu/ecb/educational/hicp/html/index.de.html。最後存取時間2021年3月10日。

27. »Bundesbankpräsident erwartet deutlichen Anstieg der Inflation«, Frankfurter Allgemeine Zeitung, 12. Februar 2021，線上查閱請至：https://www.faz.net/aktuell/wirtschaft/mehr-wirtschaft/bundesbankpraesident-jens-weidmann-erwartet-anstieg-der-inflation-17194030.html。最後存取時間2021年3月10日。

28. 資料來源：Statistisches Bundesamt.

29. »Verbraucherpreisindex«, Destatis，線上查閱請至：https://www-genesis.destatis.de/genesis/online?sequenz=tabelleErgebnis&selectionname=61111-0001&startjahr=1991#abreadcrumb。最後存取時間2021年3月10日。

30. »A surge in inflation looks unlikely«, The Economist, 12. Dezember 2020，線上查閱請至：https://www.economist.com/briefing/2020/12/12/a-surge-in-inflation-looks-unlikely。最後存取時間2021年3月10日。

31. »Fed withdraws from repo market after 10 months«, Financial Times, 8. Juli 2020，線上查閱請至：https://www.ft.com/content/bc2d5e0e-0c02-4bca-89e7-a2a6784ab6f2。最後存取時間2021年3月10日。

32. »Atomausstieg immer teurer«, ZEIT, 18. November 2020，線上查閱請至：https://www.zeit.de/2020/48/atomausstieg-kosten-energiekonzerne-entschaedigung-bundesregierung?utm_referrer=https%3A%2F%2Fwww.google.com。最後存取時間2021年3月11日。

33. »Was kostet der Kohleausstieg?«, Der Tagesspiegel, 29. Januar 2019，線上查閱請至：https://www.tagesspiegel.de/wirtschaft/energiewende-was-kostet-der-kohleausstieg/23920412.html。最後存取時間2021年3月11日。

34. »Keine Strafermittlung gegen Verkehrsminister Scheuer«, Der Tagesspiegel, 11. Februar 2020，線上查閱請至：https://www.tagesspiegel.de/politik/maut-desaster-kostet-steuerzahler-millionen-keine-strafermittlungen-gegen-verkehrsminister-scheuer/25533888.html。最後存取時間2021年3月11日。

35. »R+V streicht klassische Lebensversicherungen – Verzinsung gekürzt«, WirtschaftsWoche, 10. Dezember 2020，線上查閱請至：https://www.wiwo.de/lebensversicherer-rv-streicht-klassische-lebensversicherungen-verzinsung-gekuerzt/26707758.html。最後存取時間2021年2月18日。

36. »Allianz senkt erneut die Überschussbeteiligung«, manager magazin, 2. Dezember 2020，線上查閱請至：https://www.manager-magazin.de/unternehmen/lebensversicherung-allianz-leben-senkt-erneut-die-ueberschussbeteiligung-a-167be824-8627-45b1-bf78-625a719a02da。最後存取時間2021年2月18日。

37. »Ergebnisse der Untersuchung der SFCR-Berichte Deutscher Lebensversicherer 2019«, Bund der Versicherten, 9. Juli 2019，線上查閱請至：https://www.bundderversicherten.de/fbfiles/SFCR19-Einzelanalyse-2019-0907.pdf。最後存取時間2021年3月11日。

38. »Allianz-Chef Oliver Bäte: ›Die Sparer werden betrogen‹«, Handelsblatt, 23. Dezember 2020，線上查閱請至：https://app.handelsblatt.com/finanzen/versicherungen/interview-allianz-chef-oliver-baete-die-sparer-werden-betrogen/26738776.html?ticket=ST-27169332-63aKdl5yeELzDi6WkOR7-ap5。最後存取時間2021年3月11日。

39. »UBS Global Real Estate Bubble Index 2020«, UBS, 30. September 2020，線上查閱請至：https://www.ubs.com/global/en/wealth-management/chief-investment-office/life-goals/real-estate/2020/global-real-estate-bubble-index.html。最後存取時間2021年3月11日。

40. »›Einparteienhäuser sorgen für Zersiedelung‹«, Spiegel, 12. Februar 2021，線上查閱請至：https://www.spiegel.de/politik/deutschland/anton-hofreiter-ich-finde-es-richtig-dass-die-gemeinde-enteignen-darf-a-00000000-0002-0001-0000-000175304168。最後存取時間2021年3月11日。

41. »Wertpapierleihe«, BlackRock，線上查閱請至：https://www.blackrock.com/de/finanzberater-und-banken/wissenswertes/wertpapierleihe。最後存取時間2021年3月12日。

42. »Daily Treasury Yield Curve Rates«, U.S. Department of the Treasury，線上查閱請至：https://www.treasury.gov/resource-center/data-chart-center/interest-rates/Pages/TextView.aspx?data=yieldYear&year=1990。最後存取時間2021年3月11日。

43. »›Das Ding der Zukunft‹«, Spiegel，線上查閱請至：https://www.spiegel.de/spiegel/print/d-9207516.html。最後存取時間2021年3月11日。

44. （翻譯自英文）https://www.bullionvault.com/gold-news/dow-gold-122020181

45. 銀礦ETF組合：https://etfmg.com/funds/silj

46. ETF組合：https://www.globalxetfs.com/funds/copx/

47. »Japan will bis Mitte der 2030er Jahre Autos mit Verbrennermotoren verbieten«, Handelsblatt, 25. Dezember 2020，線上查閱請至：https://www.handelsblatt.com/politik/international/energiewende-japan-will-bis-mitte-der-2030er-jahre-autos-mit-verbrennermotoren-verbieten/26749174.html?ticket=ST-20730661-FbqhjuE5WKuxLnmQduKH-ap6。最後存取時間2021年3月12日。

48. »VW will E-Auto für unter 20.000 Euro anbieten«, Auto Zeitung, 14. Oktober 2020，線上查閱請至：https://www.autozeitung.de/vw-strategie-2025-130556.html。最後存取時間2021年3月12日。»Strategie TOGETHER 2025+«, Volkswagen AG，線上查閱請至：https://www.volkswagenag.com/de/group/strategy.html。最後存取時間2021年3月12日。

49. »Der Fall Schweden offenbart, was Deutschland beim Atomausstieg droht«, WELT, 21. Juli 2020，線上查閱請至：https://www.welt.de/wirtschaft/article211998137/Schwedisches-AKW-muss-den-Retter-in-der-Strom-Not-geben.html。最後存取時間2021年3月12日。

50. »Niederlande reaktivieren die Kernkraft«, Messenger, 23. September 2020，線上查閱請至：https://www.energate-messenger.de/news/205743/niederlande-reaktivieren-die-kernkraft。最後存取時間2021年3月12日。

    »Niederlande planen neue AKWs – und setzen Deutschland unter Druck«, WELT, 25. September 2020，線上查閱請至：https://www.welt.de/wirtschaft/plus216513100/Energie-Niederlande-planen-Rueckkehr-zur-Atomkraft-Deutschland-unter-Druck.html。最後存取時間2021年3月12日。

51. »AKW-Neubau mit deutscher Hilfe«, taz, 3. Dezember 2020，線上查閱請至：https://taz.de/Grossbritannien-und-Niederlande/!5729028/。最後存取時間2021年3月12日。

52. »Polens neue Energiestrategie setzt auch auf AKWs«, euronews, 21. Oktober 2020，線上查閱請至：https://de.euronews.com/2020/10/21/polen-neues-energiestrategie-setzt-auch-auf-akws。最後存取時間2021年3月12日。

53. »Osteuropa will das Klima mit Atomkraft schützen«, Spiegel, 3. Dezember 2020，線上查閱請至：https://www.spiegel.de/wirtschaft/unternehmen/atomenergie-und-eu-gipfel-osteuropa-forciert-die-kernenergie-a-9b7c3e84-ac37-480a-84a3-545b9e2d0637。最後存取時間2021年3月12日。

54. »Barakah – Vorzeige-AKW der Emirate«, tagesschau, 1. August 2020，線上查閱請至：https://www.tagesschau.de/ausland/akw-barakah-vereinigte-arabische-emirate-101.html。最後存取時間2021年3月12日。

55. »Strahlendes Comeback«, Spiegel, 19. November 2020，線上查閱請至：https://www.spiegel.de/wissenschaft/technik/atomkraft-joe-biden-plant-neue-kleine-kernkraftwerke-fuer-die-usa-a-228a84ff-363e-4151-bff4-f49304140753。最後存取時間2021年3月12日。

56. »Japan will bis 2050 klimaneutral werden«, FAZ, 26. Oktober 2020，線上查閱請至：https://www.faz.net/aktuell/wirtschaft/klima-energie-und-umwelt/atomkraft-wird-ausgebaut-japan-will-bis-2050-klimaneutral-werden-17020155.html。最後存取時間2021年3月12日。

57. »The Database on Nuclear Power Reactors«, IAEA，線上查閱請至：https://www.iaea.org/PRIS。最後存取時間2021年3月12日。

新商業周刊叢書BW0813

史上最大投資機會

迎戰通膨！我們如何從最大的財富移轉潮中翻身獲利？

原 文 書 名／Die größte Chance aller Zeiten: Was wir jetzt aus der Krise lernen müssen und wie Sie vom größten Vermögenstransfer der Menschheit profitieren
作　　　者／馬克‧弗利德里希（Marc Friedrich）
譯　　　者／方秀芬
編 輯 協 力／林嘉瑛
責 任 編 輯／鄭凱達
版　　　權／顏慧儀
行 銷 業 務／周佑潔、林秀津、黃崇華、賴正祐、郭盈均

總 編 輯／陳美靜
總 經 理／彭之琬
事業群總經理／黃淑貞
發 行 人／何飛鵬
法 律 顧 問／台英國際商務法律事務所　羅明通律師
出　　　版／商周出版
　　　　　　臺北市104民生東路二段141號9樓
　　　　　　電話：(02) 2500-7008　傳真：(02) 2500-7759
　　　　　　E-mail: bwp.service @ cite.com.tw
發　　　行／英屬蓋曼群島商家庭傳媒股份有限公司　城邦分公司
　　　　　　臺北市104民生東路二段141號2樓
　　　　　　讀者服務專線：0800-020-299　24小時傳真服務：(02) 2517-0999
　　　　　　讀者服務信箱E-mail: cs@cite.com.tw
　　　　　　劃撥帳號：19833503　戶名：英屬蓋曼群島商家庭傳媒股份有限公司城邦分公司
訂 購 服 務／書虫股份有限公司客服專線：(02) 2500-7718；2500-7719
　　　　　　服務時間：週一至週五上午09:30-12:00；下午13:30-17:00
　　　　　　24小時傳真專線：(02) 2500-1990；2500-1991
　　　　　　劃撥帳號：19863813　戶名：書虫股份有限公司
　　　　　　E-mail: service@readingclub.com.tw
香港發行所／城邦（香港）出版集團有限公司
　　　　　　香港灣仔駱克道193號東超商業中心1樓
　　　　　　電話：(852) 2508-6231　傳真：(852) 2578-9337
馬新發行所／城邦（馬新）出版集團Cite (M) Sdn. Bhd.
　　　　　　41, Jalan Radin Anum, Bandar Baru Sri Petaling, 57000 Kuala Lumpur, Malaysia.
　　　　　　Tel: (603) 90563833　Fax: (603) 90576622　E-mail: services@cite.my

封 面 設 計／萬勝安
印　　　刷／鴻霖印刷傳媒股份有限公司
經 銷 商／聯合發行股份有限公司　電話：(02) 2917-8022　傳真：(02) 2911-0053
　　　　　　地址：新北市新店區寶橋路235巷6弄6號2樓

■ 2022年12月6日初版1刷

Printed in Taiwan

國家圖書館出版品預行編目（CIP）資料

史上最大投資機會：迎戰通膨！我們如何從最大的財富
移轉潮中翻身獲利？／馬克‧弗利德里希（Marc Friedrich）
著；方秀芬譯. -- 初版. -- 臺北市：商周出版：英屬蓋曼群
島商家庭傳媒股份有限公司城邦分公司發行, 2022.12
　面；　　公分. --（新商業周刊叢書；BW0813）
譯自：Die größte Chance aller Zeiten : Was wir jetzt aus
　　der Krise lernen müssen und wie Sie vom größten
　　Vermögenstransfer der Menschheit profitieren
ISBN 978-626-318-472-5（平裝）
1. CST: 國際經濟　2. CST: 經濟危機
3. CST: 貨幣政策　4. CST: 投資
552.1　　　　　　　　　　　　　111016722

線上版讀者回函卡

定價：490元（紙本）／ 340元（EPUB）　　版權所有‧翻印必究

ISBN: 978-626-318-472-5（紙本）／ 978-626-318-473-2（EPUB）

城邦讀書花園
www.cite.com.tw

廣　告　回　函
北區郵政管理登記證
台北廣字第000791號
郵資已付，免貼郵票

104 台北市民生東路二段141 號2 樓

英屬蓋曼群島商家庭傳媒股份有限公司
城邦分公司　收

請沿虛線對摺，謝謝！

書號：BW0813	書名：史上最大投資機會	編碼：

讀者回函卡

感謝您購買我們出版的書籍！請費心填寫此回函卡，我們將不定期寄上城邦集團最新的出版訊息。

不定期好禮相贈！
立即加入：商周出
Facebook 粉絲團

姓名：＿＿＿＿＿＿＿＿＿＿＿＿＿＿＿＿＿＿＿＿＿＿ 性別：□男 □女

生日：西元＿＿＿＿＿＿＿年＿＿＿＿＿＿＿月＿＿＿＿＿＿＿日

地址：＿＿＿＿＿＿＿＿＿＿＿＿＿＿＿＿＿＿＿＿＿＿＿＿＿＿＿＿

聯絡電話：＿＿＿＿＿＿＿＿＿＿＿ 傳真：＿＿＿＿＿＿＿＿＿＿＿

E-mail：

學歷：□ 1. 小學 □ 2. 國中 □ 3. 高中 □ 4. 大學 □ 5. 研究所以上

職業：□ 1. 學生 □ 2. 軍公教 □ 3. 服務 □ 4. 金融 □ 5. 製造 □ 6. 資訊

□ 7. 傳播 □ 8. 自由業 □ 9. 農漁牧 □ 10. 家管 □ 11. 退休

□ 12. 其他＿＿＿＿＿＿＿＿＿＿＿＿＿＿＿＿＿＿＿＿＿＿

您從何種方式得知本書消息？

□ 1. 書店 □ 2. 網路 □ 3. 報紙 □ 4. 雜誌 □ 5. 廣播 □ 6. 電視

□ 7. 親友推薦 □ 8. 其他＿＿＿＿＿＿＿＿＿＿＿＿＿＿＿＿

您通常以何種方式購書？

□ 1. 書店 □ 2. 網路 □ 3. 傳真訂購 □ 4. 郵局劃撥 □ 5. 其他＿＿＿＿

您喜歡閱讀那些類別的書籍？

□ 1. 財經商業 □ 2. 自然科學 □ 3. 歷史 □ 4. 法律 □ 5. 文學

□ 6. 休閒旅遊 □ 7. 小說 □ 8. 人物傳記 □ 9. 生活、勵志 □ 10. 其他

對我們的建議：＿＿＿＿＿＿＿＿＿＿＿＿＿＿＿＿＿＿＿＿＿＿

＿＿＿＿＿＿＿＿＿＿＿＿＿＿＿＿＿＿＿＿＿＿＿＿＿＿＿＿＿＿＿

＿＿＿＿＿＿＿＿＿＿＿＿＿＿＿＿＿＿＿＿＿＿＿＿＿＿＿＿＿＿＿